JN116833

文化政策の論理と芸術支援の実際

THE LOGIC OF CULTURAL POLICY AND WHY ART MATTERS

枝川明敬［著］

晃洋書房

はじめに

今までに文化政策学，文化経済学の論文や書籍を書いてきたが，本書は2015年に「東京藝術大学出版会」より出版した『文化芸術への支援の論理と実際』の続編に当たるものである．幸いに前著は文化経済学会等での推薦もあって売り切れ，筆者の手元にもほとんど無くなり，読者からの不十分な箇所やその後の社会経済・文化芸術の進展に合わせた内容にすべきとの指摘を受けてきたが，何しろ時間がなくて放置状態であった．

文化政策については，文化庁等在職時から研究をはじめていたが，その成果は埼玉大学大学院に助教授として赴任した翌年に共著で『文化政策概論』（1996年）として世に問うことができた．幸い今回も『概論』と同じ出版社である京都の晃洋書房の協力を得て発行できることとなった．何かの因縁を感ずる．

本書は目次に示すとおり，6章から成る．それぞれの意図は各章の始めに記したが，第1章はその後の展開に必要な最小限度の文化政策が対象とする文化芸術の内容や背景についてやや思想史的に社会経済面との関連性について記したものである．ご承知のとおり，20世紀初頭の相対論の発見，記号論の進展は社会経済のみならず思想界にも大きい影響を及ぼし，相対主義・多元主義の思想の源泉となった．戦後はポストモダン思想の背景の下，作家の考え・概念を訴えるコンセプチュアルアートが盛んとなり，古典時代のような特殊な才能や教育による手技手工によらずともいわば誰でも芸術作品を創造することができるようになった．またIT，IoTの進展やネット環境の整備は，発表の場を広げる一方で，作家としては競争激化の状態を招くことになった．このような「エントロピーの高い」状態が昨今の文化芸術を巡る状況である．当然，文化政策も従来の古典的芸術作品への対処のみならず，現代アートにも対応しなければならない．

第2章から第4章にかけては，『文化芸術への支援の論理と実際』を受けついで，本来の文化政策の理論面および「文化庁文化政策」がよく取り上げる政策課題について，最新の情報と政策に不可分の統治機構を射程に入れて論じてみた．具体的には，文化政策でもっとも重要な表現の自由と文化政策が行うべき目標，環境整備としての劇場・音楽堂・博物館（美術館）の整備と現状分析を明治期を含む史的な面から述べている．特に，文化庁が政策官庁を目指すとして政策指向の種々の報告書を公開しているが，それも検討対象としている．21 世紀に入ってから文化芸術を地域活性化のために活用しようとする動きが強まっているが，そのためには最低限経済学的分析と評価が必要である．本書では，海外研究を参考にしつつ筆者が発表した海外論考をもとにやや試案的要素も含め，文化政策と文化経済学との接点を記載した．

第５章は，まさに文化経済学視点から劇場・音楽堂の生産関数の導出と文化芸術活動の波及度計算をしたものである．後者の文化芸術活動の経済的波及はすでに多くの研究の積み重ねもあるが，サービス業としての実態把握の不十分さ・不確定さから都合よく計算されている報告書が散見されることから，ほぼ妥当なラインで試算してみた結果を論じた．サービス業は経済産業省の「サービス産業×生産性研究会」で指摘されるように，あらゆる産業の中でも生産性の低い産業であり，また日本のサービス業は欧米と比べても低い．このような生産性の低い産業（とくに観光業）と博物館との連携を行う施策は，人流抑制により観光業が成り立つ余地が少なくなると施策事態の効果が覿(てき)面に低下する．

第６章は，執筆時に大きな社会経済問題となっている世界的パンデミックであるコロナ感染症による文化芸術部門への被害とそれへの対策および終章として，今後の文化政策の方向を述べる．コロナ感染症はある意味一時的な災害かも知れないが，その対策課程で日本のデジタル化の遅れがますます明らかになり，デジタルトランスフォーメーション（Digital Transformation：DX）の重要性が指摘されている．文化芸術面でも，作品は情報を伝達するメディアとしての扱いという観点からは，日本の DX の遅れは文化芸術にとっても致命的である．

また，最近文化庁長官は文化芸術市場の拡大を述べているが，音楽市場は規模的には世界２位である一方，欧米・中国とは違いダウンストリーミングの市場が小さく，相変わらず物理的商品（CD などによる）による音楽伝播である．そのため，欧米ではコロナ感染症蔓延によりダウンストリーミングが活性化し音楽市場が拡大したのだが，日本は世界で唯一市場規模が縮小している．美術市場では日本は取るに足らない程度の市場規模であるが，世界の美術市場ではオンライン・ビューイング・ルーム（OVR）が普通である．だからこそ，イギリスは文化芸術とデジタル行政とを統合したデジタル・文化・メディア・スポーツ省（Department for Digital, Culture, Media and Sport,：DCMS）をはやばやと設置した．文化庁は今後の進展が大きく生産性も高いデジタル産業との連携統合が望ましい．このように見てくると，日本文化政策は統治機構も含めて遅れているように思える．

最近の文化政策研究は，まとまりのあるもの精緻なものが出てきているが，数人の経済学者，文化芸術実践者と有志の文化庁行政官（筆者もその1人）とともに1990年代に始めた「文化経済学会事始め」時代より，面白い研究は減っているように思える．当時は荒削りだけれど研究者・実践者・行政官が忌憚なく話し合い，時として熱い議論をして，政策課題を検討した．梅棹忠夫は「学問はできはじめが面白い」と言ったが，経済だけで無く文化政策研究も今後のいっそうの進展が望まれる．少しでも本書が役立てれば幸いである．

今回は，専門書・学術書の出版状況が悪いにもかかわらず，出版に協力いただいた晃洋書房の方々，特に西村喜夫氏には編集も含めお世話になりました．お礼申し上げます．

2022年1月

枝川明敬

目　　次

第 1 章
現代芸術思想と芸術の制度化

2019 年末に始まるコロナウイルス感染症の蔓延で，舞台芸術界を含む文化芸術活動は低調にならざるを得なくなった．また，同年「あいちトリエンナーレ　2019」による表現への議論が起こるなど文化芸術を巡る経済的・思想的な動きが発生している．この事象は文化芸術にとって予期せざることではあったが，文化芸術を巡る社会的状況や芸術家・鑑賞者の関係をもう一度整理し，その関係が歴史的にいかに作られてきたか，考えるよい契機となるであろう．特に日本では，芸術の表現の自由面での議論は活発であるが，倫理面では欧米に比べて議論自体が低調である．

本章では，芸術思想面を時間軸として日本の芸術活動空間を横軸にとりながら，芸術がいかに国家とかかわってきたか，その表出面である制度に注目して議論する．

1.1　現代芸術思想

1.1.1　芸術を巡る状況

現在の芸術を巡る喫緊の課題は，コロナウイルス感染症の蔓延による芸術活動の中止・延期への対応である．昨年以来，日本では「あいちトリアンナーレ 2019」の企画展の中止に起因する表現の自由問題が議論されている．これは，2019 年 8 月 1 日に愛知芸術文化センターで開幕した「あいちトリアンナーレ 2019」の企画展「表現の不自由展・その後」が管理者の判断である「安全管理上の問題」によって，わずか 3 日で展示が中止されたことが原因である．当初は，憲法学者が表現の自由から議論していたが，その後一部の芸術家（現代美術関係者が発言し，実演芸術家は関心がなかった）および文化審議会政策部会から憲法で禁止されている検閲に当たるのではないかとの意見が出された．憲法 21 条の表現の自由規定との関係からの批判であった．

コロナ被害や「あいちトリエンナーレ 2019」の件から，次のことが指摘できる．芸術作品と鑑賞者との関係が重要であるということと，日本ではあまり議論されていないが，芸術表現なら何を表現してもよいのかという倫理性の視点である．両視点とも芸術の社会との関連性からの指摘である．前者は芸術作品の存在に関連するが，芸術作品はあくまで鑑賞者向けにだけ制作されるのか，芸術作品は作家の精神的な内面活動を伝える媒体なのか，という芸術の本質的な視点を含む．日本では「あいちトリエンナーレ 2019」の表現の自由問題は，芸術作品の検閲と憲法の表現の自由規定との関係で扱われているが，本当の問題点は自由問題以前の芸術の倫理性の問題なのである．芸術活動なら何を発表してもよいのか，芸術があくまで社会の中での存在なら社会とのつながりの上で，社会倫理からの制約から芸術だけは自由であり得るのか，ということである．

芸術作品には，「鑑賞者に作品の意味内容を伝える場が必要である」ということがいわれる．その場作りのために相当程度の資本が通常必要である．場作りを歴史的に振り返れば，フランスの国家が支援するサロンに行き着こう．国家が芸術発表の場作りを行う場合は，国家の都合に合う作品の展示が行われやすい．したがって，展示方針に反対すれば，反国家的・反社会的として作品が扱われ，作品の経済的価値も作家も低く見られる．その例として，フランスではサロンの古典主義に反旗を翻した印象派を挙げることができる．芸術表現の場は通常美術館や公共の広場（公園，道路，駅頭，寺社境内）であり，それを企画するキュレーターの意向や考え方によって，展示される作品の種差選択が行われる．場作りに公共的な資金が提供されているケースでは，資金元の公共団体（国を含む）の意向がキュレーターの作品選択に何かしらの影響を与えるのが通常である．場作りとしての展覧会を純粋に民間で開催するケースも多いが，かなりの資金投入が必要とされるため，公共団体からの助成も含めたマッチング・グラント形式も多い．その際，公共団体からの助成を受けやすくするため，公共団体の意向に沿う企画書を作成し助成申請することもある．純粋に非営利を謳っている展覧会・コンサートも多いが，主催団体の意向を無視した作品が展示されたり，演奏会が行われることは非常に少ない．商業的なプロモーターなど営利企業が主催・企画する展覧会・コンサート・演劇などは当然利益追求であるから，マーケティングを駆使した顧客開拓と顧客に合わせた表現が行われる．

このように，芸術表現の重要なプロセスである芸術作品の発表（実演芸術では舞台）を，芸術を社会との関係性（関係するならいかなる関係づけができるのか，公的機関や助成団体との関係はどうなのか）および芸術の倫理性（と表現の自由）の両視点から考えることが重要である．以下，芸術が時代とともにいかに扱われてきたかについて，芸術表現に影響を与えてきた思想面から芸術と社会の関係について述べる．

1.1.2　現代の芸術思想

「現代芸術思想」には，「現代」と「芸術」の双方の単語が含まれている．その双方とも日常的な単語であるが定義となると非常にむつかしい．現代とはいつから始まるのであろうか．その始まりはあるにせよ，その終端は未来に向かって開放的であり，他の時代区分とは異なっている．このことは，現代の特質を他の時代のように特定することがむつかしいことを意味する．通常，時代はその前後の時代との比較によって特質が定まるからである．現代は，現時点を含む故にいつも流動的であり，何を記述しても未来へ開放的であるが故に，その記述は過去のものとなる特徴がある．疑ってみれば，将来の視点から現時点を見れば，すでに現代（いつから始まったか不知だとしても）の特質からずれている別の時代区分になっているのかもしれないのである．

それでは，現代とそれ以前の時代との区分を何で行えばよいのであろうか．本論では，経済社会・思想の変化と芸術の変化が，1960年代から1970年代にかけて大きく変わったと考え，少なくとも1970年代以降を現代として考える．

通常歴史学からの時代区分は，政治経済社会上での区分として考えるが，同じ区分を芸術分野でも同時代的に区分可能であろうか．政治経済社会面での時代区分については，従前より「古代」「中世」「近世」「近代」「現代」の時代区分が行われてきた．ここで，政治経済社会上の大きく変化する時代を区分する上で，考慮すべき特徴の1つとして凡世界的な面からの人と物の動きの変化を挙げたい．今回のコロナウイルスはパンデミック（pandēmos というギリシア語由来で「凡市民」を表す）を引き起こしたが，戦前なら中国武漢の一風土病で終わったであろう．しかし，武漢が世界の製造業の部品供給地であるがため，国際的な分業体制下にある産業の供給連鎖の中に位置し，結果として風土病で治まる病気がパンデミックを引き起こした．ボブズボーム（Eric John Ernest Hobsbawm）は，時代区分をみる特徴として産業資本主義と啓蒙主義の関係の変化を提言している．彼によれば経済的なグロバリゼーションは1970年代から80年代にかけて「地滑り的」に変化していったという．この時代から現在までに国際間の資本移動とそれに伴う為替の自由化が行われた．そのため，国際的な（国籍を持たない）グローバル産業が立地し，国家の管理を離れた私的資本集中化とグローバル・マネーの跋扈が政治経済社会に大きい影響を及ぼすようになった．国家の管理を離れた資本は，為替の自由化とともに為替操作を意図的に行い，国家の経済主権を危うくした．

この間，イデオロギー的には新自由主義が唱えられ，大きい国家から小さい規制のない国家へと統治機構が移っていく．また，アメリカでフレンチ・セオリーといわれた1970年代以降の文化相対主義・多文化主義などポストモダン思想の影響下に生まれた構築主義は，歴史上の出来事をそのまま記述するのではなく，それらがいかに解釈されたか，表象され受容されてきたかを重用視するようになった．従来は近代市民社会を基礎に置く国民国家の成立を歴史的進歩として見ていたのだが，ポストモダン思想はその価値観を転換しつつある．

本来，芸術はギリシア語のtechnéが語源である．プラトン（Plátōn）は，technéを社会に貢献しない実用的でない実物の模倣であると規定し，その制作者たる芸術家を低く位置づけた．technéはローマ時代にarsと訳され，後にartとなるが，それは単に何らかのものを正しく制作する方法，正しく行う方法・技法であり，実践家・実務家の業務であって，それを制作する者はテクニシャンであった．1700年代に入るとそのartから現在の芸術を意味するArtが分離し，文学，絵画，演劇，彫刻，音楽が含まれるようになる．

その後，1700年代の後半に入り，カント（Immanuel Kant）によって芸術は心地よさを与えるものとして評価されるようになった[1]．一方ヘーゲル（Georg Wilhelm Friedrich Hegel）は自然美と人工美を区別し，人工美は人間の精神の賜であるとして，自然美より評価した．ゴヤ（Francisco José de Goya y Lucientes）は技巧的に優れた作品より精神的に優れた作品を高く評価し，理性の働きの限界が芸術に存在することを見抜いていた．この時代の哲学者や芸術家は，芸術作品を観賞する人たちに作品の表現が精神面で働きかけ，鑑賞前とは違う精神を鑑賞者に想起させるものとして考えたのである．カントによれば，精神面での働きかけは理性的なものでなく感性的なものであり，それを鑑賞者に起こさせることが可能な作品を制作出来るのは，天才的な能力の持ち主だけであった．芸術家は自らのアイデア（構想）を作品に込め，さらに作品を媒体として構想を鑑賞者に伝え，鑑賞者の精神に働きかける[2]．デリダ（Jacques Derrida）によれば，価値として，模倣されたもの（芸術作品）は模倣すること（芸術家）より上位にある伝統があるという[3]．モダニズム以前の芸術理論では，芸術の様式よりその作品の意味が重要であることを意味する．19世紀中頃から美学や美術史が哲学から独立し専門化するようになると，美学は哲学の一領域でなくなり，独自の方法論を確立していった．その方法とは芸術作品の帰属，時代同定，作品考証など従来の作品のもつ意味といった形而上の分析から主に形而下のデータ分析に因る解析であった．芸術作品を取り巻く環境である経済社会状況，特に政治的な動きについて芸術家は敏感であり，作品はその情勢を十分反映させているのが通常であるが，その意味を推察するより，芸術作品そのものを物体として分析する傾向を帯びた．

1915年にデュシャン（Marcel Duchamp）が「階段を降りる裸体No.2」を発表，有名になるが，それを契機としてコンセプチュアルアート[4]が制作されるようになると，プラトンが述べた実物の模倣という芸術作品の概念からはずれる作品が多くなってきた．作品評価に，従来の美術史や批評では対応できなくなり，新たに，情報論（記号論[5]），認識論，構造主義[6]，構築主義，ポストモダン思想，精神分析，解釈論などが援用され，芸術作品に内在する意味論的な学問領域から作品周囲の環境まで多くの課題を取り入れる芸術分析が行われてきた[7]．デュシャンは小便器など工業品を芸術作品だと提示することによって，何が芸術作品かは芸術家が決定すること，便器を倒して展示することにより便器の工業品としての使用方法をなくし，それが何を意味しているかを鑑賞者に考えさせることを示したのである．それまでの芸術作品は芸術家の手技と大いに関わっていた．すなわち本物かどうかは，作家の手が加わっているかどうかであった[8]．すなわち芸術作品を制作することは，芸術家の着想とそれらを制作する技術が必要不可欠であった．しかし，工業品には芸術家の手は加わっていない．デュシャンの小便器の展示は従来の美学的文脈から切り離された展示であった．

1960年代には，ジョージ・ワーツ（George F. Worts）が芸術の制度論を提言している．それによると，何が芸術（作品）であるかを規定するのは，芸術を取り巻く環境（世界）が決定する．その世界は一種の社会的ネットワークであり，構成員は芸術家，キュレーター，収集家，評論家，芸術に関係する領域の人たちで構成される．ベンヤミン（Walter Bendix Schoenflies Benjamin）が複製技術を応用した写真や映像芸術は主に大衆向けであったため，批評家や芸術家はそれらの作品を通じて大衆に対して芸術面での精神的覚醒を期待した．逆に，アドルノ（Theodor Ludwig Adorno Wiesengrund）はベンヤミンの作品が大衆向けであるが故に，芸術を対象とした産業（文化産業（Kulturindustrie））にコントロールされる芸術に大衆が取り込まれるのではないかとその危険性を指摘した．デュシャンが小便器（工業製品）を芸術作品として展示したケースでは，彼はその作品の制作に当然加わっておらず，作品展示のアイデアを提供しただけである．音楽についても同じで，文化産業的には音楽家はワーツ（George F. Worts）の述べた社会的ネットワークに加わる音楽提供者に過ぎず，その対価を得ているに過ぎない存在である．一般的な工業品やサービス業では行為者の匿名化が特徴で，産業論的には労働者の代替性という観点から誰が製造したか，役務を提供したかは問われない．一方，芸術家の名前の特定化が重要で，それが作品を単なる工業品やサービス業から分けていることの特徴である．1960年代はその特徴が新たに認識された時代である．社会的ネットワークの中での芸術の位置づけについて，後にブリオー（Nicolas Bourriaud）が「関係性の芸術（relational art）」として明示し，その一例としてインスタレーションとパフォーマンスの複合的展示をボルドー美術館などで行った．「関係性の芸術」からよく取り上げられるのが，ティラヴァーニャ（Rirkrit Tiravanija）の“Untitled”（1993）である．その作品は美術館という公共空間内に，食事・歓談といった公的空間とは逆の私的生活空間を挿入したもので，美術館でカレーを与え食事をさせるものであった．美術作品は美術館のみで観賞するというのでなく，大衆と交わって観賞する，鑑賞者も作品制作に参加するという作家と鑑賞者，公的私的空間の区別を無くすると作品はどうなるかという問題提起であった．作品制作に従来には美術館に来ない大衆が参加するという形式は，その後の芸術による地域振興の一大ムーブメントをつくる契機となった．

1950年代から60年代は，コンセプチュアルアート，ポップ・アート，ミニマリズム（Minimalism）など多くの芸術作品が発表された時代である．1952年には，ケージ（John Milton Cage Jr.）が「4分33秒」（273秒間：物体が絶対的に静止する絶対零度を示すという余話もある）を発表し，あらゆる環境のノイズが楽音化する可能性を示した．同楽曲は，1つの楽器を指定し3楽章に渡って，273秒間休符することが示されている．この休符間において演奏会での鑑賞者のざわつきなどの騒音を，鑑賞者が演奏音として聞くという従来にない演奏会であった．その騒音やざわつきを鑑賞者が楽曲の演奏として解釈するかどうかは，いわば鑑賞者任せである．すでに，1937年にはケージは楽音としての騒音を利用することを推奨している．彼は新しい楽音を作るため，町に出て騒音を記録しそれを複合化する方法と電子的な楽音発生を提案したが，前者は具体音楽として町の騒音を組み合わせた音楽へ，後者は電子音楽へと進展した．そこには，従来の音楽形式は存在しない．クラシック音楽，ポピュラー音楽といった区分では楽曲の目指す方向があり，鑑賞者もその目的に沿った聴き方をする．クラシック音楽は聴く喜びだけでなく，それについて解釈するとか，ポピュラー音楽では聞く時間だけ快適であればよいであるとか，楽曲の形式が聴く態度を決定し身体に音楽の情動を引き起こす[9)]．騒音を1つの信号と捉えれば，それは情報理論が援用可能となる．騒音を音楽の構成要素として考え，鑑賞者はそれをいかに聴取するのか，今後実験的な研究も必要となろう．

デュシャンに引き続き新しい思想を芸術界にもたらしたのは，ウォーホル（Andy Warhol）である．1964年に，彼はポップ・アートと後にいわれた工業的プロセスによって生産された作品を展示した．写真をもとにしたシルクスクリーン作品を発表，それを制作する工房をあえてファクトリと呼び，作品自体から芸術家の手技を導き出せないような作品を発表した．作品の真偽の判断に，従来は作家の視覚的手技を用いて鑑定していたが，それを批判したといえる．1960年代にアメリカから始まった従来の芸術作品の定義をはずした作品群の登場の根底には，当時社会で流行していたポストモダン思想がある．1970年代後半には，ポスト構造主義が喧伝されたが，一方，記号論にも新たな進展がありスコールズ（Robert Scholes）がヤコーブソン（Roman Osipovich Jakobson）のコミュニケーション論を利用して言語現象を説明しようとした．それは，コンテクストを媒介した発信者と受信者の間の関係や環境によって，同じように伝えられた言語でも意味が異なってくるとしたのである．簡単にいえば，個々の受信者が彼らの育った環境などによって，同じコンテクストでも違った意味にとらえるという非常に常識的な解釈でもあった．芸術面でいえば芸術作品の鑑賞行為と解釈は鑑賞者の立場によるということである[10)]．この考えは，ブルデュー（Pierre Bourdieu）の文化資本（le capital culturel）の視点と極めて似ており，社会環境の異なる人たちに彼らの境遇に応じた芸術経験を与え無ければ感動が得られないという共通点をもつ．鑑賞者の経済的環境の相違が芸術観賞態度も変えることを調査の上実証したのは，アメリカの経済学者ボーモル（William J. Baumol）で60年代半ばの1964年のことであった．

1960年代のそれまでにない芸術作品の制作と展示，それを支えたポストモダン思想の芸術面への影響は，60 年代以降現在まで芸術作品の定義の多様化を促し，作品の幅を広げただけでなく，その材料を幅広いものとした．ポストモダン思想の根底にある価値観の多様化（相対化）は，非西洋圏（アジア，アフリカ）の伝統的な文化財の活用のみならず，西洋では従来使用されなかった材料（死体）を作品に用いる作家[11)]まで出現した．この作品では鑑賞者には嫌悪感や不快感が残り，それと芸術家が主張する表現自由の権利との兼ね合いが問題となるが，それが後述する芸術の倫理性の問題である．

1980 年代になると，60 年代から始まった従来の美学・美学史から逸脱するような作品の輩出に美学中心主義の保守的美学者・批評家が反発したが，彼ら保守的美学者らと批評面で芸術を政治社会の中でとらえようとする革新的批評家に分かれた．後者には政治社会面でのもっとも鋭意的な戦争といった面から芸術を捉え直す動きもあるが，一般的にはジェンダー，エスニシティなどポストモダン思想からの接近が多く行われる．このような鑑賞者を疎外した作品解釈や思想面での対立は鑑賞者を辟易させ，大衆向けの多くの娯楽指向だけを目指した娯楽芸術・芸能を生み出した[12)]．

今まで美術面での史的展開を述べたが，次に実演芸術である演劇面での現代における特徴をみてみよう．芸術を純粋芸術と大衆芸術に分けることがしばしば行われる．この区分は芸術観賞対象者の社会階層によって分ける場合もあるが，通常は実演芸術のもつ質・内容が通俗的かどうかの基準で分類される．とりわけ音楽では芸術の純粋・大衆の区分をクラシック音楽とポピュラー音楽としてわけるのが一般的である．クラシックとポピュラーの区分は楽曲の構成，演奏の違いでの区分であって，音楽の質・内容の区分とは違う．現在は実演芸術ではその区分が非常に曖昧になっているのが特徴である．

1960 年代から 1970 年代にかけてアンダーグラウンド演劇（Underground theater）が登場した．日本では寺山修司の「天井桟敷」，蜷川幸雄の「現代人劇場」，唐十郎，鈴木忠志，別所実の「早稲田小劇場」，佐藤信の「黒色テント」が典型といわれる．1960 年代は日本のみならず世界的にみても学生運動や反戦運動が盛んで，既存の価値，思想に対する若者の懐疑的な運動が起きた時代である．黒田雷児によれば，1960 年代に起きた芸術面での前衛運動は，安保闘争の敗北，都市化，マスメディアの発展，大量消費社会といった 60 年代の政治社会経済状況を反映した 50 年代からの芸術運動を引き継ぐ運動である．黒田によれば，60 年代の人間の自由を追求した実演芸術の表現者たちの姿勢は，政治領域や文化領域での自由な政治運動におさまらず，既成の国家や権威を否定する「アナーキズム」としかいいようのなかったものだという．1970年代に入ると芸術面での伝統的新劇への反動的運動は，「早稲田小劇場」等の既存の演劇創作プロセスに異議を申し立てる全共闘時代のつか・こうへい，山崎哲，北村想の活動に繋がっていく．つか等は，演劇において演劇の根本である脚本（戯曲）より俳優の舞台での活力を重要視した．従前の演劇では，脚本の通りに再現するのが俳優であるので，演劇では脚本（戯曲家）が俳優より優位な位置を占めていた．西洋劇が輸入される以前の日本において，前近代の芝居である歌舞伎は俳優のために座づき作家が脚本を書き下ろすのを常としていた．そのような歴史的経緯もふまえ，つか等は70年代当時の現代劇であった新劇[13]を批判し，彼らの演劇で新劇を超えようとしたのである．彼らは，テントをもって全国巡業したが，行き先々で熱心な鑑賞者の歓迎を受け，俳優と鑑賞者の一体感を作り出した．江戸時代の歌舞伎のような舞台と鑑賞者席の一体感を醸し出す劇場空間をもったのである．

世界的には，どうであったのか．19世紀には俳優，劇作家，演出家などの演劇を分業的に行う専門集団が確立されたが，それにより脚本（戯曲）作家の意図の通りに正しく解釈し，俳優にその解釈のとおりの舞台を務めさせるという工業的な生産ライン類似のものを演劇に作り出した．演劇は工業的な生産ラインであるから設計図（脚本）が非常に重要で，製品を工作する工員は工員独自の技術力は不要である．むしろそのような特色はない方がよい．演劇のシェークスピア劇のように特長ある俳優は必要なく，むしろ演出家の指示通りに動く俳優の方が望ましい．近代演劇では，スターシステムは不要で脚本中心の近代リアリズム演劇が可能となった．

脚本を書いた作家が過去の人である場合は，それを解釈する演出家が絶対的であり，その上彼らは演劇の構成要素たる舞台構成（美術，衣装，舞台装置，客席数），俳優，対象とする鑑賞者などを一体的に統括する機能としての演出家像までも作り出した[14]．第二次世界大戦後では，演劇の改革者として，演劇の社会との関係や演劇の教育効果（演劇に没入する鑑賞者という従来の劇場空間を改め，鑑賞者が演劇を批判的に見る態度を養わせる）を示したブレヒト（Eugen Berthold Friedrich Brecht），バリ島の舞踊に見られる演者の肉体的原始的な動きや活力を重用視し，従来の西洋演劇を批判したアルトー（Antonin Artaud）が重要である．一方では，不条理劇と称する無意味な台詞のやり取りや人間の不条理をあぶり出す前衛劇が起きた．彼らの演劇の影響を受けた上に，60年代のアメリカのベトナム戦争反対運動に起因する学生・芸術家の反体制運動は，多くの新しい演劇を生み出した．その「新演劇」を起こした演劇人には，俳優の優位性を強調するグロフトスキ（Jerzy Marian Grotowski）やフランス革命劇で演劇の祝祭性を示したムニューシュキン（Ariane Mnouchkine）らがいる．

このように，演劇界でも1960年代から70年代は従来の演劇とは違った批判的な演劇が世界的にも起きたが，その背景には反戦運動のみならず，思想界でのポストモダン思想の影響が大きい．

1.1.3 芸術思想のこれから

近年再度注目を集めているアドルノは芸術を社会との関連性から捉えるが，芸術は社会から独特の独立性を有しており，社会が進む専門分化の方向へはいかないという．芸術が社会の存在であるといいながら，社会からは自立性を有しているとは相矛盾することである．アドルノは芸術には作品ごとに固有の形式法則があり，作品を構成する諸要素間を結びつける方法がその法則だという．その法則は芸術家が同じでも個々の作品ごとに異なっており，その法則は社会的諸課題との連関から構成されるという．社会的諸課題が形式的法則で取らえられ，それが作品を創り出している．芸術作品は常に社会との関連性で創り出されるが，作品は社会とは独立して発展していく．作品ごとに異なっている固有の形式法則を通じて芸術のもつ社会への批判性と積極的関与（社会的生産性：社会的実践につながるような視点を与える）が，担保されるのである．

21世紀に入って，情報技術の著しい進展が見られている．20世紀中頃からコンピュータの開発とインターネットの進展，さらに関連したIT技術は，当初は情報処理の短時間化による仕事の合理化に過ぎなかったが，今では社会経済全体におよぶ変化を起こしている．情報技術は，単なる技術を超え社会経済構造を変化させているのである．社会と結びついた情報や個人情報が行き交い，コンピュータ相互の複雑な組み合わせによる人工知能の発明と進化は，従来の物質とエネルギーを扱う物理的社会から，重量もない，エネルギーもない非物理的情報を扱う社会へと我々を導いている．20世紀の始めに記号論を提唱したソシュール（Ferdinand de Saussure）が20世紀半ばのポストモダン思想を導き出したように，21世紀初頭の情報化社会の到来は，将来大きい変革を思想面でも社会に与える可能性がある．

元来芸術と技術は同根であり，技術革新が進展に応じて，芸術と技術は相互に関連しあう程度が大きくなる．電子的な情報加工と処理は，電子音楽・映像芸術を発展させ，レコード・光ディスク・インターネット通信の発明と社会的整備は，芸術普及に著しい貢献を行った．そして多くの大衆に芸術鑑賞機会を与えたが，芸術の創作領域のみならず，芸術の周辺領域を拡大させた．2010年代に入ると，コンピュータ技術の発展はAI（人工知能）ブームを起こした．AIはレンブラント（Rembrandt Harmenszoon van Rijn）の346作品を深層学習（Deep Learning）手法と3Dプリンタ印刷を用いて，レンブラントもどきの作品を描いた．筆者が勤務する東京芸術大学でも，AIを活用した文化財の修復が行われている．AIが芸術家と同じように作品創作が可能かどうかについては，情報処理技術者はコンピュータの原理から不可能，未来学者は原則可能といっている．中沢新一[15)]は芸術創造の「直感」部分は知性領域活動なので人工知能で芸術創造は可能といい，今後はギリシア以来のロゴス的知性の見直しが行われるだろうと指摘している．

インターネット上のサブカルチャーから出てきた政治運動として，加速主義がある．加速主義はインターネットを通じて空間を超えた哲学的コミュニケーションとして議論されていたもので，高度な資本主義の技術を利用しながら資本主義を深化させ，自己破壊的な傾向を早めて内的矛盾で死滅させようとする反動的な「マルクス主義[16)]」といえよう．加速主義の普及には芸術特に音楽が利用されており，90年代のサンプリング音楽など従来の音楽を再構築する音楽的サブカルチャーやクラブ・ミュージックの批評を通じて拡散し，2016年のベルリン・ビエンアーレでは加速主義プログラムを提示した．加速主義以外でも欧米の右翼的政治運動は自国文化主義と関連づけて行われてきており，ターボ・ミュージック（または，ターボ・フォーク：Turbo-folk），ファッショ・ウェイブ（fashwave）は音楽を通じた政治運動である．

阪神淡路大震災・東日本大震災，近年の大型台風の日本への連続襲来，コロナウイルス蔓延などは自然に対する人間の無力さを改めて認識させた．政治経済社会が存立するインフラストラクチャーが極めて脆弱であることを見せつけられたが，本来人間社会の発展は人間界で閉じられるように行われてきたはずであったが，このような脆弱性を見るにつけ人間が克服したはずの自然と社会の関連性を改めて認識せざるを得ない．人間社会の脆弱性を思想面でも制度面でも人間はいかに引き受けていくのか．ギリシア以来の西洋の理性中心思想のみで解決可能なのか．西洋思想の1つのマルクス（Karl Marx）思想からは人間も生物（自然）の存在であり，人間と自然は相互の物質のやり取りによって生を受けるのであるから，自然が人間に与える脅威は人間と自然の物質交流の一時的攪乱であると理解するだろう．マルクス思想では労働を自然に対する人間の欲求に基づく働きかけであると考える．資本主義の根本たる営利主義による価値増殖を目的とした働きかけを自然に行い続けると，人間と自然の物質交流が変化するとする．その変化を抑制するためには，自然を克服するといった自然を対立項的に見るのでなく，人間も自然の中の存在と位置づけ自然界での人間生活を考えることが重要である．

西洋思想以外の東洋思想，仏教，儒教などの思想は，人間社会の脆弱性をいかに捉えてきたのであろうか．国際間の資本移動や物的・人的移動の推進の一方，新自由主義による公権力の市場への抑制的介入など経済市場の自律均衡と競争環境実現を目指した国家が実現している[17]．公法的な経済社会領域のうち経済社会は市場や資本に任されてしまい，国家が関与する領域は社会的領域のみが残されているのが現状である．社会的領域でも経済市場に向く領域は次第に経済市場に侵され，純粋に私的領域である芸術文化活動領域においても国家が介入可能な領域となっている．

「ポスト・ツールース（post-truth）」「オルタナティブ・ファクト（alternative facts）[18]」といった政治思想の中で，それらを深刻に考えない国民と，真実自体を至上のものとし精緻な理論探求を重用視する専門家集団（研究者，文芸家，官吏，医師，法曹家など新市民層）が社会で対立している．彼ら専門家集団は，元来市民社会と資本主義（あるいは工業社会）の成立によって勃興してきた階級である．15世紀頃から文化人が出会いや文通によって“Respublica literaria”（文芸共和国）と呼ばれる社会的ネットワークを構成したが，この影響下啓蒙主義の台頭で社会の諸課題を市民が対等に論じ合う公共圏が成立，市民社会が作り出される基盤となった階層が専門職層の起源となる．「ポスト・ツールース」「オルタナティブ・ファクト」の思想は啓蒙主義思想とは根本的に反するので，専門職層には受け入れがたい．これらの思想は政治的に公論を形成する際は，対等な議論によるのではなく主観的事実や個人的な心情により働きかけ，影響力を行使する状態を作り出してきた．それが可能となったのはインターネットなど極めて越境性，高速性，複合性を特徴とするメディアの発展が大きい．

1960年代にワーツが指摘したように，現在では芸術を取り巻く環境（世界）

が芸術や作品の価値を決定づけている．その価値決定環境は一種の社会的ネットワークであり，芸術家，キュレーター，収集家，評論家，芸術に関係する領域の人たちから構成されている．その社会制度の中で美術館は位置づけられ，現在では社会的ネットワークが作品の経済的価値まで左右するようになっている．ハイデガー（Martin Heidegger）によれば，元来美術館は人間を対象化する危険がある技術である[19]．1960年代は芸術市場は小さいギャラリーの乱立に過ぎなかったが，今では大型のギャリラーが美術市場を席巻している．伝統的なギャラリーの機能は芸術家からの作品の購入と顧客への一次売却が中心であったが，次第に作品が疑似資本化し買い戻しとさらなる売買といった二次市場が恒常的に行われてきている．二次市場の発達は，芸術作品の通常商品との性質の相違に起因している．一般の商品は購入後，購入者が消尽し効用を得るが，美術作品は消尽しつくすことがなく，商品としては形態として変化せずさらに経済的値上がりも期待可能である．ギャラリーは，作家から購入する一時市場（価格）だけでなく，買い戻しさらに売却する二次市場でも利益を得る．二次市場での売却価格上昇のため，ギャラリーは著名展覧会への出品や批評家・キュレーターへの売り込みを行う．芸術作品も市場主義が透徹し，経済的価値を上昇させるため，作家，ギャラリー，オークション・ハウス（auction house），キューレーター（美術館）がシンジケート団として機能し，価格評価を組織的に行っている．

歌舞伎・ミュージカルなど商業演劇はいうまでもないが，演劇界も市場主義と国家の管理主義の影響は大きい．純粋芸術と言われる現在の演劇の系譜は，1960年代に起きたアングラ劇の小劇場集団からである．日本では主流演劇に対する小劇場運動が起き，彼らが演劇の小集団を構成しながら，演劇の主流となっていく．1960年代までは世界でも日本でも演劇の主流はリアリズム演劇であり，それに反発した演劇人（特に若者）がアングラ劇を作ったのである．彼らは，個人の持つ個性と思想によって仲間を作り，鑑賞者層を育成していった．彼らの作った小劇場スタイルは1980年代の学生演劇と合流し，80年代のバブル経済下での過剰消費時代を背景とした遊び感覚を演劇空間に導入した．演劇内での時空の超越を舞台機構や俳優の動作で表すのでなく台詞の饒舌性で示し見せることより語ることを重要視し，テクストのリテラシーがないと演劇が理解できないスタイルを築いた．演劇を社会への反抗者・不満者が行う表現芸術から，「頭のよいエリート」（鈴木忠志のことば[20]）が行うものとした．自らの劇団は劇団員がアルバイトをしながら演劇を続けるスタイルから，公的助成・大企業からのメセナ資金を受けて資金的に潤沢に運営し，演劇人が従来は就任しなかった公共劇場の演劇監督，芸術監督，大学教員など兼ねた．

その演劇運営は資金的な助成や国の観光政策による劇場の地域活性化策も加わり，小劇場系譜の地域拠点的活動も多い．公的な支援制度では，数値的評価が必要であり，市場競争下での鑑賞者層獲得方法の追求などマーケティング指向が反映されている．

テクスト重視の演劇から，若者ことばを「超リアル日本語」として特有の台詞のみの舞台を演出するなど伝統的新劇スタイルとは違った新規な舞台が見られるが，思想性的な演劇はむしろ少なくなっている．現在の大衆の置かれた経済的立場や人生経験などを笑いやコメディで作り出す演劇が多い．演劇人もTVなどマスメディアに積極的に出演し自らの演劇をアピールし，TV番組制作に加わりテレビドラマの演出家として活躍し，本来演劇のもつ思想的な訴えが見られない．

世界的視野から見て，美術，演劇，音楽も市場原理の大きい影響を受け，芸術家も作品購入者も経済的価値＝作品価値と見なしている．これまで美術館・劇場は大衆に芸術を普及し芸術教育の一環を担っていたから社会制度として存在価値があった．そして，その公的補助を受けるようになって，国家や公共団体の管理下に置かれやすくなった．経済的影響を大きくもつようになったキュレーター・音楽家・演劇作家などの芸術家が公的美術館・劇場・音楽ホールの芸術監督・館長などに就任して，芸術作品の価値づけを行い，美術館・劇場の機能が社会の中で従来とは違うようになってきた．その変化は芸術思想にも大きい影響を与えている．「あいちトリエンナーレ2019」の「芸術の不自由展・その後」の公開直後の中止は一部の美術界からの反発はあったが，音楽・演劇など実演芸術関係者からの反対は少なかった．これは彼らが否応なしに社会制度・芸術界の社会的ネットワークに組み込まれているからであり，芸術自体は社会から自立的だとしても芸術家は自立的でない状態で存在するからである．

芸術界への市場貫徹面は日本では大きいが，芸術の表現の面での倫理性は議論されていないことも「芸術の不自由展・その後」に対する中止への議論面での混乱を引き起こした．今では芸術活動が自立的な活動として道徳的な善や倫理的な真に規制されることがないことは広く認められてきている[21]．芸術の自立性思想は，19世紀から20世紀にかけての耽美主義の影響が強い．作品の解釈は鑑賞者に任されるような思想背景をもつ現代では，作品の解釈には客観的な基準が無く主観的に行わざるを得ない．啓蒙主義における感性と理性の区別・優位性は形而下の科学を進歩させたが，その科学が作り出した核兵器・生物兵器・化学兵器の危険性を評価する事は現代では通常のこととなっている．一方，感性によって作り出される芸術作品の危険性を評価することは芸術の自立性が強調されるため放置されたままである．ナチス時代や第二次世界大戦中に多くの芸術家は戦争協力を行い作品を創った．芸術作品に対して為される美的判断と倫理的判断の関係はいかにあるべきなのだろうか．芸術作品は鑑賞者が慣れ親しんだ日常世界とは違った経験を鑑賞に引き起こす作用をもつ．科学者に研究倫理性を求めるなら，芸術家にも芸術倫理性を求めることは必要ではないのか．芸術に倫理性を求めることはできないのか．

キャロル（Noël Carroll）によれば，1950年代から60年代にかけて芸術哲学（美学）はずいぶん議論されたがその根本たる芸術の定義についてはまちまちであり，芸術哲学（美学）の代わりとして芸術批評が構築されたという．その後，1970年代にはダントー（Arthur Coleman Danto）らによって芸術の定義が論じられるようになると芸術哲学（美学）の背後に芸術批評が隠れたといっている．21世紀になり，グロイス（Boris Efimovich Groys）が指摘するようにポストミュージアム時代[22)]を迎え芸術が多くの鑑賞者をもつようになると，キャロル，ゴート（Berys Gaut）ら英米系の研究者により，芸術作品への消費者のアクセスに対応すべく芸術批評の重要性が指摘されるようになった．キャロルは批評理論の多くが解釈論（interpretation）に過ぎず，作品評価（evaluatin）こそが批評の本質だとしている．評価の重要性が美学の領域で高まると，ゴートは評価の基準として倫理主義（ethicism）を提案，倫理と芸術的価値との関連性を指摘した．芸術評価での倫理性とは表現形式においての倫理性の高低と作品価値の高低に相互作用（interaction）があるのか，という視点からの評価である．カントやヘーゲルを含め伝統的な美学では作品の美的価値基準から作品評価が行われてきた．美的価値基準以外に倫理性を評価基準として付加することである．ゴートによれば美的価値基準と倫理的価値とは，独立でその関連性を一切考えない立場（自律主義（autonomism））と関連性は考慮するものの正の相関を考える立場（倫理主義（ethicism）），関連はあるがそれは個々の作品毎に異なるとする立場（穏健な倫理主義（moderate moralism））がある．関連がある立場をまとめて道徳主義（moralism）と喚ばれる．ゴートの立場は芸術家の主観的倫理主義であるが，芸術作品の外部効果（社会が一定のイデオロギーのために勝手に作品を利用するほか，作家の意図しないところで利活用される効果）は倫理性の考察の対象としていない．芸術作品である以上，芸術活動（作品の制作手法）に基づいて制作された作品であって，作品に作家の倫理性が当初から意図されていることが必要条件である．刑事的にいえば，犯罪の行為者の主観面を中心に犯罪の成否を考察しようとする立場に近い．

倫理性を考えることは芸術の置かれた空間内，関わる時間軸での考察が必要であるとゴートはいう．倫理性の時間軸によって芸術作品の倫理性評価は変化する．リーフェンシュタール（Leni Riefenstahl）の記録映画『意志の勝利』はナチス時代には賞賛されて高評価であり，映画作品の質としては後世への影響も含めて優れた作品であることは認められているが，第二次世界大戦後ではナチス賛美映画としてドイツでは上映禁止となり，リーフェンシュタールは映画界から追放された．芸術は社会的ネットワークの中に存在し，芸術家活動領域のみでは完結しない．芸術は，芸術家のみならずギャラリー・オークションハウス・キューレーター・演奏家・俳優・マスメディア・鑑賞者（一般市民）が関係し，さらに背景に芸術市場といった文化産業や美術館・劇場・音楽ホールなどの公的私的な社会制度が取り巻いている．芸術の倫理性問題は社会ネットワークの空間内でなされねばならない．ゴートのいうように，社会的ネットワーク内での「倫理的に正しい」は「道徳的に正しい」として正当化される必要があるのならば，その道徳性の基準は時代や社会習慣・思想・社会制度に依存しているので不安定であり，普遍性からみて評価の意義があるのか問題がある．その評価空間自体が時代と共に変化し，空間が芸術関係以外の空間からは独立している閉空間なのか，芸術以外の社会に開かれた空間なのか，をも考察しないと，倫理性評価が芸術界のみの評価として政治経済社会から孤立する危険性が出てこよう．

「関係性の芸術」の流行によって一般市民参加型の芸術作品が増加している．その背景には世界各地で地域社会活性化への芸術の貢献という公的な政策目標がUNESCO・EU・日本・中国など多数の共同体や国家で提示されているからである．その市民参加型芸術が，ビショップ（Claire Bishop）によれば芸術における批評の転換を促しているという．社会参加型芸術は社会貢献（特に近頃弱まっている絆を強化する）という倫理性のため芸術の美的価値評価以上に高く評価され，質が悪い作品でも高評価されると批判している．参加型の芸術は作品制作過程によって評価され，参加する人たちとのコラボレーション手段が重要視されるため，地域政策目標に迎合的な作品が高評価される傾向があるという．芸術と社会との関連性を評価するなら，芸術家自身が社会で解決すべき課題や現実と向き合い，その諸課題を作品に反映（ゲルニカなど）させ融合させることで評価すべきとする．ビショップはランシエール（Jacques Rancière）の考え方を敷衍しているが，ランシエール自身も「関係性の芸術」の代表例としてあげたティラヴァーニャの“Untitled”(1993)は，美術館といった公的空間に私的な台所を設置して注目を集めるのであるから，従来の芸術と非芸術（食事を作る・食べるといった行為）の統合や区別を無くしたといった作品でなく，当該作品は芸術と非芸術の差異という従来の芸術の土台に基づいた作品に過ぎないとする．

ランシエールの指摘は，芸術作品と鑑賞者との関係や芸術とは何かといった定義を改めて思い起こさせる．一般市民が芸術家からはコントロールされない「賢い」鑑賞者となり，鑑賞行為は作品制作と同程度の創造的な仕事として鑑賞者は行うべきであると考えるなら，芸術家と鑑賞者は作品を介して創造行為の点からは同等であるといった視点（ボイス（Joseph Beuys）の指摘）は重要である．

1.2　芸術の制度化

1.2.1　芸術評価と芸術の社会的ネットワーク

芸術活動のプロセスは，構想の創造（創作）・制作・発表の順に行われる．最後の発表だけは芸術家だけで完結せず，鑑賞者という芸術家のカウンターパートの存在が必要である．現在では，科学技術の発展によりインターネットはじめ双方向的な情報伝達手段が多数あり，またその方法も多様化しているが，わずか30年ほど前までは印刷物（カタログ・ポスター）の配布・展覧会・音楽会・公演会などの開催と開場確保など経費のかかる発表手段が不可欠であった．そのため，芸術家は，芸術を取り巻く周辺部分の社会的諸制度，人的物的組織と関わらざるを得ない．デュシャンは，芸術に概念芸術を持ち込んだと評価されたのは，従来の美術史の概念に逆らうような作品（工業品）を従来の社会的制度である展覧会を利用して発表したからである．概念芸術という作品構想には，展覧会・美術館といった社会的装置が必要であった．

現在では作品の経済的価値を含めて評価価値は，作家のみの創造行為で生み出されるのではなく，彼らに関わる周辺の装置と人たち（ギャラリー・コレクター・オークションハウス・芸術マーケット・キューレーター）が共同して作り出している．とりわけ，美術作品（Non-Fungible Token：NFT アートなど）は株式・金・原油など物的資産と同じく先物資産として売買の対象の１つとして金銭的投資の対象となっているので，高く売却可能な作品，特定の富裕者層向けに値づけの可能な作品が価値ある作品との評価ができつつある．世界的な美術作家が特定のコレクターのみ対象に作品を販売して収入を得るだけでなく，展覧会によって知名度を上げる上に，より多くの入場料収入を作品売買の利益以外に得るビジネスモデルを選択している．これは美術作家のみならず，音楽家（作曲家，演奏家）もインターネットによる廉価・無料の楽曲がダウンロード可能なため，従来のハード媒体のレコード・CD 等の売上減少により演奏会による収入を重視している．

歴史的にみれば，芸術家は，その収入の源を一部の権力者（王，大貴族，教主，大資本家）から市民層へ，さらに一般大衆へと拡大してきた．現在の作家は作品自体の評価よりいわゆる「芸術ファン」に対して感動・共感を与える仕組みを作り出せるかどうかが，収入の増加と芸術活動の維持には必要であり，そのためのコミュニケーション能力（芸術が表象することを芸術リテラシーのないファンにわかりやすく伝える能力）が芸術家に必要となっている．コミュニケーションは芸術ファンだけでなく，助成を受けるために国家や助成団体向けも含まれる．デュシャンが始めたコンセプチュアルアート[23]は表現方法の多様化を推し進め，絵画面ではキャンバスに絵の具を使用して描くといった手法から立体的に表現するインスタレーション，映像とのコラボレーションなど多くの手法が作家に選択を与え，美術の伝統的な教育を受けなくても作品を作り出せるようになった．そして，必然的に多くの作家を生み出すこととなったことが，作家同士の過激な競争に繋がり，芸術作品自体の美的評価以外の能力を作家に求め始めたのである．

芸術作品の価値が高い評価を得るためには，美術史・音楽史・演劇史など芸術の歴史のコンテクストに残るような作品であるかどうか，が必要条件である．実際的に高評価を得るためには，美術作品では公的な美術館に購入してもらうこと，世界的な美術館での展覧会または交際的な展覧会での展示が不可欠である．そのためには著名なキュレーターや評論家からの評価を得ることが求められる．彼らの評価が高まり主要な展覧会で発表や展示が行われると，美術界で作家や作品が著名となりオークションでの経済的価格が上昇，コレクターの目にとまり高く購入される仕組みである．さらに，一次価格（作家からの売り渡し価格）の上昇のみならず，二次作品市場での売り渡し価格が上昇，資産価値としての安定性が得られ安心して売買可能となるので作品が継続した高価格となる．実演芸術面では世界的な公演会・音楽会・コンクールでの発表・入賞が作曲家・演奏家の高評価につながり，出演料と入場料収入の上昇や安定した高額チケット販売が可能となる．

従来のように，芸術家とギャラリーや一部の専門家のみの空間で芸術作品の評価が閉じているのでなく，現在では彼らの周辺領域を含む社会的ネットワーク空間に芸術作品の評価軸が移ってきた．社会的ネットワーク空間では，経済的価値が評価基準として芸術的価値に変わりつつあり，作品評価は芸術的な価値評価以上に経済的な価値評価も非常に大きい．現在のように一般人も参加可能なネット通販やネット・オークション（online auction）制度の整備は，芸術市場の閉鎖空間から開放空間への拡大化であり，専門家による作品評価・価値づけといった情報の拡散であり，従来の芸術作品の評価を一変させることも予想される．

以上のように，芸術作品がもつ価値に芸術面と経済面の双方が分かちがたく存在する故に，国家や共同体と芸術の関係も保護と規制が交互に，また同時に行われている．

1.2.2　国家と芸術の関係の史的展開

歴史的に見れば，国（公共団体を含む）と芸術との関係は，保護し育成するパトロンとしての役割と弾圧・支配する立場が確認できる．また，ときには保護育成と支配の双方を行ったこともあり，ローマのアウグスツス帝（Caesar Divi Filius Augustus）の時代の詩人，芸術家に厚遇を与えたマエケナス（Gaius Cilnius Maecenas）（メセナ活動の由来）やルネサンス期のイタリアのメディチ家，フランスのルイ13世（Louis XIII）治世下の王立絵画彫刻アカデミーは，パトロンと支配の双方の役割を負った．国家の保護・育成と弾圧・支配の区分が宗教的なイデオロギーなどが背景にあるケースもあるが，支配者の個人的な趣味や芸術への観賞態度が理由として多い．現在，各国の観光資源となっている文化財の多数は，過去の支配者の保護・育成の成果物が現在まで存続しているものである．国家の芸術家への弾圧・支配は，芸術家がもつ自由な発想から芸術作品を制作する姿勢と相反するため，芸術家の抵抗を生むケースも見られ，アンデパンダン展（Salon des indépendants）が代表例として挙げられる．ナチスの大ドイツ芸術展（Große Deutsche Kunstausstellung）に対してあえて開催された退廃芸術展（Entartete Kunst）により多くの鑑賞者が入場したことも国民の既存の美術展への抵抗の1つである．

絶対王政の崩壊と市民社会の到来により，社会構成員の自立性・自主性・独自性を重視する社会となり自由が基本原則となった．芸術家は，ルネサンス期以降，国王・教皇・大貴族・金融資本家・大商人等によって保護されてきたが，市民社会の到来で身分的には自由になったが経済的な面においても自立性が求められるようになった．国王らのパトロンに変わって，芸術家は経済面でまた観賞眼で不安定な市民層に生活の糧を依存せざるを得なくなった．芸術家は芸術活動面での自由を得たと同時に経済的自立性も求められるようになったのである．さらに，芸術家集団内での評価の優劣は芸術作品の評価や社会的立場に直結し，過激な芸術家同士の競争を生むことになる．そのため，芸術家は市民社会と芸術家集団双方からの拘束を受けるようになった．

フランスのアカデミーは芸術家の保護・育成を担ってきたが，同時にアカデミーは芸術の権威づけも果たした．その権威づけ機能は，1667年の芸術家養成制度としての修学金とローマ賞の交付制度が始まりであった．1725年以降ルーブル宮でのサロン展覧会が定期的に開催されたが，その展覧会への入選はアカデミー会員による審査により行われ，優秀作品は国家によって購入され王宮に展示された．このアカデミーとサロン展覧会によって，国家（国王）の意向に沿う芸術家（古代ギリシア芸術を重視する表現方法）が育成・保護され権威づけられたが，それからはずれた芸術家に苦難を与えることになった．

1.2.3 第二次世界大戦前の芸術への国家の関与

芸術家の自主性・自立性とともにそれを批評家やキュレーターが権威づけることが，経済的な価値を含む芸術作品の価値創造に大きく影響する．その権威づけにもっとも関与し重要視されてきたのが，国家（王権）・宗教であった．近世とは王権や教皇の普遍的権威が失墜しつつあった15世紀末期以降フランス革命・産業革命時代までといえる．その時代，西中央ヨーロッパ諸国では非ヨーロッパとの交流と諸文化の流入，世界観・価値観の変化，宗教改革によるキリスト教の一体感の喪失等が特徴であった[24)]．フランス革命・産業革命で歴史に区切りがつけられ，その後近代に入ったが近代は18世紀頃の啓蒙時代の影響を受け，政治・経済・文化のあらゆる領域で市民達が活発に交流し，議論する「公共圏」が成立した時代である．日本においても明治以降，明治憲法によって法律内での限定的自由権ではあるが，自立的国民国家が生まれた．

芸術と国家との関係で述べれば，江戸時代の国家（幕府）と芸術家の関係は，ヨーロッパの近世の王権や教主の恣意性による保護・育成と類似している．ヨーロッパでは，近世では君主が特定の宗教と結びつき他教を排撃，臣民を統制し権力の安定化・拡大化を行ったが，王権の崩壊と共に王家・大貴族・教会などの芸術家に対するパトロンは減少し，芸術家は台頭してきた市民による保護に頼らざるを得なくなった．ただし，芸術家へのブルジョアからの支援は，市民革命によって急激に起きた現象でなく，すでにルイ14世（Louis XIV）の死後，当時評価の高い画家ワトー（Antoine Watteau）はパリのブルジョアジーに資金面で頼っていた．ブルジョアジーのパトロンの影響は，画家達への画風に影響を与えることになった．王家・大貴族など従来のパトロンは古代ギリシア芸術の重視から宗教絵画・歴史絵画を描かせ，風景絵画は二流のモチーフであった．ブルジョアジーは風景絵画・風俗絵画・静物絵画を望んだので，画家はパトロンの援助（経済的側面）と権威づけ（サロンや展覧会で出品できること）との乖離に悩まなければいけなかった．このことから，市民革命以前から，芸術家は経済的側面と自らの作品の内容との葛藤があったことが指摘できる．サロン制度による王家の芸術家保護は，画家達への栄達（権威づけ）と経済面での支援を約束したが，彼らの表現面での自由は制限せざるを得なかったのである．

現在では，国など公共体の芸術家への支援はアームス・レングスの法則（arm's length principle：経済的支援はするが，作品や制作方法については規制や条件を加えない）が先進諸国では確立しているといわれる．当時は，経済的支援・権威的位置づけなどの芸術家への保護と芸術表現の自由は二律相反していた．芸術の自立性は認められておらず，むしろそれが当然と一般には思われていた．市民革命以降，ブルジョアジーがパトロンとして芸術家支援を行う際も，彼らの希望する作品を制作せざるを得ず，また現在でも作品の経済的な価値づけ（価格）に大きい影響を与える画商がパトロンと芸術家の仲立ちを行うことによって芸術家は社会的ネットワークに組み込まれている．芸術家は文化産業の中の一員なのである[25)]．同時期には，文芸も批評家，出版社，新聞社などのメディアの拡大発展によって，しだいに文芸作家が職業として社会制度に組み込まれていった．作家やその周辺領域の仲間同士間のサロン的な集合体である文壇が構成された．従来のパトロンであった王家などは，彼らの教養や好み（カント美学的にいうなら趣味）によって直接芸術家に作品の制作を伝えたが，ブルジョアジーや一般市民は芸術（作品）への知識や好みが十分でなく，従って多くのパトロンは専門家の意見を重要視して作品を購入した．その専門家集団を画商が担ったのである．ヨーロッパと並び現在のアメリカの芸術市場は非常に大きいが，19世紀のパリの画廊や画商が第二次世界大戦の戦災を避けて移動した結果である．このように，芸術家は，国・公共体，民間パトロン，芸術市場などの社会ネットワーク（社会制度）の中で，自分の責任において創作活動を行い，自己外の基準を持たない自律的行動[26]より他律的行動をせざるを得なかったことを理解する必要がある．

1.2.4　日本における芸術の制度化と法整備

芸術と類似の芸能は，純粋芸術からみればその周辺領域ともいえ，大衆が主な実践者や鑑賞者であるが，あくまで芸術の領域である．大衆は産業社会の進展とともに伝統社会から離れた非組織的・擬集性のない集団ともいえ，エリート集団とは被支配的な関係をもっている．芸術と芸能の区別は，鑑賞者・実践者の階層によって芸術を分けた場合の相違であって，芸術内容の質は問われない．大衆の性向が鑑賞や実践を通じて芸術内容に反映されるので，芸術の質については低級であるとの評価が行われやすい．特に日本のように明治期以降，クラシック音楽・西洋画・西洋彫刻などの完成された西洋芸術をヨーロッパから輸入した国では，大正時代の教養主義と相まって，伝統的芸能（歌舞伎，人形浄瑠璃）なども大衆芸能として一時は蔑まれた歴史もある．その歴史も踏まえた上で，芸術を純粋芸術（高級芸術，High Art に対立する概念が Low Art），大衆芸術（芸能）に便宜的に分けて記述する．

芸術を社会制度の中でいかに捉えるか，制度化される過程をみてみよう．当初明治政府は富国強兵策（これはヨーロッパの帝国主義にならった）による産業育成の視点から，芸術をその一手段として育成しようとした．そのため，担当行政庁も工業育成の工部省でありしかも現在でいう工業デザイン的技術要素が強く，そのため美術中心[27]であった．工部美術学校も江戸時代までの職人養成の徒弟制度によらない学校制度による画一的職人の「大量養成」であった．

明治維新（1868年）から1907年の第一回文部省美術展覧会（文展）が開催されるまでの混乱期，1937年の帝国芸術院設置までの安定期，終戦までの統制期に区分される．明治初期の混乱期においては，美術は洋画の写実性・実証性の軍事的・工学的有用性から，陸軍士官学校や工部美術学校において洋画教育が奨励された．音楽は，1879年の文部省音楽取調掛の設置により西洋音楽の習得のための伝習生に対する洋楽教育の実施と唱歌教材の作成が進められた．1883年には東京師範学校・同女子師範学校で音楽が正課に取り入れられ，1886年の学校令以降，各種類の学校での唱歌・音楽の必修措置がとられた．1887年東京音楽学校が創設され音楽家および音楽教師の養成が図られることとなった．輸出振興という実利的目的から，1877年以降内国勧業博覧会等における官設美術展の開催等によって，全国から各流派の作品が一堂に集められ，日本画家が広く世に出る契機となった．1880年代にはフェノロサ（Ernest Francisco Fenollosa）と岡倉天心による邦画伝統尊重論が展開され，日本美術見直しの動きが盛んとなった．この影響により，1887年設置の東京美術学校では当初日本固有の美術の保存と振興を目的としていたが，黒田清輝などによる洋画の復興によって，1896年には西洋画科が設けられ，本格的な人材養成が行われるようになった．明示初期においては，芸術の概念や輸入目的の立場の相違や西洋芸術と伝統芸術の対立・干渉を軸に，行政・芸術家側とも芸術への政策が混乱したが，最終的には東京美術学校・音楽学校の設立による芸術教育の振興や産業育成からの工芸奨励が行われた．

明治初年の産業育成奨励策としての芸術輸入からフェノロサ・岡倉天心（1890年ころから）による芸術教育の1つとして芸術への国家関与が始まった．芸術家育成として東京美術学校・音楽学校が創設されたが，科学面での東京大学創設と期が一致しており，明治政府は科学輸入機関として東京大学を，芸術輸入機関として東京美術・音楽学校を創設したのである．殖産興業の観点から芸術職人の養成は必要であったが，明治初期の江戸時代の旧弊（Ancien régime）を改革するための近代的学校創設であった．日本画だけでも諸流派が対立し，それぞれの流派が幕府，大名，大商人と結びつき，さらに地域性，身分制度とも繋がっていた．芸術の国家統一のためにはそれらの流派の整理や統一が必要で，そのための手法が学校創設以外に1907年の文部省美術展覧会の開催があった．純粋に芸術の観点から美術振興策を講ずべきであるとする世論の盛り上がりもあったが，1つの国家と芸術家の結びつき，そのための国家による権威づけ，さらに芸術家集団を支配するための制度[28]であった．フランスのサロン入選者作品の買い上げ制度も輸入され，文部省が選定した作品を購入した．

文展は勧業を意図した美術展覧会から脱皮し，1914 年には帝国美術院と同院が開催する美術展覧会（帝展）へと発展したが，戦後は「芸術の民主化」のため民間団体主催の日展となった．この時期においては，展覧会という発表の場を設け，また美術院会員に対する優遇措置を講じることによって美術の振興を図ろうとしたのである．国家が大きく関与する体制は，審査体制の恣意性（審査員が帝国美術院会員であり長老芸術家なので，新規な革新的作品は選択されにくい）に繋がったが，入選者や帝国美術院会員の無鑑査の続出を招き，1935 年には松田源治文部大臣 から帝展改組指示が出されるまでになった．この背景には，入選作品の作家による作品の経済的価値の上昇があった．入選を狙い作品の目立ちやすさを目的に，作品の大型化・華美化が進んだほか，有力芸術家の作風をまねる芸術家も出てきた．芸術の創造的行為を芸術家は唱えながら，実際は自己の作品の経済的価値の上昇を目的として制作した芸術が多いことがわかる．その後，日本・ヨーロッパではファシズムや軍部の台頭と第二次世界大戦によって，美術・演劇などの実演芸術も活動の中断や国家からの統制をうけることになった．それに先立つ 1920 年代にはプロレタリア芸術は，マルクス主義芸術思想の影響を受け，芸術家の世界観に芸術と社会との関わり合いやその課題解決を芸術表現に求めたので，国家政策や経済政策と衝突せざるを得なくなり，多くの芸術家・演劇関係者が統制・処罰を受けた．一方で，ドイツのリーフェンシュタールの記録映画『意志の勝利』の映画製作，高村光太郎の戦争賛美の詩発表，宝塚歌劇の慰問団のように，積極的に戦争協力を芸術家が行ったことも忘れてはならない．

芸術市場では，1914 年に 19 世紀にパリに出現した画廊が東京銀座に始めて開店したが，売るために作品を展示するといった商業画廊でなく，「お世話になっている」作家の作品を好意的に展示しただけであり，むしろメセナ的活動であった．作家とコレクターとの仲介する商業画廊は 1920 年代後半になってからである．当初骨董商，道具屋などの副業が多かったので，ヨーロッパのように長期にわたりパトロンとして作家を育て支援する画商は少なく，むしろ単発的仲介業といえた．ヨーロッパに 80 年程遅れたが，芸術家が芸術市場の中に組み込まれる状況は戦前にできつつあったのである．

統制期は，1937 年から終戦までの時期に相当する．松田文部大臣の帝国美術院の改革が契機となって，美術のみならず文芸・音楽・演劇等のジャンルを含む芸術全般にわたる奨励機関として，1937年に帝国芸術院が設置された．このとき，帝展は芸術院から分離し再び文部省主催の美術展覧会（新文展）として開催されることとなった．同年には文化勲章の制度が創設され文化の発達に偉大な貢献をした者にこれが贈られることとなった．帝国芸術院・文化勲章の制度はそれまで美術に限られていた対象を文学・舞台芸術の分野にまで拡大したが，芸術家に対する優遇措置と顕彰による国家の芸術全般への関与が狙いであった．

芸能に関しては，統制と大衆の啓蒙・醇化のための利用という両面の政策がほぼ一貫してとられた．明治の初年から，「国家に益なき芸能」観からくる外国人興行の不許可など，芸能に対するさまざまな禁令が出されたが，1882年の劇場取締規則によって脚本の検閲制度が出来上がり自由民権運動に大きな影響を与える．その後，劇場関係の法は改正を重ねるが，治安維持法の制定（1925年）によって，検閲と上演禁止の措置がさらに強化されていった．1934年には出版法の改正によりレコードが取締の対象になった．一方では，芸能が国民生活に密接な関係をもっていることに着目し，これらの醇化発達を図ることによって，国民生活の刷新と国民精神の高揚が図られた．明治始めの1872年には教部省が教則３条を布達，その中で芸能のあり方を示し，その教導職として戯作者や講談師を任じ彼らに一般大衆の啓蒙を図ろうとさせた．江戸時代までハイアートでなかった歌舞伎など大衆芸能を国家として承認するため，天皇による天覧をはじめとするさまざまな芸能への支援の姿勢を示した．

1937年の藍溝橋事件以降は戦時色の強まりとともに，内閣情報部による国民精神高揚のための歌謡の公募で『愛国行進曲』が選ばれ，1939年制定の映画法では映画製作について種々の制限を課したが，日本の醇風美俗を強調し国民文化の向上に資する映画の選奨等が行われた．その後，国家総動員体制の強化に伴い，1940年には劇団への解散命令が出され，対米英開戦後は米英映画の上映禁止（1941年），ジャズの演奏禁止措置（43年）がとられるなど統制は一層強められていった．NHKが洋楽放送を全国放送から都市放送へとスケールダウンしたほか，都内ダンスホールの強制廃業，興業取締規則の改正（1940年）による興業時間の制限，思想・素行調査を含む芸人の登録許可制度等の統制が行われるようになった．1932年の満州事変実録『爆弾三銃士』が歌舞伎や文楽で上演，1939には国民歌劇協会の設立以来オペラ『夜明け前』（山田耕作曲演出）の開演と太平洋戦争開始後の戦争劇など多くの『国民歌劇』が制作され，国への協力体制が演劇人を中心に行われた．映画・演劇が戦争協力的であったのは，集団で作品制作を行い思想と身体を用いて集団の統率を図りイデオロギーを観客や敵に刷り込もうとする方法が戦争に類似しているからである．

1.2.5 第二次世界大戦後の芸術の社会制度化

第二次世界大戦後の国家の芸術に対する関与は，芸術を政治経済社会の中に位置づけることであった．国家が芸術に関与する姿勢から，戦後直後から朝鮮戦争開始前までの理想期，朝鮮戦争中から1990年ころまでの放置期，それ以降現在までの積極的関与期に分かれる．

芸術の活動領域に公的領域の国家が介入する際，現在では第二次世界大戦以前とは異なり憲法の要請から規制的手段でなく，役務・資源（金銭）の給付といった給付的行政が行われているのが大きい特徴である．憲法の規定から国家の自由裁量行為に基づく芸術への規制はできず，その関与も環境整備にほぼ限定されている．一方，芸術家が芸術環境の整備（劇場・音楽ホールの設置や補助制度の創設），一般国民からの鑑賞機会充実を国家に要請することもできない．これは，戦後の憲法の芸術に関係する規定の解釈によるものである．憲法解釈の立場から，我妻栄は戦後憲法制定後，憲法第25条から28条までの権利を「生存的基本権」として，「自由権的基本権」と区別した．前者は「自由」を，後者は「生存」の土台をもち，後者は国家が積極的に介入することはできず，国家の不関与・不介入を要求する権利であるが，前者では国家が積極的に関与して実質的自由・平等と幸福の追求の理想を実現するとした．また，後者は文化国家の一員としての生存であって，戦前のような救貧的制度ではなく，社会に生を受けた者の当然の権利であるとした．しかし，生存的基本権の国家への請求権は，国家が請求権実現のための法整備を行ってはじめて国民は請求権をもつものとしてプログラム規定説を採用し，のちの学説に影響を与えた．

早くも終戦1カ月後の9月15日に文部省から発表された新日本建設ノ教育方針には，「文部省デハ戦争終結二関スル大詔ノ御趣旨ヲ奉体シテ世界平和ト人類ノ福祉二貢献スベキ新日本ノ建設二資スルガ為メ従来ノ戦争遂行ノ要請二基ク教育施策ヲ一掃シテ文化国家，道義国家建設ノ根基二培フ文教諸施策ノ実行二努メテヰル」と前文があり，さらに文化に触れて，第7項では「国民道義ノ昂揚ト国民教養ノ向上ハ新日本建設ノ根底ヲナスモノデアルノデ成人教育，勤労者教育，家庭教育，図書館，博物館等社会教育ノ全般二亘リ之ガ振作ヲ図ルト共二美術，音楽，映画，演劇，出版等国民文化ノ興隆二づ具体案ヲ計画中デアルガ差当リ最近ノ機会二於テ美術展覧会等ヲ盛二開催シタキ意響デアル」と記載されている．

終戦直後は南原繁などの文化人や前田多門文部大臣は戦前の反省を込めて，文化国家理念を提唱した．文部省が戦中に行われなかったオペラ支援を積極的に行い，今日出海をプロデューサーとして芸術祭が文部省主催で東京都などの支援の下開催された．進駐軍への慰問のための芸能関係者への支援やアメリカからのポピュラー音楽関係者の来日などが行われ，戦後のポップスを広げる契機を作った．理想期は非常に短いが，文部省を中心として戦争の反省の上に文化立国を目指して明確な政策を意図していたため，文化の中心たる芸術に対して理想的な政策が矢継ぎ早に出されてやや先走った施策が行われた．前田文部大臣を始め，文部省官吏に今日出実，田中耕太郎，茅誠司など多くの学者文化人が就任し，理想的な施策遂行に努力し，その後に続く芸術支援の枠組みの概念が確立した．

朝鮮戦争が始まると政治の右傾化が始まり，その後経済成長重視政策が国家目標とされるにつれ，文化国家の理念は国家目標から失われた．高度経済成長期には，経済的な豊かさの中で都市部を中心に芸術を観賞する階層が増加，レコード産業の進展や終戦直後のアメリカ芸能関係者との関係によるポップスの興隆など芸能の裾野が拡大，文化産業の規模も経済成長とともに増大した．文化産業は拡大したが，日本の芸術市場は経済市場に比べてあまりに小さく，多くの芸術家が日本以外の顧客開拓を行わなければいけない状況を作り出した．芸術市場の相対的弱小の背景には，戦前の文部省主催の展覧会による権威づけ制度が存在している．帝展・文展など公的大規模な展覧会は従来から存在する徒弟関係や派閥が入選に大きく影響しさらに叙勲にも連動したため，本来自律的芸術家が美術団体の所属・入選といった非常に狭い閉鎖空間での競争に明け暮れし，所属団体外や海外への活動領域を持たなかったからである．戦争中はこの芸術家の閉じられた空間と国家の褒賞制度と結びつき，芸術家と国家の協力体制が可能となったのである．

1970年代の高度経済成長による所得の向上や自由時間の確保は，芸能を含む芸術鑑賞者層の拡大を生みだし，最初は革新系の自治体から芸術への支援行政が行われた．国として芸術支援行政への認識は1968年の文化庁の創設に繋がった．文化庁の創設を契機として，文化財を単なる保護の対象から利活用の対象として，さらに町並みを構成する「重要文化資本」として位置づけられ，現在の観光資源の視点を生み出した．放置期は，国の政策が経済重視と重なり文化芸術への政策関心が薄く，また政治家も票に繋がらない芸術には冷淡であったため芸術支援の予算も増加せず，国と芸術の距離が明治以降最も離れていた時期である．国の芸術への関与は無かったというより，芸術支援は放置されたのである．

1990 年には，芸術への国家支援制度としての「芸術文化振興基金」が造成され，民間支援団体としての「企業メセナ協議会」が発足した．文化芸術振興基本法制定以前は，法的措置で芸術振興を図るより予算措置を通じた範囲での文化振興であった．予算措置によって政策を執行するため，振興策に要する経費を毎年大蔵省に要求する必要がある．これの欠点として，中長期の振興計画が立てにくいことや時々の財政方針（シーリングによる一律削減要求など），政府全体の政策方針（文化外交重視とか地域振興），与党の政治方針によって大きい影響を受けることにあった．

行政行為は法の拘束の程度に応じて，自由裁量行為（狭義）と羈束裁量行為に分けられる．前者は行政庁の裁量行為（便宜裁量（目的裁量））で行政が行え，その裁量行為が通常の範囲を逸脱しているとき，司法判断を仰ぐことができるが，後者はあらかじめ定めた法令等の規定に沿い行政を行うもので，根拠となっている法令等に違反があれば司法審査によって，行政庁の判断が修正・廃止される性格をもつ．したがって，後者は人権等権利に影響を及ぼす行政になじむ．同じ文化行政でも，文化財保護行政は，文化財の所有者・管理者に対して移動の制限や修理・展示等の命令を文部大臣が行えるので，羈束裁量行為である．

国の文化芸術支援措置が，毎年の予算措置による自由裁量行政であったので，地方自治体も同じように，条例等によることなく自由裁量的支援措置を行ってきた．しかし，1980 年代の「文化の行政化」の動きは，行政の対象として文化を捉え，「まちづくり」「住民福祉」「景観向上」といった地域全体をアメニティの観点から捉え直し，そこでの住民の生活水準向上を目指した．そのため，文化芸術を享受される住民からの視点へと，文化芸術活動を提供する文化芸術団体への支援という文化庁が従来行ってきた提供者側視点から，支援措置概念を 180 度転換した．近年，地域にあっては，先に述べた「地方の時代」の延長線上に，地域文化の振興が，「まちづくり」や「村おこし」の中核的な内容として位置づけられるようになった．1990年ころより，国は行財政改革による現業機関のエージェント化と政策評価手法を矢継ぎ早に導入したが，芸術への支援行政も財政措置を通じて社会工学的な発想が芽生えてきた時期である．21世紀に入ってからはその傾向が一層強まり，予算措置のみならず法的整備も行われ，芸術に対して財政・法制度両面から積極的関与が始まった．この関与は戦前のように露骨に検閲するのでなく，財政措置の裁量行為・支援選択と評価を通じて行われている．

1.2.6　現在の芸術支援の課題

21世紀の始まる2001年には文化芸術振興基本法が公布されたが，2017年に文化芸術基本法に改正された．政府の観光立国の政策目標を受けての改正でもあり，芸術・文化財の観光資源化が明記され，地域振興の手法として芸術・文化財が活用されるように法的に担保された．この基本法はプログラム規定が多く，個別具体的個別法・行政計画が規定されないと実際の支援は行えない概念法である．その具体的個別法として「劇場，音楽堂等の活性化に関する法律」（以下，「劇場法」）や行政計画の振興のための計画（方針）が規定されている．基本法は文化芸術の自由を保障しているが，芸術家と国民への支援措置としては生まれつき持つ人権としての自由権である文化芸術創造享受権の性格から，国（自治体）の文化芸術活動への規制は原則行えない．具体的支援助成は芸術制作・鑑賞の環境整備に限定されている．つまり，文化芸術振興基本法は文化芸術を提供する芸術家（団体）への支援助成と享受者たる一般国民の鑑賞しやすい環境整備の目指すべき方向を示し，それに合致した国（地方自治体）の役割分担を規定しているに過ぎない．具体的な文化芸術振興基本法や劇場法・文化振興計画による具体的な支援は芸術家（団体）や劇場等への文化芸術生産者への助成であり，デマンド・プル（Demand-Pull）型の供給型芸術市場の量・質的面での拡大に過ぎない上に，道路・港湾・空港などのインフラ整備計画と異なり，定量的な事業額・助成額は規定されていない．先進諸国と比較しても，芸術振興のためには芸術家（団体）や国民にとっての具体的助成支援策の明示が必要である．芸術支援のための法制度は一応行われたが，実際の具体的支援・助成額は，法整備前の毎年の予算要求レベルの支援制度と何ら変化がない上に，事業評価が劇場法・文化振興計画に取り入れられている．芸術支援額は地方自治体を含めても法的整備が行われた以前と比べてもほとんど増加せず，毎年の財務当局の予算査定や地方自治体の予算に拘束されている．

文化芸術振興基本法整備後，予算の制約から助成予算は増加しないにもかかわらず，法的要請から事業開始後や終了時の事業評価（assessment）が必須となった．元来芸術は教育と同じく効果は測定しにくい[29]．評価結果は次回（次年度）の採択や交付額と連動しているので，申請者は測定のために多大な努力や人的資源を割き，必要以上の測定を行う弊害がある上に，芸術面やマネージメント面で自由な裁量を発揮することができなくなった．元来芸術は自由な自律的活動であり，芸術家の活動の裁量性に任されている面に依存している．文化芸術振興基本法による支援はその自由活動が国（自治体）の裁量行為で定める支援基準から大きく規制される制度であり，支援者側の都合のよいまたは好意的な芸術が申請採択される欠陥をもっている．支援可能な助成額が予算制約から非常に限られる以上，希望する事業すべてを支援することはできない．国（自治体）で選択することになるが，その採択には芸術の専門家集団が当たるケースが多い．しかし，その専門家を任用しているのは国（自治体）で，その専門家の任用行為を通じて間接的に支援側に都合のよい事業を選択させる可能性が多い．

第二次世界大戦前は，直接的に国が権威づけや褒賞制度で芸術に関与し，検閲等での直接規制していた．戦後は支援する国（自治体）は，支援選択に当たる専門家集団の任用と事業評価を通じて間接的に芸術家（団体）を管理する傾向が強い．2017 年の改正された文化芸術基本法では，芸術や文化財が観光資源としての活用が条文に規定され，経済活性化や地域経済振興の立場から観光に利用可能な芸術・文化財・「関係性の芸術」の視点から観光客・地域住民の参加型芸術制作への支援・助成が相当程度増加しているのが現実である．

注

1）カントは，『判断力批判』で捉えにくい領域である美を扱っている．何が美しいかは論理的な判断では証明できず，自らの心と対象物との相互作用の結果にあるという．

2）ディドロ（Denis Diderot）は，まず芸術作品に求められるのは感動で，啓蒙され導かれ教えられるのは次の過程であると述べている．

3）デリダ，フーコー（Michel Foucault）のフレンチ・セオリーがアメリカに入り流行したのは，反戦運動盛んな 1960 年代であり，ラディカルなフェニミズムが蔓延したのも同じころである．

4）デュシャンの「泉」(1917年発表）は美学的な価値をあえて外し，作品には美以外の哲学的意味があることを示そうとした．デュシャンは作品を従来の美学の価値判断から外そうとしたのである．これは，プラトンからカントやヘーゲルまでの美学（哲学）を否定しようとしたことを意味する．デュシャンは，工業的に製造された製品をあえて美術品として提示することによって，美的な概念に異議を申し立てたのである．

5）記号論は，ソシュールが20世紀初頭に発表したものであるが，1960年代までは単なる観念論であった．1960年代になって，文化人類学者，評論家，文芸作家などが言語学の立場からその方法論について発展させた．バルト（Roland Barthes）は記号学を社会批評を刺激させるもののように考えた．ソシュールは言語学を記号論の一領域としたが，実際は記号論は言語学の一分野であった（Culler, J. (1997). *Literary Theory: A Very Short Introduction.* Oxford: Oxford University Press).

6）バルトは典型的な構造主義者であるといわれる．文芸作家を文学研究や批評の対象から外し，作家の神託がそれを公開する神学的な意味の列としてのテクストであるとして，研究対象はテクストだとした．そのため，読み行為・権利を推進，作家論から読者の視点に立った読者論的批評の重要性を述べる．英米の形式主義的作品解釈でなく，読者の独断的解釈ともいえる．

7）リオタール（Jean-François Lyotard）は近代の基盤であった啓蒙と進歩の概念の大きな物語がなくなり，多数の併存的な小さい物語（多文化主義，相対主義）がポストモダンを作ったという．

8）作家としての独創性は，展覧会への展示が可能か，あるいは，キュレーターが展示作品として妥当かどうかの作家以外の判断に依存することになる．

9）これに対しては異論もあって，情動を音楽が引き起こすのでなく，ある一定の感情の認知を起こさすだけであるとの意見もある．

10)「感覚が豊かになるほど作品を楽しめるようになる」「趣味を洗練する」と論ずるGombrich, Ernst Hans Josef. (2007) *The Story of Art*, London: Phaidon Press Ltd などはその典型である．19世紀には，「フランス革命では音楽を政治的に統合することが目指され，音楽は国民全体に理解可能なように単純であるべきであり，音楽は国民の教養程度に応じてはいけない万人の言語とされた」(Harnoncourt, N. (1988). *Baroque Music Today: Music As Speech.* Portland, OR: Amadeus Press）に代表される「音楽の民主化」があり，音楽教育の場としての音楽専門学校が設立された．

11）ハースト（Damien Hirst）は，作品「千年」"A Thousand Years"（1990）で，牛の死骸に蝿を集らせ，その成長過程をウジから死までを見せた．なお，これに対しては欧米（特にヨーロッパ）では，芸術の倫理性の観点から根強い反対意見や批評がある．

12)「お宝探偵団」など芸術作品や文化財を芸術思想から切り離し，その経済的な価値からのみ評価するＴＶ番組も長寿を誇っている．

13）菊池寛，有島武郎，谷崎潤一郎など作家が脚本を書き，新劇で上演された大正時代を経て，岸田国士がフランスから帰国後築地小劇場に対抗した脚本中心の演劇を多く書く．

14）オペラのワーグナー（Wilhelm Richard Wagner）が代表的である．彼は，作曲家，指揮者，舞台演出家，劇場設計者などを兼ねて，自らのオペラのためすべての機能を統括した．

15）中沢に言わせるとレンマ的知性とは，「ギリシア以来のロゴス的知性（言語によって構造化された知性）との比較で示せる知性でなく，非言語的知性で「直感」といえる」という．さらに，「アジア思想はロゴスとは異なる知性に基礎を置いた文明が作り出す思想なので，「現代の学」を構築したい」と述べている（中沢新一（2019）．『レンマ学』．講談社）．

16）加速主義は，世界が近代の科学技術による時間の統一を前提とした単線的な未来主義であり，右派（ニック・ランド（Nick Land））左派（ニック・スルニチェク（Nick Srnicek），アレックス・ウイリアムズ（Alex Williams））に分けることができる．

17）エルソン（Diane Elson）は，リーマンショックの経済的金融危機以降，経済の生産領域，労働者の再生領域，金融領域の接合状態について提案している．グローバル金融危機を契機として収奪の新たな形態が起きているとしている．

18）啓蒙主義が生み出したポストモダン思想が価値の相対化を流布したため，真実が相対化される傾向を推し進めたとの指摘もある．しかし，価値相対化思想は，歴史研究面では「終焉」「退廃」「破局」といった価値判断を留保しつつ，「変化」「変容」「継続」など状態を表示する用語使用を促した．

19）芸術作品を展示する美術館は，ハイデガー（Martin Heidegger）によれば，人間を対象化する危険がある技術でもある．技術の目的は資源や商品を安全に保管することであるが，究極的には人間も資源の１つとなり人間自身が事物化する．それを救うのが芸術ともいえるが，芸術作品自体が美術館によって事物化されてしまうという．

20）従来は，早稲田大学等私学や演劇団の出身が多い演劇人であったが，東京大学法学部出身の野田秀樹が演劇人として注目を集めることで演劇自体の世間的地位が確立された．また，同じく平田オリザが大学人として長く演劇論で教鞭を取ったことは，演劇人の知的エリート化を進めたといわれる．

21）1989年には，アメリカの全米芸術基金（NEA）法改正が行われ，「サドマゾ・ホモエロ・児童の性的虐待・性行動・文学的政治的科学的価値がないと思われる作品への助成を禁ずる」基準が加わった．

22）21世紀における芸術の消費の増大の原因について，グロイスはインターネットが芸術の制作と流通のためにプラットフォームとして，伝統的諸機関に変わったからだとしている．

23）芸術作品の解釈が美的価値基準から，表現方法の価値基準に変化し作品の持つコンセプトが評価基準となった．

24）1980年代に提唱された近世の定義の特徴であり，従来の中央集権化，絶対王政を見直し，政治・社会・宗教の複合化・協調による国家運営時代と規定された．マックス・ヴェーバー『宗教社会学』によれば，宗教と芸術は根源的に緊密であると述べている．

あえて政治・社会・宗教の複合化について言及すれば「芸術作品はルネサンス期以降（中世）に宗教からの束縛を離れて，美的価値基準といったギリシア美学の普遍的な価値を基盤としたが，経済的には教会はパトロンであり続けた」のである．

25）ブルデュー（Pierre Bourdieu）は，芸術の一分野である文芸は出版市場の成立と拡大によって職業化されたといい，それは 19 世紀中頃という．

26）芸術家の自己の基準とは，信念，価値観，経験などによって内面的に培われた芸術創作上の一貫した態度で時間と共に変化するケースもあり得るが，頻繁に変化すると鑑賞者が追随できない．その視点からは，芸術作品は作家の自己内面表象ともいえる．

27）“art” は中江兆民が「芸術」と訳し，西周によって「美術」の語が「発明」された．なお，一般には美術は芸術に含まれ，art の一部が美術であるが，明治時代に創設された東京美術学校の英語訳は “art”（芸術）を用いた．これは，フェノロサが “art” を美術として用いるのに大きく貢献したからである．

28）審査委員長は文部大臣の監督に属し文部次官が委員長になり，事務局は文部省に置かれた．

29）ポーター（Theodore M. Porter）は，「民主的政治と客観性への信仰は結びつく傾向が強い．民主的に選ばれたことのない役人が批判されるとき，客観的数値が説得力をもつ」という．

参考文献

［1］アドルノ，T. W.・ホルクマイヤー，M.（2007）．『啓蒙の弁証法』（徳永洵訳）．岩波書店．（Adorno, T. W., & Horkheimer, M.（1947）. *Dialektik der Aufklarung: Philosophische Fragmente*. QueridoVerlag: Amsterdam.）

［2］アルトー，A.（2019）．『演劇とその分身』（鈴木創士訳）．河出書房．（Artaud, A.（1938）. *Le Théâtre et son double*. Paris: Gallimard.）

［3］Berys Gaut, B. (2007) *Art, Emotion and Ethics*. Oxford: Oxford University Press.

［4］Beuys, J.（2004）. *What Is Art?: Conversations with Joseph Beuys*. West Hoathly, Sussex: Clairview Books.

［5］Bishop, C.（2005）. *Installation Art: A Critical History*. London: Routledge.

［6］Bourdieu, P.（1973）. *Cultural Reproduction and Social Reproduction*. London: Routledge.

［7］Bourdieu, P.（1979）. *La distinction: Critique sociale du jugement*. Paris: Les Éditions de Minuit.

［8］Carroll, N.（1998）. *A Philosophy of Mass Art*. Oxford: Oxford University Press.

［9］Carroll, N.（1999）. *Philosophy of Art: A Contemporary Introduction*. London: Routledge.

［10］Carroll, N.（2009）. *On Criticism*. London: Routledge.

［11］Culler, J. D.（2011）. *Literary Theory: A Very Short Introduction*（*Very Short*

Introductions). Oxford: Oxford University Press.

[12] Gombrich, E. H. J. (1989). *The Story of Art*. Hoboken, New Jersey: Prentice Hall College Div.

[13] Groys, B. (1992). *The Total Art of Stalinism*. Princeton, New Jersey: Princeton University. Press.

[14] Groys, B. (2008). *Art Power*. Cambridge, Massachusetts: MIT Press.

[15] Hobsbawm, E. (1995). *The Age Of Extremes: 1914-1991*. NewYork,: Vintage Books.

[16] Jakobson R., (1971). *Word and Language, Selected Writings* (*ed. Stephen Rudy*). The Hague: Mouton.

[17] カント, I. (1964).『判断力批判　上下』(篠田英雄訳). 岩波書店. (Kant, I. (1790). *Kritik der Urteilskraft*. Berlin: Lagarde.)

[18] 黒田雷児 (2010).『肉体のアナーキズム　1960年代・日本美術におけるパフォーマンスの地下水脈』. grambooks.

[19] ハイデガー, M. (2008).『芸術作品の根源』(関口浩訳). 平凡社. (Martin Heidegger, M. (1935). *Der Ursprung des Kunstwerkes*. Frankfurt am Main: Vittorio Klostermann.)

[20] 中沢新一 (2019).『レンマ学』. 講談社.

[21] Porter, T. M. (1995). *Trust in Numbers: The Pursuit of Objectivity in Science and Public Life*. Princeton, New Jersey: Princeton University. Press.

[22] Rancière, J. (2018).『解放された観客』(梶田裕訳). 法政大学出版局. (Rancière, J. (2008). *Le Spectateur émancipé*. Paris: La Fabrique.)

[23] シュタッヘルハウス, H. (1994).『評伝ヨーゼフ・ボイス』(山本和弘訳). 美術出版社. (Stachelhaus, H. (1987). *Joseph Beuys*. Berlin: Ullstein Taschenbuchvlg.)

[24] William Jack Baumol, W. J., & Bowen, W. G. (1965). On the Performing Arts: the anatomy of their economic problems. *The American Economic Review*, 55 (1/2).

[25] William Jack Baumol, W. J., & Bowen, W. G. (1968). *Performing Arts: the economic dilemma*. MIT Press: Cambridge, Massachusetts.

[26] ヴェーバー, M. (2019).『宗教社会学論選』(大塚久雄・生松敬三訳). みすず書房. (Weber, M. (1920). *Gesammelte Aufsätze zur Religionssoziologie*. Tübingen: Mohr.)

第 2 章
文化政策の概念と枠組み

1990 年代後半から日本においては，文化行政を政策指向へと転換する必要性が行政のみならず，文化芸術団体からも提言されてきた．それは文化行政に目標設定，実行，評価という一連のエビデンスに基づくプロセスを導入することであったが，結果として数値による評価が文化芸術に持ち込まれ，価値表現が不可欠の文化芸術を数値化測定する傾向を生んだ．このような議論の上に 2001 年には文化芸術振興基本法が制定されたことは成果と言えるが，その後文化芸術を観光産業の手段として利活用しようとする法制度も整備され，従来の価値中立型の給付型行政からの政策変更が起きた．

本章では，文化政策が人権にもとづく表現の自由に大きく関わっていることから，国家と人権の面から文化政策の根本を考察しつつ，現在の文化政策に至った状況を時系列的に描きつつその社会的・時代的要因を述べる．

2.1 文化政策とは

2.1.1 行政と政策

行政とは，政府活動のうち立法，司法と並んでおかれた行政制度とその構成員たる公務員ならびにその業務の執行を行うシステムを意味する．したがって，その制度の大枠は近代国家では憲法で定まっている．近代立憲主義を表しているフランス人権宣言以来，日本憲法をはじめとして，立法，行政，司法と権力分立の原理が国民への統治機構として行われてきた．分立したそれぞれの機構は，法の支配の下，法の策定とその執行，さらに執行が法と合致しているのかどうかといった評価の各作用に相当する．歴史的には，ヨーロッパでは，教会と政府が権威・権力の面で対置された．教会の権威・権力を打ち破って近代国家が成立した歴史的事情があるので，権力面では国家は宗教に対して上位に立つ．この歴史的背景からヨーロッパの近代国家は成立しているため，宗教の教義より近代国家で成立した人権が重要視され，政教分離が徹底している．歴史的に宗教と国家との対立が欧米ほど鋭く対立しなかった日本においては，国家活動領域と主教との活動領域の境界があいまいで，伝統文化を多く内包する宗教や宗教行事を含む文化芸術活動への行政からの介入が行われるケースも多い．

また，地方統治レベルで考えると，地域社会を形成し，住民生活，経済活動，生活文化・芸術活動・伝統文化等の文化活動の一体化による地域社会の成熟と地域社会のアイデンティティの創造・伝承の結果として，地方統治機構は成立した経緯もあり，統治と地域社会との関係は密接である．長期にまたがる地域統治機構の継続によって，地域社会と統治機構がお互いに影響しあう．江戸時代の藩による地方統治では長く同一藩が続くと統治体制の仕組み自体が地域社会の風俗・風習を取り入れた体制に変化し，また藩が変わったとしても従来の統治機構が慣習的に行われ，安定的な公権力を保つことができた（朝尾直弘（1995）『都市と近世社会を考える』，尾藤正英（1992）『江戸時代とはなにか』）．

国家とは英語で state というが，もともと近代ヨーロッパにおいて創られた言葉である．その意味するところは一定の領土内において支配する統治機構のことである．具体的統治機構とは領土内の住民に対して武力も含む実力行使を行う組織集団のことである．ヨーロッパでは，近代国家としての統治機構は市民革命を通じて各市民が合意によって作り出した歴史的経緯がある．市民合意の上に成立している国家であったとしても権力を市民に対して行使しようとすると，市民の自由活動領域への不当な国家介入ということも想定され，国家と市民との衝突が生ずる場合もある．特に文化芸術活動は個々人の表現の自由を端的に示す領域であるから，国家からの市民への規制・制限措置や補助金・税制優遇などの文化芸術活動への支援は，国家による市民の自由領域への介入であるとして問題になることがしばしばある．もともと市民とは，絶対王政下において商業資本の発展により隆盛してきた商工業者の層を基盤として，当時の権力層である王政と対立したが，当時人口として多くを占める農民とは階層・所得・仕事などで異なっていた．さらに商業資本や国内市場が成長してくると自作農・都市手工業者に富の蓄積が進み，新たな市民層が生まれてくる．新たな市民層と従来の市民層との一体化が政治思想面でも行われ，権力層の王政を市民革命により打倒し市民共同の国家を作り，市民層が国民（nation）として一体化した．元来市民層の共通の関心は互いの経済的利益を確保することにあったため，経済的利益追求面から身分制度・経済的規制の撤廃や自由な取引が行える経済市場の確保が重用視された．そのため，経済面での利益追求がなじまない文化芸術活動と近代国家との緊張関係が生ずるようになる[1].

ヨーロッパ諸国やアメリカは，多くの民族から成り立っている．民族の伝統的文化を基盤とする民族国家は，経済的政治的自由を標榜する近代国家とは性格が異なっている．民族国家では，異なる文化と伝統・習慣・宗教が相互に排斥する傾向がある．文化芸術面では，民族固有の文化芸術を国家がいかに取り扱うかが課題となる．日本では江戸時代の旧幕制度が長く続いたため，江戸時代では「国」とは「藩」を意味するほどであり，旧幕制度が崩壊して後150年以上経ているにもかかわらず，現在でも旧藩を中心とした伝統文化・地域文化が旧藩領に根強く残っている．そのため，地域レベルでは地域文化・伝統文化と明治以降国家が近代化のため普及啓発した全国一律の西洋芸術[2]（クラシック音楽，西洋画，オペラ，バレー）が，開催場所や地方自治体の支援面で対立する場合がある．地域文化以外に民族的文化対立として，先住民としてのアイヌ文化・沖縄文化とが本土文化と競合がある．彼らの文化芸術の保護と伝承に関して文化の多様性を認める社会の構築がすすめられなければならない[3]．さらには，個人レベルの自由権だけでなく，民族としての固有自由権の認知が必要になってくるかもしれない．

文化芸術活動はそれ自体が内在する自由性の故，普遍的固有の価値を認めず多元的多様な価値観を土台として行われるのが通常である．文化芸術面での多元主義思想は，文化芸術の価値の普遍性を認めないで文化的土壌の差違や多様な歴史観を相互に認め合う相対主義に立つ考え方である．特定の先進国家の考え方（普通は西洋流普遍的文化芸術観）を特定の地域・時代における1つの価値観に過ぎないと考え，他の地域・時代の価値観と同列に扱う思想である．この思想は移民国家であるアメリカ，オーストラリアなどから国民の出自や文化土壌の相違による区別・差別をなくす市民運動に起源をもつ．少数民族の多数民族への同化を促すのではなく，むしろその相違を重用視する考えである．日本でもアイヌに対する特別保護法（アイヌ文化の振興並びにアイヌの伝統等に関する知識の普及及び啓発に関する法律（1997年公布施行））がその一例といえる．公的団体が文化芸術活動に助成する場合，先住民の民族固有の文化的土壌への配慮（質の面）と少数民族と多数民族への助成額面での比較考量（量の面）双方から助成内容を判断することが求められる．

2.1.2　文化芸術活動と公的領域

日本国憲法を含む近代憲法は立憲主義思想に基づいているが，その思想の根底には国民の自由活動への国家権力介入を阻止するという基本的考えがある．介入や国家・国民間の衝突を避けるために，社会領域を国民個人の活動する領域と国家が活動する領域を分け，前者の領域では国民が自由に自らの考えで活動する場所とし，後者では国民共通の考えや共通利益のための価値観に基づく国家の政策が実行される場所とする．したがって，国家活動領域には国民個人の考えとは異なった価値観があり，その価値観が国民個人の領域に干渉することは国民個人の自由な活動を制限し国民個人間の対立を起こさせる．戦前の日本では公的領域の価値観が国民個人に大きく介入し，国家による国民の活動面での統制が図られた．このような状態を避けるために，近代憲法が制定され基本的人権の尊重や思想・表現の自由ならびに国家の国民への介入阻止担保装置として民主主義代表制による議会での議論などの諸制度が規定された．

国家の主権は，個々の国民の主権（国家が個人の活動に介入しないための担保制度としての憲法設定権）の国家への付託に起因する．しかも個々の国民の権力すべてを国家に付託したのではなく，国民の自由や公益を保護するために必要最小限度内での権力委託であり，国民の代表[4)]により国家が主権を行使すると考える．残った私的な領域では，個々の国民はその領域で自由に自己決定できる．

そのような公私2領域に分ける考えが，リベラリズム（liberalism）である．このため，私的領域では自己所有の原則に基づき，財産権の自由が説かれ経済的自由が大きく認められる．公私領域に分ける考え方に限れば，リバタリアニズム（libertarianism）はリベラリズムの1つである．リバタリアニズムの考えでは，公的領域を占める国家は私的領域の個人の権利と自由を保障するための介入に限られるべきとし，私的領域における経済的市場取引によって，各個人の経済的差違が解消されると考える．リバタリアニズムは国家による福祉面での資源の再配分を認めないので，この点でリベラリズムとは異なってくる．

一方，公的領域に個人が積極的に加わり，自らが公権力の構成や執行に参加する考えをリパブリカニズム（republicanism）という．リベラリズムでは，公的領域と私的領域の関係では消極的自由保障であるが，リパブリカニズムでは私的領域の個人が公的領域に積極的に入り込み，公的領域を占める国家権力への参加により私的領域の個人活動を保障しようとする．リパブリカニズムの考えでは，私的領域では個人を中心とした私的利益の追求が行われる一方，公的領域では私的利益を超えた社会共通利益を追求するとする．リパブリカニズムの思想は，個人が結合・共同して個人を統治することにある．民主的に個人全員が参加したとしても（直接性：古代ギリシアのポリスが例），その共通利益や目的の達成と決定には全員一致はありえなく，結局多数決かいわゆる「声の大きい」構成者の決定に従う危険性があることを指摘する．以上みてきたように，民主制と個人の自由を最大限認める自由主義とは合い対立する概念である．

文化芸術活動にとって個人の自由（創造，表現，制作面での精神的自由）と自己決定権がきわめて重要で，リベラリズムの考えはその根拠となりえる．文化芸術活動では特定のあるいは単一の価値観を認めず多元的価値を認め，その価値観にもとづく文化芸術活動の競争を通じて個人が相互に認め合う立場をとるので，価値表現の自由を他の自由に対して上位におくリベラリズム思想に合致するといえる．

2.1.3　国の文化芸術活動への関与と手法

文化芸術活動は個人の精神的自由が拠り所であるので，活動領域は基本的には私的領域である．その活動領域に公的領域の国家が介入する手段は，現在では第二次世界大戦以前とは異なり，規制的手段でなく役務や資源（金銭）の提供などの給付的行政が行われる．

我妻栄は，憲法第 25 条から 28 条までの権利を「生存的基本権」として「自由権的基本権」と区別した．前者は「個人の生存」に後者は「個人の自由」の土台に立ち，後者には国家が積極的に介入することはできず，国家の不関与・不介入を要求する権利でもあるが，前者には国家が積極的に関与して実質的自由と平等の理想を実現する規定であると考えた．また，前者は文化国家の一員としての生存であって，戦前のような救貧的制度ではなく社会に生を受けた者の当然の権利であるとした．しかし，生存的基本権の国家への請求権は国家が請求権実現のための法整備を行ってはじめて国民は請求権をもつとして，プログラム規定説を採用し，後の学説に影響を与えた．宮沢俊義は生存的基本権と呼んだ権利を社会権として捉え，国民に対して人間として生きる生活への保障を国家に義務づけた．

社会権には，国家による介入行為の排除を求める自由権的側面と請求権的側面が存在するが，文化に関することとして，請求権としての「健康で文化的な最低限度の生活」の内容を考えよう．請求権を発生させるその法整備的側面に，生活保護法に基づく厚生労働大臣の定める生活保護基準がある．裁判事例では，この基準を覊束裁量行為として捉えるか，あるいは厚生労働大臣の幅広い裁量行為として捉えるか，また基準にしても最低基準について裁判所が審査可能であるかが論点となっている．

さらに，新しい権利としての環境権についても，通説は憲法第 25 条の生存権，憲法第 13 条の幸福追求権を併せて，「自然環境との関連で発生する人格権」「生物的存在としての生存権」があると考え，良好な環境を保全することが人権の固有価値と結びつくとしている．ここでは，自然環境だけでなく歴史的・文化的環境を含めるとする考えもある．

以上の考えから，文化芸術活動を社会権や環境権に結びつけ，ここから国家への請求権として文化芸術活動への助成を考える見方が発生する．憲法上の権利条項が単なる国家に対する自由権への侵害阻止に止まらず，積極的関与（義務づけ）を与えるならば特に文化芸術関係は価値が定まらないため，国家の価値基準が強制されないとも限らない[5]．杉原泰雄はこれに関連して，現代市民憲法の文化に関する規定として一般的な考え方を述べている．それによると，文化的諸活動とその成果の保証のためにとられている自由権の保証が維持されるだけでなく，強化される傾向にあること，社会経済的弱者の文化的諸活動について物質的基礎を確保しようとしていること，さらに社会経済的弱者に限定されることなく，公的・積極的な援助・助長の方針が存在する憲法として，ドイツワイマール憲法，フランス第 4 共和国憲法，イタリア憲法の規定を例示として挙げている（以上，杉原泰雄（2000）『憲法の「現在」』信山社）．杉原は「国や地方公共団体は，文化の人権性・自立性を尊重して，その内容や方法等の評価に介入してはならない」としている．

文化芸術活動にはもともと絶対的価値観がなく，活動者の自由な側面が活動の基盤であり，そのこと自体が存在理由である．個々の価値観（思想性[6]）を含んでいる．それゆえ経済的な基準で定めた生活保護基準のような審査になじむ定量的給付を行うことはできない．かりに，保護基準に年○○回映画を見る・芝居を見る，といった鑑賞者対象の給付基準を策定したとしてその基準の根拠をどこに求めうるか，不明である．また，文化芸術作品を創造製作する芸術家の生活保障については，鑑賞者以上にその保障基準の根拠が明確でない．同一ジャンルの芸術家とくらべての収入保障といった比較基準で給付を行うのか，疑問であり定性的価値観的給付水準にならざるを得ない[7]．

先に述べたことだが，地域住民の置かれている社会的価値観や住民相互の共通認識面で歴史的・文化的環境に対する考え方が相当異なっている．伝統的建造物郡の指定において，新住民にとって利便性のためには古い家屋は壊した方がよいが，昔から住んでいる旧住民は日常生活の拠り所となることがあり，地域住民同士の利害の衝突となる．仮に環境権が規定されても国家への請求過程での困難が予想される[8]．

いずれにせよ，文化芸術活動は芸術家・アマチュアの思想性が芸術作品として化体されそれを鑑賞者や一般個人が鑑賞する一連の過程をいうから，その過程の一段階ごとの自由が重要といえる．創造制作することは内面的精神的働きであるから，国家は当然介入できない．一方，芸術作品はその思想性が高度に結実し化体されたものであり，つまり人間が五感でもって物理的に感じられなければいけない．その芸術作品を通じて鑑賞者は制作した芸術家の込められた思想性を理解するのである．芸術作品は一種のメディアであって，芸術家と鑑賞者を仲立ちする物理的存在物である．とすれば，芸術作品を発表する場所・時間を国家から自由にさせる必要がある．たとえば江戸幕府は歌舞伎興行を禁止するにあたり，歌舞伎俳優（これは実演芸術での脚本（作品）を現実化する人たちである）の拘禁，劇場の廃止や閉鎖を行った．明治政府は壮士芝居等が政治的演劇であることを理由に，警察官を立ち会わせ俳優の台詞の言い回しを適宜禁止した．

重要なのは，国家が文化芸術に介入することなく，芸術家が芸術作品を発表することを保障することであり[9]，その観点から表現の自由が重要である[10]．表現の自由への国家介入に対する審査請求面では，審査庁（裁判所）の表現内容の範囲の確定と綿密な審査基準の採用が重用視されている．表現の自由面に対する介入では，第二次世界大戦以前では国家が直接規制した歴史がある[11]が，これは規制型行政（取り締まり）の典型であった．戦後は給付型の行政が行われ，ある基準を満たす文化芸術団体には助成が行われるようになった．助成申請型のため，助成者に対して表現場所等の制限を付し表現の自由に干渉する場合もある．給付型行政は，ある特定の価値観や基準（優れた作品とか地方活性化に役立つとか）にもとづく給付とならざるを得ないから（すべての申請者に一律平等に助成することは財源の観点から無理），国家の価値誘導ともいえる（パターナリスティックな視点）．申請者が，国家の助成を受けやすくするため，あえて助成内容を国家の価値基準に合致させて申請する可能性もある．これは，経済学でいう合理的期待形成行動[12]である．

憲法は，表現の自由保障以外に思想・良心の自由を保障する．文化芸術活動にとって思想性自体は精神的活動であるから国家から自由なのは当然であり（頭のなかは覗かれないから．内心への国家介入の絶対禁止の原則），文化芸術作品の発表の手段が自由であれば文化芸術活動の自由が保障される[13]．ところが，憲法第19条は思想・良心の自由を保障した規定になっており，個人の内面的精神作用に至るまで国家介入を防いでいる．文化芸術活動と思想・良心の自由との関係を考えると，単なる頭の中での精神活動や思想性の醸成への不可侵だけでなく，意に反した表現の表出行為（国家からの本人の意図しないあるいは思想性に反する芸術作品の創作・制作や実演芸術の発表）については，表現の自由面より思想・良心の自由面（頭の中）から考えられるべきである．

国家との関連で考えると問題となるのは，規制型行政でなくむしろ給付型の行政である．給付自体を「特権（特定の（身分や階級に属する）人に特別に与えられる優越的な権利）」として捉えるなら，給付は人権とは無関係なので国家は給付をする義務を持たず，給付の裁量は国家がもつ．この時，国家対当該助成団体の法的関係は，私人間の契約ともいえよう．契約自由の原則から，私人間の契約と見做せるので国家が対象団体へ権利行使を禁止する場合と同じ効果をもつ「規制的な条件」を付した場合にそれを違憲とする立場である（「違憲な条件」の法理）．一方で，申請するかどうかの裁量は，芸術家や文化芸術活動者にあるので，給付を条件としてある一定の表出行為に制限を加えることが考えられる．具体的には，芸術作品の発表等の場所・時間などの制限と発表者（実演芸術が大部分であろう）の制限や拡大である．後述するように，現代では国家（地方自治体を含む）の文化芸術活動への助成は，文化芸術に関する専門家（同分野の芸術家がもっとも多い）が助成の審査に当たり，その結果をそのまま行政庁が補助対象者として決定する仕組みが整っており，またそのように運営されているのが通常なので，国家から文化芸術への介入はあまり深く考えなくても現在のところよいと思われる．ただし，地方自治体レベルの助成では一部行政庁で内部的に審査にあたり，その審査内容を公開していないところもある．

そのような観点から，予算の縮減による補助金削減と削減対象者の決定が，専門家集団による決定でなく予算執行者としての行政当局のみで行われる場合は議論を呼ぶことになる[14]．国においても，予算の縮減・廃止による芸術団体への補助廃止等は，予算管理者としての権限で行われる．給付は専門家集団による慎重な箇所付けであるが，廃止等は予算執行者としての権限で行われることに違和感がないだろうか.

2.1.4　行政への視点

戦前の行政学は 1921 年に東京帝国大学・京都帝国大学の両法学部に行政学講座が設置されて以来，前者はイギリス行政学の影響で実証主義的研究を，後者はドイツ行政学的な観念的研究の影響が強かった．戦後アメリカの占領により，行政学もアメリカ行政学の影響を受けた．従来の行政学とアメリカ行政学の違いは，アメリカ行政学は行政学から政治的側面を切り離した．そうすると，行政活動も民間私企業の活動も，同じように組織の管理（administration）と経営（management）の観点から同じように考えることが可能で，官民の区別なく組織の管理運営上の共通の課題を追求できる．一方，ドイツ行政学では，国家が統治対象としての国民という一方的な権力関係の中で行政を考えて，国家の行政を考察する．したがって，アメリカ行政学では，その研究対象が政策の執行過程や組織論が中心となる．執行過程における行政対象の絞り込みとその対象に合わせた的確な資源投入，投入後の効果測定と効果と投入物（多くは金銭）との比較考量が行われ，企業経営での費用便益（コスト・ベネフィット）分析が適用される．このようなアメリカ行政学の視点から行政を見る限り行政のもつ権力関係が見落とされやすく，政策目標と到達，それへの投資予算と効果といった技術論的な分析に陥りやすい欠点がある.

近年では，企業経営手法の費用便益分析が，イギリス・アメリカの行政学の影響で日本の行政現場に持ち込まれ，行政行為を企画と実施（現場）とに分け後者の部門を独立行政法人化して民間企業と競争させ実施経費の削減を行いやすくするため，実施分野の規制緩和が行われている.

もう 1 つの動きとして，政策指向が強まっていることがある．文化芸術行政から文化政策へとのかけ声が，1990 年代初頭より行政現場からわき上がってきた．文化芸術行政は従来，国と芸術団体・鑑賞者としての住民という統治関係で支援や規制行政が行われてきたが，これはインクレメンタリズム的な既得権益を温存するような行政であった．文化政策への脱皮として，到達目標を掲げそれに合わせた資源投入を行うべきで，目標を策定する際は対象者の明確な決定と対象者の行政需要に合わせるべきであり，結果評価を行うべきであるという考え方が出てきた[15)]．これとあわせ，実施部門では民間事業者も参加させ，従来の文化施設（地域のホール，図書館，美術館など）と競い合わせ，結果として利用者へのサービス向上を図ろうとした．まさに，戦後導入されたアメリカ行政学の実践場といえよう．この議論では，「行政」ということば自体の「政策」への変更が唱えられ[16)]，文化庁でも総務課に政策室が後には政策課が作られた．1990年以前には，霞ヶ関の諸官庁にも政策課という名称は調整官庁を除くと少なく，大部分は総務課・企画課・庶務課・調整課という名称であった．それが，90年代の10年間を通じて，行政改革で調整官庁が実務官庁に吸収されるのに合わせて政策課が林立した．

アメリカ行政学おいては，政策とは行政行為として行政対象に投入する資源とその投入の方法であって，「行政」が「政策」より意味するところが狭いとか，システマチックでないとかというものではない．すなわち行政と政策はそもそも同じレベルで比較できない．そのことは，政策を意味するpolicyが，「企業のポリシー」とか「私のポリシー」とかのように行政部門のみならず使用されていることからも理解できる．統治面では行政の方が政策より広い意味をもつ．行政内容を分ければ，行政制度・組織管理および行政のアウトプットとしての行政サービス（狭い意味での政策）に分かれる．

現代経済学が古典力学を経済事象に適用し成功したように，政策学は自然科学の考え方を行政面に応用する．演繹（モデル化）と実証（エビデンスによる証明）の繰り返しであり，事実と異なっていたら再度モデルを作り直すという考え方である．そこでは，主体（作用者）と客体（作用の対象とされるもの）と作用の内容が規定される．したがって，政策は企業にも個人にも存在する．主体が行政機関であり客体が国民・住民である場合もあるし，また個人が主体で個人が客体である場合もある．行政作用という場合は，国家の目標（究極的には国民の最大幸福の実現だろう）に沿って，国民に対して，利用できる資源を最大限活用して目標を実現することである．政策は自然科学的手法を取り入れているので，現象の連続性とその一連の現象の連鎖に経験的あるいは理論的法則性を見出し，その法則性を使用して未来を予測し因果関係（関連性）を見出す．その事象の把握には多くは数量的計測を用い，その法則性にしたがって投入物質で作用させる対象物を変化させ，その結果と当初の目標との比較考量のうえ試行錯誤で目標に接近するまで資源を変化させて投入する．このとき，対象物の把握と資源投入後の変化の度合いについて，定量的観測を行うが，これは内容の変化をある実数に変換しているわけである．その変換の方法が適切でないと測定し対象物を把握できない．対象物をどのように範囲に捉えるか，作用対象としての認識の範囲が重要である．行政から政策への転換の中で，政策指向ということがいわれた．宮川公男は政策指向を，「政策プロセスを適当な研究課題と認識し，主として意志決定の流れを合理化しようとする希望をもつ」ことと定義づけ，投入資源・状況判断・対象物の状況とその変化を測定する情報ニーズの把握が政策科学に含まれるとしている[17]．

文化芸術行政から文化政策へとのかけ声は，むしろ広領域から狭領域へ，俯瞰的な見方から微視的見方に転換する可能性がある．行政がテクノクラート的技術者集団になる可能性が高い[18]．従来の行政学が射程に入れていた政治との関係，国家権力としての行政作用，国家と国民との関係が与件としての前提で語られ，それをアプリオリに認めた上での目標設定と資源投資（予算，制度，規則策定），効果と投資額との比較考量といった領域に行政作用が限定されてしまう[19]．文化政策への指向性に関して，植木浩元文化庁長官は「文化政策は，市民一人一人の自覚的な文化活動を支援すること」と定義し，「「経済人」モデルでなく「文化人」主体の文化経済学への試みであり，……重層的なネットワークによって担われる」と述べている．これは当然の考え方であるが，この背景には現在の政策指向では政策対象物が文化庁所掌事務の行政対象に限定されてしまい，非常に狭い範囲でしか政策目標を捕らえられないとの懸念があるからである．

一見すると文化政策は，その政策作用範囲が公私間のみならず個人間に広がったので，文化芸術行政より文化政策の方が幅広い概念であるように思える．対象物が「文化」のような非常に概念の広い，個人によっての捉え方，価値観が相違しているものが多いため[20]，政策対象はいくらでも拡大可能となる．行政と違い政策の主体者は国家のみならず企業・個人・非営利団体でもよいが，文化の政策指向への提唱の時期がその主体者の拡張時期（国から企業・個人へ）と一致している．その時期が日本ではバブル経済が終了する間際の1990年頃であった．「文化の行政化」「行政の文化化」「地方の時代」で唱えられた文化活動が盛んとなり重層的な文化ネットワークとなってきた時期である．それはバブル景気に沸く企業から文化芸術団体へメセナ活動や助成金による支援によって文化芸術活動の活性化が見られた時期でもある．90年代にはいると活動を下支えするNPO等民間団体も活発に活動し始めたので，文化芸術の政策主体が国家以外に企業・個人・NPOの私的領域まで拡大した．

元来行政のもつ自由裁量の幅は立法・司法と比べ格段に大きいため，行政対象を取り巻く諸利益集団と行政は結びつきやすい．行政から政策への指向が行政の自由裁量権を拡大させたため，行政機関と立法府（あるいは政権党）が相互依存状況を作り出すことになったともいえる．行政を執行するための予算が政府予算の太宗であるから，予算議決権をもつ立法府との結びつきは，行政のインクレメンタリズムと前例踏襲主義とあいまって，行政機関の拡大と人的膨張を来すことになる．

自由裁量権の不適切な拡大による国民の権利の制限が不当に行われた戦前の反省も込め，戦後の行政学の研究対象は行政の自由裁量行為であった．アメリカ行政学の研究対象は行政過程（あるいは執行過程）であるため，行政執行の効率性に関心が高い．当然，その過程において誰がどのように執行するかが重要なため，意志決定過程が重要視される．

文化芸術行政での問題解決過程を見れば，議会（国会・地方議会），住民，民間芸術団体等による政治的争点の提起が過程の端緒となる．政治的争点とは集団内部における統一的秩序形成を妨げる問題である．当該集団の秩序を破壊しあるいは乱す争点が浮上し，その解決には集団構成員の力や権力者の力では解決できない．秩序とは集団内の決定が集団構成員を拘束することを意味するが，秩序が混乱したときは秩序回復作用が当該集団内で形成される．集団の外部からの力で秩序が回復するのでなく，自立的秩序回復が行われる．回復作用には，有限の資源で解決されるという暗黙の前提がある．未だ発明されていない技術を用いるとか，用意できない莫大な金銭を必要とするとかは回復のために用いられる資源には含まれていないので，非常に実践的実務的な回復作用とが考えられる．政治的争点が惹起されるときは，集団あるいはその構成員のまわりの環境が大幅に変化し，その環境変化に伴ってその解決策として政治的争点が浮上するケースが多い．文化芸術行政の例として，2012 年に成立した「劇場，音楽堂等の活性化に関する法律」（以下，「劇場法」）を回復作用の政策例としてみてみよう．環境変化として挙げられるのは，劇場法が成立する 20 年以上前から公立文化施設特に劇場や音楽ホールが地方自治体の建設ラッシュにより増加したこと，それにくらべ劇場等を運営する運営費（ソフト費）が減少または横ばいとなっていること[21]，劇場を使用する音楽団・劇団等芸術団体の経営が鑑賞者層の減少により厳しくなったこと，劇場の運営を行う専門職が少ないこと，劇場に来訪する鑑賞者が質の高い公演を希望するようになったことなどがある．

これに対し，国（文化庁，芸術文化振興基金，地域創造等の芸術団体への支援組織）・地方自治体の文化芸術行政の予算が減少あるいは横ばいであったので，芸術団体や芸術家から公演場所である劇場・音楽ホールへの直接の支援が希望された[22]．このとき，政治的争点となるためには，先ほどの環境変化がどの程度行政機関あるいは政治部門に認知されているかが条件となる．これらの環境変化は従前より文化芸術関係者・地方自治体関係者間で知られていたことではあったが，それが政治的争点（agenda）となった背景には平田オリザの内閣官房参与への就任がある．平田を中心として，演劇界の人たちが各地で劇場を巡る問題点を声高に発信[23]したことで，その「平田私案」という劇場法の概念が芸術家集団を越え多くの演劇好き・音楽好きの国民の間で話題となったことが背景として考えられる．劇場法は特定の劇場・音楽ホールに国家予算を助成し，そこで優れた作品を創造しそれを近隣の劇場に回すというスキームであったため，国が特定の芸術作品を優位させ，逆にそうでない芸術を劣位に置くという芸術内容まで踏み込んだ支援であるとして，演劇界を中心として賛成反対の議論が強く起きた[24]．

一般的にいうと演劇は劇作家（脚本）や演出家の思想性が強く出る．音楽は抽象的な音声で表現するため，音楽家や演奏家の芸術作品における思想性は表出しにくい．戦前，演劇界は治安維持法で検挙された演劇人は多いが，音楽関係者はたった1人であったのもそのためである．したがって，音楽界より演劇界の方が議論百出であった．

この演劇という芸術ジャンルの特徴と平田が内閣官房参与ということもあって，優先的政治的争点となり劇場の事業活性化策の具体的解決が絞り込まれる．これが狭い意味での政策である．イーストン（David Easton）は，この争点がしだいに絞り込まれて具体的政策へと転換する過程を変換過程と呼んでいる．具体的政策決定には実務的作業がかかせない．実情調査と利用可能な資源の探査は，現場をよく知る行政庁でなければ具体的政策メニューの提示はできない[25]．つまりこのとき文化庁は大きい役割を果たすし，その絞り込み過程で程度利害調整が関係者の間で行われるのである．

2.1.5　地方分権と中央政府

日本の行政制度は，中央政府と地方政府（都道府県，市町村）に分かれている．憲法第8章に地方政府の枠組みとして地方自治制度が定められている．戦後の憲法制定の経緯から，日本では地方自治制度は国から地方の行政権の一部が地方自治体に授権の形で与えられたと思いがちであるが，日本の地方自治制度は戦後，憲法制定時にアメリカの政治制度の影響を強く受けている．アメリカでは，都市憲章（イギリス国王と植民地としてのアメリカの各都市との契約）が，独立後各都市の条例となりそれを根拠に州議会が国とは異なる独自の条例を制定することができると考えられるようになった．この歴史的経緯が，アメリカの地方自治制度に結びついており，その制度は20世紀にはいると地方自治制度の保障制度とも考えられるようになり，その思想が戦後日本に導入されて憲法の規定となった．現憲法の制定時にはアメリカの政治制度の影響が大きいことから日本の地方政府は国と行政制度が異なる大統領的行政制度を採用している．アメリカ由来の地方自治制度の沿革からみると，日本の地方自治制度は国から地方自治制度が与えられたというのではなく，むしろ地域住民の主権から派生しているといえよう[26)]．

明治憲法時代の地方制度では，地方官制と府県制・市制町村制・郡制で定められたが，府県の知事・郡長は官選であり市町村長は議会による選挙に因った．国との関係では府県郡を国の地方行政官庁とし，市町村長を地方行政官庁に準ずる官庁としてが行われた．これは，戦後の地方自治法に引き継がれ，1999年の地方自治法改正（地方分権の推進を図るための関係法律の整備等に関する法律（地方分権一括法））によって機関委任事務が地方自治体固有事務と法定受託事務に整理されるまで続いた．従来の機関委任事務は国の事務を代理して地方自治体が行っていることからその事務に対する権限は国にあり，地方自治体向けの多くの通達が国から発出され「通達事務」といわれた．機関委任事務の廃止で法定受託事務も地方自治体事務となり，通達の多くは廃止され存続する通達も「技術的助言」とされた．

国（文部科学省）が文化芸術行政の適用範囲を文部科学省設置法による範囲としたとしても，地方自治体は文化芸術行政範囲を自由に考えるようになっている[27)]．地方分権改革は地域の実情に応じた住民サービスの提供という観点から必置規制を廃止したほか，全国一律の画一化行政から多様化行政へと図られた．しかし，その一方で事務組織の簡素化と合理化・定員削減が図られ，地方自治体の行政改革を推し進めることを促した．その後の文化施設の指定管理者制度も，人員削減と経費削減の解決策の１つとなった．

1999年の地方自治法の改正によって，第１条の２に，地方自治体の自主性・自立性によって施策の実施を行うべきと自治体の行政姿勢が規定された．地方自治体の包括的な事務範囲の規定と併せ読むと，地方自治法で規定されていない明文化されていない自治事務やそれを執行するための組織・人員については首長や地方議会の裁量範囲として自由に定め得ると理解することができる．この自由裁量行為の観点から首長による文化芸術団体への助成措置など給付型行政面で，住民の意向から助成額の増加と財政面からの減額措置が突然行われていることが多い．地方分権一括法の根拠となった1997の第2次地方分権推進委員会勧告では「地域づくり」が強調され，その後の地方自治体の施政をみると過疎対策・少子高齢化対策・地域経済政策など地域活性化が中心となった観があり，そのための手法としての文化芸術活用が重要な政策資源となった．そのため，文化芸術団体への助成条件として地域活性化が盛り込まれることも多い．文化芸術の特徴として，批判性・創造性があるが地域活性化を目標として助成を受けやすくするため，文化芸術の性質自体を歪めさせるような事態が生じている地域もある．

文化芸術行政に関係する戦後の変更点とてしては，都道府県市町村教育委員会が設立され，戦前に首長部局で行われた文化芸術行政（文化財保護がほとんどで，思想的規制もあった）も法制度上は教育委員会所管となった．しかし後に述べるように，1970年代後半から，「文化の行政化」「行政の文化化運動」が起きると，首長部局での文化芸術行政が教育委員会の文化芸術行政と衝突したほか，教育委員会を助言する文部省と首長部局に関与する自治省が地域文化芸術行政で主導権争いを行った[28]．

財政面では1949年に来日したシャープ税制調査使節団によるシャープ勧告により，国地方の財政制度調整としての地方均衡交付金が制度化され，1954年には地方交付税制度となった．所得税・法人税・酒税の一定割合を地方自治体に財政窮乏に応じて国が公布する方法をとったが，交付を受けた地方自治体にとって補助金と異なりその使用目的に制限がないことが特徴としてある．地方交付税交付金の積算根拠として標準地方自治体の行政経費が根拠とされているため，自治体による特徴的な政策は採りにくい状態を生み出した．文化芸術行政のように法的裏付けの少ない裁量行為的分野は，財政窮乏地方自治体では交付金を回すことは少なくなる．

財政的面から文化芸術行政に冷淡であった地方自治体が多い中で，1970年代中頃になると，首都圏・阪神圏では都市住民の文化芸術への欲求とそれに政治的に応えようとする革新首長があいついで生まれた．革新系首長は文化芸術需要と高度経済成長による環境悪化への反省を新たな政治的課題として，行政面での文化芸術的要素の考慮と総合行政対象としての文化芸術[29]，地方から文化芸術発信（劇場などの公立文化施設の建設と演劇団・音楽団などの文化芸術団体の設立と支援）を目指した．また，彼らは，都市重視・重工業の産業中心時代[30]から「地方の時代」の標語の下，生活重視・ソフトインフラ重視といった住民重視策へと政策転換を行った．これは革新系首長のみの運動ではない．時の大平正芳総理の田園都市構想による中央の政策変化の動きに，少し遅れて自治省や自治省関係の知事たちも敏感に対応し，地方行政の政策手段として文化芸術を行政に取り込むようになった動きも見逃せない[31]．

左傾的文化研究の考え方では，1970 年代に地方文化重視が生じたことやその後の発展過程を，革新系地方自治体首長に松下圭一たちの市民文化論（地域個性文化をつくろうとする市民文化活動運動で，文部省の社会教育行政と対抗した[32]）が影響を及ぼし，「文化の外的条件整備でなく」「行政の文化水準向上と行政の自己革新」として，環境，景観重視政策になったと理解されている．山崎正和は，現在の日本の地方文化は明治政府以降の国からの輸入文化の全国的展開の前に風前の灯火となっていると述べている[33]．彼は地方文化・地域に根付く伝統文化を中央文化から守るためにも地方からの文化の創造と発信が必要と主張し，梅棹忠夫などとともに地方文化重視[34]の旗頭であった．貝塚俊民兵庫県知事も埼玉県・京都府・大阪府等の知事と一緒に地方文化重視政策を打ち出し，山崎に兵庫県立芸術劇場の開業・運営への協力を依頼した．当時は自治省も地方自治体重視の立場から，行政への文化運動に理解を示した[35]．この当時の主張には，地方文化を中央文化と対立的に見る見方が存在した．劇場・音楽ホールを住民の文化芸術受容体として整備すればよい，と単純に考えた地方自治体も多い．当時の地方自治体の文化芸術振興策には，現在のような地域社会がもつ固有の文化や価値観を尊重する文化芸術振興とは根本的に異なっていることに注意する必要がある．現在，多くの地方自治体では，郷土や故郷への住民の愛着や地域共同体としての住民の生活・閉鎖空間としての地域社会の基底にあるアイデンティティを考慮しながら地域独自の文化を育てている．

2.1.6 市民運動としての文化の行政化運動

1970 年代後半から地方文化の発信ということがしきりと地方から提唱されたが，当初は革新系地方自治体を中心としたものであった．そして，その地方自治体は大都市部の地方自治体であった．その運動は一般に「行政の文化化」「文化の行政化」運動といわれ，運動している人たちは住民でなく市民と名乗っていた．彼らにとっていわゆる「市民運動」の一環として地方自治体を巻き込んで行政の文化化運動を行っていたのである．

市民運動とは，職・年齢・性別・学歴・イデオロギーなどによって差別されない政治運動である．もともと市民とは市民革命で中心となった商工業者（ブルジョアジー）であったが，市民革命後は市民社会建設へと動く．市民運動の特徴は統治機構（あるいはそれを代表する首長や議会）に対し大勢の組織力を誇示し，あるいはマス・メディアを使用して世論に訴えることにある．日本では新安保反対運動が最初の代表的市民運動であるが，その後公害反対や行政への住民参加などへと広がりその運動とする目的は非常に幅広く多様的である．文化芸術関係に限ると，行政の文化化運動は大都市部やその周辺部で行われ，参加者の多くがホワイトカラーや都市住民であったため，市民文化という標語が使用された面もある．

特に都市化が急速に行われた大都市部（首都圏，大阪圏）は，サラリーマン層という均質化された住民を大量に生み出した．地方の閉鎖空間とは違う特定の地縁や血縁・人間関係から切り離された均質層の住民達が，文化という1つの価値に向かって運動を行ったのである．そのような視点から「文化の行政化」「行政の文化化」運動を見てみると，文化芸術行政への市民参加の形は，運動する側の住民側からも首長を中心とする行政側からも政治的主張を唱えるわけでなかったので，参加の態様や目的・住民重視など市民運動として行いやすいことから，1970年代に多くの地方自治体で展開されたともいえる．運動する側の市民は高学歴のサラリーマン層あるいは主婦層であった．運動の背景には，雑誌・新聞・TV等のマス・メディアの普及・進展による情報の拡散と早い伝達といったマクロ的社会要因（一律化）ならびに個人（ミクロ）レベルでのある程度の所得（現金所得）・自由時間の増大・趣味の拡大などの生活スタイルの多様化があった[36]．行政側としても，もともと行政対象としての文化芸術は文化芸術自体の定義が曖昧であり，その行政的定義は文部省設置法に規定されている程度であった．それ以外には文化の法的定義はなかった[37]．行政対象としては，非常に裁量行為の大きいものであった．地方自治体としても文化財保護など法律で厳密に定まっている文化財保護行政を除くと，文化芸術行政はやってもやらなくてもよいものであって，公民館で住民向けに「文化講座」を行っている程度の地方自治体が多かったのである．

そのころ「文化ホール」と称する文化会館が首長の政治公約などで，橋梁や道路といった生活関連施設として整備されはじめた．その文化ホールに時たま著名な講師を招き講演会や首都圏・近畿圏の音楽団を招聘してコンサートを開催するのが普通であった．高度に趣味的な芸術指向の住民は，新聞社・放送局のメディア関係とデパートが行い始めたカルチャーセンターやデパート絵画展覧会に出かけたように，それらの文化芸術イベントが大都市部でも文化芸術供給となったのが実態である[38]．

革新系地方自治体首長の多くは，反公害や行政への住民参加を主張し道路整備などの典型的公共事業には反対であったが，文化芸術というよくわからないが高尚な感じのする対象は人気取りのためには好都合で政策も行いやすかった．文化芸術推進[39]といったお題目であるから誰も反対できず，利害関係もなく（損する人たちはいない），行政側が納得さえすれば実行可能性は高いことから，小集団の住民運動でも目的達成が可能であった．ちなみに代表的な文化ホールはそのころ建設されている．

2.1.7　政治決定と地方文化

文化芸術活動は，活動の範囲が県内市町村内であるから優れて地域的であるといえる．参加する住民が一度に会するのは交通の利便性に寄っているからである．ある程度共通のアイデンティティを住民間で共有する必要があり，祭りなどの宗教行事や伝統行事はもともと地域レベルのいわゆる顔の見える範囲の住民同士で伝承を行ってきた．明治以降西洋から入ってきた西洋音楽やポピュラー音楽を公演は，施設規模の関係で開演場所が限定されるだけに市町村レベルの範囲の住民が集合する．地方の絵画展なども県内・市内などの地域住民が多く参加する．交通が利便な首都圏・京阪神圏では複数の都府県にまたがった参加者になるが，これは首都圏の交通網の利便性という特殊性のためである．そのため，文化芸術活動への公的な助成は県・市町村の首長が決定することが多く，国は地方の文化水準の向上や芸術団体の運営補助といった一般的支援に限定され，特定の地域への助成といった関与は少ない．このような状況があったので，知事・市町村長の文化芸術活動への給付的行政関与の程度は国以上に大きく，その関与の程度によって地方の文化芸術活動はかなり影響を受ける．その例としては，1970 年代以降の首長同士の競っての公立文化施設建設が好例といえる．この文化施設建設は文化芸術活動への正の効果をもたらしたが，整備数の増加と 1990 年代以降の地方自治体の財政的窮乏が，文化施設の指定管理者制度・事業評価制度と結びつき毎年の交付金減額や公演の減少になったことは負の効果となった．

京極純一[40]は「「文明の恩恵」は最新の施設（建物，設備，要員を含む）を通じて分配される．……文明施設も国設置でなくとも多くは補助金などで中央政府の援助を受けている」という．京極は「文明施設」の例として，図書館，資料館，博物館，美術館，文化センター，公園，運動場，スポーツ・センター，ホール，公会堂，公民館，県民会館，市民会館などを挙げる．さらに，「施設利用の際「文明の恩恵」を受けるのではなく，「巡回公演，巡回映画」などが全国津々浦々に娯楽をもたらした」ともいい，娯楽供与を国が「地元の利益」のため法令・予算によって裏付けると，住民の「当然の権利」となるという．山崎[41]は「かつて文化は各地から生み出され，それぞれの地域の文化的多様性は豊かであった」が，明治以降日本の工業化に伴って，「大量の文化財が外国から輸入され」「日本社会にコピー文化の時代を生み出し」たといい，「近代化の時代は，地域が文化の生産のうえで貧困にならざるをえない時代」であったと分析する．このような状況に変化がおきたのは，1970 年代の大平内閣での「地方の時代」「文化の時代」の政策研究が行われたときであると述べる．そして，「文化の配給拠点が東京一極を離れ，それぞれの……地域な地域にうつらねばならない」のは「当然である」と断定する．劇作家としてまた関西の文化人・兵庫県立芸術劇場の企画運営者としての山崎は，地域主体の文化の再興とその東京を経ない文化の発信に期待するが，地方文化が廃れたのは東京に置かれた政府の中央集中的文化伝播であったというのである．

京極と山崎の中央政府からの文化伝播とその手法としての補助制度は，現在でも地域活性化策として観光振興・まちづくり・村おこし等の助成制度のなかに生きている．しかし，1990 年代以降立案された地域活性化政策は，地域固有の文化の育成や伝承といった従来の「東京文化」の物まね的文化おこしは少なくなっている．地域活性化対策は，1988，89 年度において竹下登内閣で行われた「自ら考え自ら行う地域づくり事業（ふるさと創生関連施策）」が契機となって始まった．「地方が知恵を出し，中央が支援する」というこれまでの行政姿勢と異なった発想に基づいて，市町村が自主的・主体的に実施する地域づくりへの取組みを支援するため，「自ら考え自ら行う地域づくり」事業として全国の市町村に対し，一律1億円を交付税措置（1988年度2,000万円プラス89年度8,000万円）し，都道府県に対しても市町村が実施する事業を支援するための広報・普及経費として標準団体当たり1億円を交付税措置した．さらに1988年度には，地域総合整備事業債「ふるさとづくり特別対策事業」を創設し，まちづくり特別事業・ふるさとづくり特別対策事業・防災まちづくり事業・リーディング・プロジェクト事業などの大型の単独事業に充てられた．

現在では，その継続事業として地域活性化事業債制度があり，「地域の歴史文化資産の活用事業」が行われている．その原則は，「補完性（subsidiarity）」「自立」「共生」等であったが，投入する予算が限られる関係上，国（総務省）が事業評価を行うので事業内容の国による価値付けを排除することはできない．

行政執行の過程では行政改革の関係で公務員の定員削減が進み，作業量が膨大となる事業の「箇所付け」的作業やその事前調査に多くのシンクタンクが関わっている[42]．これ自体は外部の知見を行政に導入することで別段悪いことではない．その代替的作業の過程で行政担当者の事業把握能力や知見が薄れることもあり，対象の地方自治体やNPO・公益団体・地域社会からみれば間にシンクタンクがはさまることで助成を行う行政主体との交換情報が直接的でなくなることが懸念される．

2.2 文化芸術支援の法制度

2.2.1 文化芸術（振興）基本法の制定と意義

文化芸術（振興）基本法の制定の経緯と背景

2001年12月7日に文化芸術振興基本法が公布施行された．本法律は，日本の文化芸術振興に関して一般的な根拠になったといわれる．もともと，文化財保護については，明治以来，太政官布告「古器旧物保存方」（1871年），古社寺保存法（1897年），国宝保存法（1929年）とそれを補完する「国宝重要美術品等ノ保存ニ関スル法律」（1933年）が制定され，100年以上保存・保護の法制度の歴史があった[43]．文化芸術の推進に関しては社会教育法（1949年），教育基本法（1947年），文部省設置法（1948年）ほか地域振興法に，その法律の目的の範囲で振興規定が戦後措置された．文部省設置法を文化芸術振興の根拠にすることは所掌事務行政といわれ，行政組織としての機能分担を所掌規定は定めているに過ぎず，行政を進める根拠とはなり得ないとの行政学からの批判[44]があった．特に，人権に制限を加えるケースではそのための特別の法律が必要との立場であった．そのような批判を受け，文化芸術行政を所掌する文部省では法的措置で文化振興を図るよりも，予算措置を通じた範囲での文化芸術振興[45]を図ったのである．予算措置によって政策を執行するため，振興策に要する経費を毎年大蔵省に要求する必要がある．欠点として，中長期の振興計画が立てにくいことや時々の財政方針（シーリングによる一律削減要求など）・政府全体の政策方針（文化外交重視とか地域振興）・与党の政治方針によって，大きい影響を受けることにあった．文化芸術行政はもともと人権に制限を加える規制型行政でなく給付型行政であったが，政府部内で政策順位が低いことや法制度の欠如から裁量行為行政として十分に予算が伸びなかった．

国民への法の拘束の程度に応じて，行政行為は裁量行為（狭義）と覊束行為に分けられる．前者は行政庁の裁量（便宜裁量（目的裁量））で行政が行え，その行為が通常の範囲を逸脱しているとき司法判断を仰ぐことができるが，後者はあらかじめ定めた法令等の規定に沿い行政を行うもので，根拠となっている法令等に違反があれば司法審査によって行政庁の判断が修正・廃止される性格をもつ．したがって，後者は人権等権利に影響を及ぼす行政になじむ．同じ文化芸術行政でも，文化財保護行政は文化財の所有者・管理者に対して文化財の移動制限・修理・展示等の命令を文部大臣が行えるので覊束行政である．劇団・楽団などの文化芸術団体への助成措置や公演・展覧会への助成は，いわば「やってもやらなくてもよい」行政[46]で，芸術団体・芸術家の権利への制限を加え得るものでない．そのため戦後長く，文化芸術への支援措置は予算措置行政が似合うものとして行われてきた．直接の支援のための根拠法令が存在しないので，予算の範囲なら行政庁の権限内での裁量がかなりきく．法令が予算措置の根拠となっているケースでは，予算措置が行いやすいという支援上有利な点があるが，文化財保護のような覊束行政は行政が根拠法令に縛られる．予算措置で行える裁量行為である文化芸術支援は，そのときどきの行政庁の方針によってかなり自由度の高い行政を行える長所がある．

国の文化芸術支援措置が毎年の予算措置による自由裁量行政であったので，地方自治体も条例・規則に頼ることなく，自由裁量的支援措置を行ってきた．1980年代に入り「文化の行政化」運動が活発化すると，文化芸術を行政の対象として捉え，「まちづくり」「住民福祉」「景観向上」に関連づけ，住民の生活水準向上に寄与するものと考えた．これは，国（文化庁）が従来から行ってきた文化芸術団体への直接支援という供給サイドの視線から，享受者としての住民の生活改善といった消費者視線へと文化芸術行政を転換させた．この行政姿勢の転換は，文化芸術へのアクセスのシビルミニマムを設定する効果を生み出し，文化振興条例の制定が競い合って市町村レベルから始まった．1975年の釧路市を嚆矢に県レベルでは1978年に東京都が，そして2020年11月までには148の地方自治体で制定された．

国レベルでは，文化庁の行政姿勢と異なり，高度経済成長の陰で過疎化の進んだ地域の振興を図る地域振興法（離島振興法，山村振興法，半島振興法，棚田地域振興法）に，地方の文化財・伝統芸能を，地域振興に役立たせるための規定が加えられた．1990年代に入ると，より積極的に地方の文化財・芸能を産業・観光のための文化資源化を目指す「地域伝統芸能等を活用した行事の実施による観光及び特定地域商工業の振興に関する法律」（お祭り法，1992年）が制定された．そのころは，地方においては少子高齢化による地域社会の崩壊と維持困難な「限界集落」が問題になり始めた時期と一致する．

1999年には，三位一体改革・地方分権改革として地方自治法の全面改正があった．この全面改正では補完性原理（身近な行政は身近な行政庁が行う．それができない時，より地域的に大きい行政庁が行う[47]）が貫かれ，自治体固有事務の創設によって地方自治体の文化芸術に関する行政の幅は従来の自治法規定から相当程度広がった．その影響もあり，2000年以降地方自治体レベルでの文化芸術振興条例制定は増加の一方を辿った．2017年6月には文化芸術基本法への文化芸術振興基本法の改正もあったのだが，現在では振興条例数は一定程度に収斂している．この理由として，福祉行政・警察行政・教育行政などの地方自治体必須行政とは異なり，文化芸術振興は首長の裁量部分によるところが大きく[48]，文化芸術支援に熱心な地方自治体がほぼ条例制定を行ったこと，ならびに必須行政はシビルミニマムの要請から国からの補助措置・交付金積算の財政的支援があるが，文化芸術振興は国からの財政措置がほとんどないこと，行政水準の差があっても自治体間での差異が目立ちにくいことから，地方自治体では振興条例制定に熱心になれないことなどがある．

1970年代の地方自治体の文化芸術振興条例制定の活発化は，文化芸術に対する総合的な支援制度の根拠法整備面で国（文化庁）を刺激した．支援を受けたい文化芸術団体も法整備の陳情を文化庁へ繰り返し行った．1980年にはオイルショックによる経済の沈滞からの脱却によって経済的ゆとりが生じ従来の高度経済成長への反省もあり，大平総理大臣の指示の下，各省庁の若手中堅官僚と学識経験者の集合体である「文化の時代研究グループ」が，「文化の時代」の到来を念頭においた報告書を国に提出している．その報告書では，現行の文化芸術行政の見直しと制度面の改善を述べており現在でも評価が高い．戦後に文化立国を目指す国家目標を掲げたにもかかわらず，「文化に対する取り組みが従来他の政策分野に比べて遅れていた」と現状を総括して，1961年のスポーツ振興法のような文化における「文化振興法」が必要であると提言している．文化芸術活動は個人の自由に任されることから，「政府が法律を通じ国民の文化をコントロールするような誤解を与えるものであってはならない」とし，あくまで文化芸術活動は国民の自主性に任すのが原則であると，文化芸術振興上の特質を述べていることは特に重要である．この指摘は戦後直後の1946年に文部省が発表した「新教育指針」と重なっていることが興味深い[49]．

文化芸術活動を国民に提供する生産者サイドからは，実演芸術団体の集まりである日本芸能実演家団体協議会が1984年に「芸能文化基本法」を提言したが，これはあくまでも実演芸術に限定されていた．その後，同協議会は芸術振興の一般法の制定に向けて活発に活動し，2001年には「芸術文化基本法（仮称）の制定に向けて」（中間とりまとめ）を発表した．提案された法案は実演家への支援措置が中心となっているものの，文化芸術活動を支えている「裏方」を専門職として規定した上で，彼らの研修・養成制度と地位の確立を目指したものとなっている．

一方国会議員たちは超党派の芸術愛好家の議員達が「音楽議員連盟[50]」を結成し，文化芸術振興の一般法制定を目標に文化芸術団体や文化庁・文化産業に関係するレコード会社等と密接な協議を行っていたが，独自法案の提案はなかった．2001年に入ると小泉純一郎内閣の下，公明党・保守党は「芸術文化振興基本法案」を国会に提出したが，開会中の第152回国会での継続審議案件となった．

文化芸術振興基本法の審議と成立過程

第152回国会提出の「芸術文化振興基本法」案は，日本で初めての一般的文化振興のための法案で文化芸術関係者からは注目を集めた．その反面，在野の文化芸術団体・有識者からは，国民に対して文化芸術活動の内容につき国家が関与する口実を与える[51)]とか，特定の国寄りの文化芸術団体が支援策で有利になるとか，といった批判が起きた．人権視点からは憲法上の社会権として国家に対する請求権としての「文化権」を提言する向きもあった[52)]が，大方の憲法学者は否定的[53)]であることや最高裁判決での環境権[54)]の判示からみて，社会権での創設は困難というのが当時の文化芸術関係者の共通認識であった．公明党・保守党共同案の審議を契機として政権党の自民党，最大野党の民主党も，それぞれ独自の法案を提出した．政党間に多くの法案が林立したが，音楽議員連盟が超党派の有利性を活かして彼らが中心となり，最終的に「文化芸術振興基本法」として国会へ提出された．後に，同法案は衆院文部科学委員会で 2001 年 11 月 21 日に可決され，その後衆院本会議，参院文教科学委員会で可決，本会議で同年 30 日に可決成立した．

公明党・保守党法案提案の際の特定芸術ジャンルの優先問題は，文化芸術振興基本法の審議過程において芸術・文化活動の種類や内容による支援や取り扱いの区別が無く平等的である旨の付帯決議がなされたことで解決した．これは，芸術を提供する芸術家・芸術団体への国の差別的取り扱いの禁止であるが，同時に芸術享受者たる国民の文化芸術活動への国の不当な干渉も禁止された．公明党・保守党案の「芸術文化振興基本法」が「文化芸術振興基本法」に名称が変更となったのは，「芸術文化」では「芸術」に関わる文化と解釈され，文化の範囲が不当に狭く解釈されることを嫌ったためといわれる．従来，文化庁の所掌事務規定（たとえば旧文部省設置法）では文化の中に「芸術」が含まれ，文化は「芸術」とそれ以外の領域から構成されていたからである．その設置法を受けた詳細な組織令や施行規則においては，「文化」を「芸術及び国民娯楽，文化財保護法に規定する文化財，出版及び著作権その他著作権法に規定する権利並びにこれらに関する国民の文化的生活向上のための活動」と規定していた．「文化」の用語は多くの法令に使用されているが，定義規定は旧文部省設置法や組織令・規則だけである．もちろん，各法令によって使用される法令用語はそれぞれ解釈が異なっても差し障りはない．文化芸術振興に関する基本法は法律所管が文化庁となることが予想される中で，文化庁所管法令中でまちまちな解釈は避けるのが行政運営上の慣例である．振興法が成立後，文部科学省・文化庁が旧来の「芸術」の解釈を行政運営上行ったとしても，振興法上文化をより広い概念でまとめることにより「芸術」だけの文化を支援するという解釈を避けることが可能である．現在では，文部科学省設置法・織法令・組織規則には，「文化」「芸術」の定義規定は存在しない．

文化芸術振興基本法の文化芸術基本法への改正法案は衆議院文部科学委員会発議として，2017年5月30日に同委員会にて議決，その後参議委員文教科学委員会にて6月16日に議決され，本会議議決を経て6月23日に公布されるという非常にスピーディーな審議であった．これは，衆議院文部科学委員会発議という超党派提案であったため，議論らしい議論が行われなかったためである．基本法への改正審議で提案者が述べているように，「観光，まちづくり，国際交流，福祉，教育，産業その他の各関連分野における施策との有機的な連携が図られるよう」との規定が追加され，旧法の文化芸術振興基本法以上に観光産業などに文化芸術が貢献するということが明確化された．文化芸術振興基本法が成立して以来，国際観光旅客税財源事業を活用した文化財活用事業（地域文化財総合活用推進事業・地域文化財総合活用推進事業）などが行われ，文化芸術を観光経済に寄与させる施策は行われてはいたが，観光産業貢献化策の法的な裏付けでもあり追認でもあった．

文化芸術基本法（または文化芸術振興基本法）の枠組み

本来基本法は国政での重要な分野について国の制度・政策・対策に関する基本方針・原則・準則・大綱を明示したものであるが，憲法との関係では憲法の理念を具体化する機能をもつ．そのため，その大半を訓示規定・プログラム規定で構成されているのが特徴[55]で，ただちに国民の権利義務を制限・拡張するものではない．塩野宏は基本法に当たる法は欧米では見当たらず，日本だけの特徴的な法体系だという．基本法はプログラム規定的法体系であるから具体的実際的な行政運営が行われて法の目的が達せられる．従来の具体的実現策として，① より具体的下位法令を制定する，② 行政計画を策定する，③ 予算税制を措置する，④ 従来の他法令の関係部分の改正を行う，⑤ 行政庁の組織改正を行うなどがあるが，これらの諸方策は重なって行うことも多い．たとえば，国土計画の基本法である「国土総合開発法（国土形成計画法に2005年改正）」では，道路整備に関して，道路法，道路整備緊急措置法，道路整備5カ年計画（現在では「社会資本整備重点計画」として総括）の策定，道路特別会計の設置（2009年に一般財源化），その財源としての自動車重量税などの税制措置などあらゆる政策手段が動員された．

基本法の性格は訓示規定・プログラム規定にあるのであって，具体的実行手段が行われて始めて行政運営の効果が生ずる．基本法は行政目標としての理念と方向性を，国民・行政・関係者間で共有するには有効である．文化芸術面で基本法を策定し文化芸術支援の行動目標と理念を明確にすることは，国民・行政・文化芸術団体間では有意義である．法的整備が行われたことをもって，支援対象としての文化芸術活動が公共性[56)]を帯びるかどうかは議論の余地がある．元来，文化芸術は，宇沢弘文が述べた「社会的共通資本」の１つである「豊かな経済生活をいとなみ，すぐれた文化を展開し，魅力ある社会を持続的，安定的維持を図る社会的装置の１つであって，国家の統治機構の一部として官僚に管理されたりせず，職業的専門家によって，専門的知見にもとづき，職業的規範にしたがって管理・維持されねばならない」性質をもつ．法的整備の有無で文化芸術が「公共性」の付帯性の有無を認めることはできない．文化芸術を個人の利益のみに還元せず，国民共通の利益と考え文化芸術を創造・鑑賞する文化装置・諸制度を文化芸術の資本と考えることによって国民に還元する「共通的資本」といってよいと思われる．文化装置・諸制度への支援・援助は，立法政策の裁量である．給付行政の裁量行為と文化芸術の公共性の関連については別問題である．

以上のことを**図 2-1** に示す．文化芸術活動は個人の自由活動の領域であるが，個人同士が自由に出入りしお互いにコミュニケーションが行える領域である「公共圏」にも存在する．本来，文化芸術活動は協同的平等的な立場で専門家とアマチュアが活動し，作品を制作することが当然視できるからである．しかし，公共性を安易にいうことは，日本では注意すべきこととの指摘がある．高畠通敏によれば，「公共という概念は，近代国家を支える核であるが，政治権

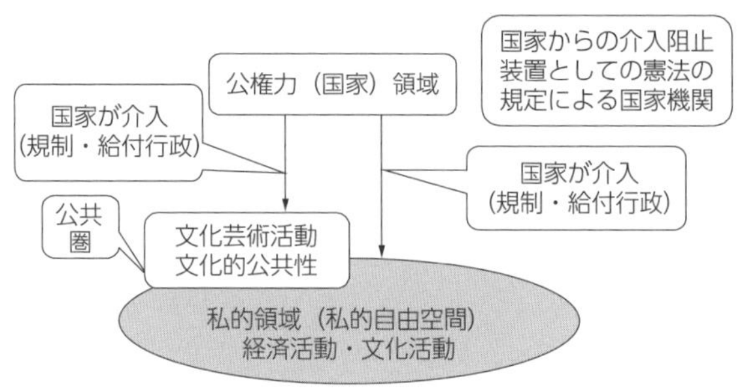

図 2-1　文化芸術活動と公私公共圏各領域の範囲

（出典）筆者作成．

力は「公共の福祉」の名において国民に服従を要求」する（高畠（1984）『政治学への道案内』以下，同じ）．「日本の「公共」が「公け」「共同」の2つの意味を含み，「公共」の精神は，対応する「共同」を欠いたまま一方的に「公け」に傾く」．「国家をはじめとする政治集団において，つねに法を制定し，綱領をつくるということに異常な努力がかたむけられる」ということを考えると，国会での付帯決議や文化芸術振興基本法（現行「文化芸術基本法」）第2条の自主性の尊重規定の重要性が理解できよう[57]．

市民社会は，それぞれ個人の価値の絶対化を規定し，ブルジョアジーの経済活動に対する国家の干渉と宗教的信条や文化芸術活動への干渉を排除するところから生まれた．日本も市民社会の理念を受け継ぐ政治体制をもつ．文化芸術（振興）基本法も，国・地方自治体等からの個人・芸術家（団体）への介入阻止，芸術家（団体）・個人の創造性の尊重と活動への自主性を尊重する規定を置く．その視点から文化芸術（振興）基本法第3条の芸術を享受する権利の規定は，国民がもつ権利の念押し規定に過ぎない．文化芸術享受権といったものが文化芸術振興基本法で創設されたものではない．第2条後段の環境整備を述べるための導入規定である．第3条が予定する行政計画である基本方針（文部科学大臣公布）では，「全国各地で様々な文化芸術活動が行われるよう」という文言をわざわざ挿入し，享受する機会均等を整備の方針としたことからも，第3条の趣旨は環境整備が文化芸術であることがわかる．基本法では，基本方針が基本計画に変わったが，同じように「容易に文化芸術を享受できるよう」との文言が含まれていることに変わりはない．

文化芸術（振興）基本法は，文化芸術を提供する芸術家（団体）への支援措置と享受者たる国民の享受しやすい環境整備，そのための公（国・地方自治体）の役割分担を規定し行政の方向性を規定しているのである．芸術家（団体）と国民にとって関心が高いところは，支援策であろう．この法律の支援の中心は「劇場，音楽堂等の活性化に関する法律」（2017年公布，以下「劇場法」）と同じく，文化芸術団体や劇場・音楽堂のいわゆる文化芸術生産者・装置への助成である．つまり，デマンド・プル型の供給型文化芸術市場の量的質的面での拡大である．文化芸術振興基本法や劇場法の成立に対して，芸術家団体である日本芸能実演家団体協議会が精力的にロビー活動を行い，生産者団体からの力が大きかったことも見逃せない[58]．

この支援は具体的には活動への1年間程度の予算補助となるが，短期的な可変的投入資源（プロジェクト助成などの事業費補助）は，文化芸術活動量を一時的に増加させることには有効である．長期的には量の増加・質の充実には，文化芸術活動への固定的生産要素としての投資（施設・装置・設備への資金配分）と人材投入（人件費補助・雇用確保・研修教育）が欠かせない．文化芸術に関しては供給量と需要量との間の需給ギャップがあり，需要量が生産可能性最大生産額より下回っている状態が通常なので，限界生産まで可変的生産要素の投入を国は考えているのか，法律レベルの規定や基本計画・予算からは不明である．文化庁の劇場・音楽堂等機能強化推進事業に見られるように補助金交付は短期的投資であり，供給側の生産関数の上方へのシフトといった技術的進歩による生産性向上は考えられていない．

鑑賞場所である劇場・音楽堂の文化施設は地方自治体・公益法人等が所有し，運営は指定管理者に委託する形態が多い．最大限効率的に劇場・音楽堂・博物館・美術館などの文化施設を運営しなければいけないわけで，指定管理者としても余剰人員や施設は持ちたくないであろう．指定管理者でなく地方自治体が直営する場合も行財政改革で運営担当人員は限界的である．文化庁でも直轄していた文化施設は独立行政法人化されたが，収支余剰金の積立金は中期的には利用できても，長期的固定投資に当たる資金を大幅に増加投資できない．その結果生産性向上を目指す長期的投資は困難となるだろう．

文化芸術（振興）基本法が規定する支援策は国の給付型行政として規定され，付加的に地方自治体の支援策が地域固有の環境や条件によって，国に準ずる支援策を行うよう規定されているに過ぎない．民間については，政策形成への参加や国・地方自治体との連携を求めているだけであって，日本のメセナ活動への支援策である税制優遇措置などのプラス面は規定されていない一方で，基本法への改正により芸術団体（芸術家）に対して文化芸術の継承・発展・創造に積極的な役割を負わせた．文化芸術行政と観光産業との有機的連携規定と合わせ読みすれば，文化芸術団体は観光産業への積極的協力が求められているとも解釈できる．日本の観光資源の有力資源である「食文化」が新たに行政対象の「文化」に加わったことも，観光産業と文化芸術の「有機的連携」が，基本法への改正によって明確に位置づけられるようになった．

文化創造享受権の意味

文化芸術（振興）基本法第２条第３項には，本法の基本理念として「文化芸術の振興に当たっては，文化芸術を創造し，享受することが人々の生まれながらの権利であることにかんがみ，国民がその居住する地域にかかわらず等しく，文化芸術を鑑賞し，これに参加し，又はこれを創造することができるような環境の整備が図られなければならない」と規定されている．本法で権利が規定されているのは，同条だけである．

一方，文化芸術振興基本法以前に，公明党保守党でまとめられた芸術文化振興基本法案には，同じく基本理念として，同法2条2項に「芸術文化の振興に当たっては，国民の幅広い文化的利益の享受及び芸術文化活動への参加が図られなければならない」と規定されていた．同法案には，権利の規定は存在しない．

憲法第13条後段の規定の基本的人権を幸福追求権と一般にいうが，文化芸術創造享受権[59]（文化芸術（振興）基本法第2条第3項の権利をこのようにいう向きもある）をこの幸福追求権の範疇としてとらえる向きもある．この場合，文化芸術振興基本法成立によって，基本的人権[60]の1つである幸福追求権として，文化芸術創造享受権が具体化したともいう．憲法第13条は，「全ての国民は，個人として尊重される．生命，自由及び幸福追求に対する国民の権利については，公共の福祉に反しない限り，立法その他国政の上で，最大の尊重を必要とする」と定めている条文である．そこでは，人権の一般的な原則が規定されているのみで，特定の具体的人権は規定されていない．そのため，同条はプログラム規定として倫理的意味合いしかもたず，直接的に具体的権利保障を裁判上主張することはできないと理解されてきた．1964年の最高裁判決（京都府学連事件）によって，第14条以下の権利と自由権の例示規定以外の権利と自由権であっても，13条は国民の活動する上での権利と自由権の根拠となることが示された．現憲法が審議された第90帝国議会においても，政府答弁では憲法で保障される基本的人権は憲法で列挙されているものに限らないとされていた．

この幸福追求権は自然権思想が根拠となっているため，相当な広範囲を示す．この追求権は第25条の包括的な社会権とならんで議論されてきたため，自由権の包括的基幹的規定であるという解釈と自由権のみならずもっと幅広く社会権・参政権を含むとする解釈がある．

文化芸術（振興）基本法では，「文化芸術を創造し，享受することが人々の生まれながらの権利である」と規定されているので，アメリカ独立宣言にあるような神によって与えられ譲ることの不可能な持って生まれた権利である「生命，自由，幸福追究」の権利に近いものを文化芸術創造享受権に想起させる．文化芸術創造享受権は自然権の一部であるとの発想に近い．文化芸術（振興）基本法の権利規定と憲法の幸福追求権の規定を見比べると自由権と考えることが妥当である．文化芸術創造享受権を基本的人権の保障として持ち出すなら，憲法の目的，従来の憲法解釈との整合性，権利としての独立性を考慮して，憲法上の権利として認めてよいとも思われる．つまり国会の立法裁量行為によって，表出してきた憲法上の権利として理解できよう．この表出によって，国は従来にまして文化芸術への自由保障責務を負ったと考えられる．

文化芸術への支援措置は，文化芸術（振興）基本法では主に国による享受機会確保のための環境整備だけであって，行政手段としては給付型行政を予定している．給付型行政では，パターナリスティックな視点から個人への価値付けがされやすい面があり，助成の条件として個々人の自由権の侵害も考えられないでもない．文化芸術振興基本法の国会審議過程（(2001 年 11 月 21 日)，参院文教科学委員会（同年 11 月 29 日)）では，文化芸術創造享受権を自由権であることを前提に審議が進められている．

国会の審議過程をみれば，文化芸術を創造・享受する権利は憲法が規定する自由権に包含されることが理解できる．18 世紀に，アメリカの独立戦争とフランスの革命後，「人は生まれながら自由・平等」との自然権の思想に基づいて人権宣言が出され，その趣旨に沿った近代憲法が制定された．日本の憲法を含む近代憲法は，人の自由を国家からの権力から守るところにあったわけで，その保障措置として国家の統治機構が規定された．人権は本来人間自体のもつ尊厳性と固有性に起因するものであるから，生まれつき誰もが持つものである．人権が憲法によって生ずるものと考えれば憲法によって人権の存在が規定されることになるので，人権は人の誕生と同時に賦与されたものであると考えねばならない．人権は国際人権規約[61)]に見られるように人権への解釈の進捗如何によっては，日本憲法に規定する人権以外の自由や権利の内容にまで広がることが予想される．国際人権規約 A 規約第 15 条には，文化活動とその成果の保護に必要な種々の自由権の保障などが規定され，文化的生活に参加する権利と文学的・芸術的作品より生ずる精神的・物質的利益の保護（文化芸術創造享受権に近い）が規定されている．国際法上の権利を日本へただちに導入することに対しては，憲法が最高法規性を有することから憲法上の権利との整合性が必要である．

以上の考察から文化芸術（振興）基本法第2条の「文化芸術を創造し，享受することが人々の生まれながらの権利である」との規定は，文化芸術活動は人権の1つであることを意味している．これは当然の規定であり，第2条第3項後段の「国民がその居住する地域にかかわらず等しく，文化芸術を鑑賞し，これに参加し，又はこれを創造することができるような環境の整備」を導き出すための規定である．

文化芸術創造享受権が社会権であるならば，国家に対して権利の保障のため芸術家や国民が一定の施策を求めることが可能になる．文化芸術活動にとっては自由がなによりも重要であり，国民から国家への積極的作用を求めることを認めると文化芸術の本質たる個々の芸術家・国民の芸術創造や鑑賞の自由活動に対して制限を加えられる可能性がある．

一方で現代の文化芸術作品は，19世紀までのように個々の芸術家によって社会に供給されているのではなく，ミルズ（Charles Wright Mills）がいう文化装置（文化産業）によって社会に供給されている状態が通常であろう．その装置を利用できない芸術家は事実上芸術作品が制作できず，発表の場が限定され奪われることがあるという指摘がある[62)]．したがって，国が積極的に文化装置の供給を行い芸術作品発表の機会を増やす工夫が必要である．基本法への改正では第36条で「文化政策推進会議」の国・地方レベルでの設置の規定，第28条での公共の建物での展示など行政側としての文化装置の整備が追加規定された．しかし，多くの文化装置は私企業領域にあるため私企業の協力なしには十分な芸術作品の発表はできないのだが，それらの支援については税制優遇も含め支援策が規定されていない．

文化芸術活動の創造や享受の内容は，「嗜好の蓄積」といわれるように個々人によって裁量的な面が大きくかつ住居地・社会階層・教育程度・所得など後天的に決定される要因に影響を受けるのはいうまでもない．このこと自体が文化芸術の創造や享受の特徴であるともいえる．芸術家が一律的・画一的な活動を行い国民が一斉に同一的な作品を同じ程度の機会で享受することは，文化芸術の本質と相容れない．国が一定程度のシビルミニマムの環境整備を行ったなら，芸術家や国民が国・地方自治体に対して文化芸術の発表機会の場提供や供給請求はできないと考えられる．

文化芸術活動の振興方策

文化芸術（振興）基本法は基本理念の下振興策を規定し，その実行を国・地方自治体に預けている．振興策を導き出すため，それを遂行するための根本的な理念として文化芸術活動の自由性を据えた．基本法への改正では，前文に自由権の1つである表現の自由規定を追加したがこれは念のため規定であろう．振興法のときでも表現の自由は，憲法からの要請や振興法の趣旨から十分くみ取れたからである．生まれつき持つ人権としての自由権に含まれる文化芸術創造享受権の自由権的性格から，国民や芸術家（団体）への支援策では，国・地方自治体から芸術家（団体）・国民への創造享受権面での制約は原則[63]行えず，行政施策としての具体的項目は環境整備に限定せざるを得ないのが文化芸術（振興）基本法の限界だろう[64]．

文化芸術（振興）基本法では，第8条から第35条にかけて基本政策として詳細に具体策が規定されている．振興法の審議過程でもっとも質疑対象となったのは，振興する文化芸術の内容に関する条文である．同法第8条から第14条にかけて，「文学，音楽，美術，写真，演劇，舞踊その他の芸術」（以上第8条）「映画，漫画，アニメーション及びコンピュータその他の衛電子機器等を利用した芸術（メディア芸術）」（第9条），「雅楽，能楽，文楽，歌舞伎その他の日本古来の伝統的な芸能（伝統芸能）」（第10条），「講談，落語，浪曲，漫談，漫才，歌唱その他の芸能」（第11条），「茶道，華道，書道その他の生活に係る文化（以上生活文化），囲碁，将棋その他の国民的娯楽（以上国民娯楽）」（第12条），「有形及び無形の文化財並びにその保存技術（以上文化財等）の保存及び活用」（第13条），「地域固有の伝統芸能及び民族芸能」（第14条）と文化芸術の類似形態ごとに分類されて規定されている．基本法への改正時点で，組踊り，食文化が追加規定されたが，政策内容は文化芸術振興基本法とほとんど内容的には変わりはない．

この類型別列挙は，旧文部省設置法・組織令・施行規則や従来の文化庁における文化芸術行政上の類型区分とほぼ同一である．ただし，宗教関係は憲法との関係から除かれている．人権としての宗教の自由を保障するため，憲法第20条では国家と宗教の分離の原則を規定し，その保障措置として第89条で宗教団体に対する公金支出の禁止を定め，財政的支援措置を禁止している．しばしば地方の伝統行事化している祭事に対して国から補助が行われるが，主催が宗教団体であっても平等中立に支援が行われるなら違憲ではないといわれる．

宗教団体が所有する文化財の保存活用への支援措置も同じである．文化財への支援措置は文化芸術（振興）基本法においても規定されているが，従来の文化財保護行政と趣旨は同じで何ら憲法上の宗教分離の原則を犯さないことはいうまでもない．

衆議院での審議過程において，支援内容による国の文化芸術への価値付けが行われるのではないかとの懸念が示された．文化芸術振興基本法に規定されている文化芸術のジャンルが重点的に支援されるのではないか，つまり公平性・中立性が脅かされるのではないかとの懸念である．審議過程で，文化芸術振興基本法の文化芸術の類型別列挙は例示規定であって，具体的例示を示した方がわかりやすいこと，元来振興法の特徴としてそのような例示規定が法令上の慣習であることを述べて支援策で差別をすることはないこと，例示されている文化芸術の類型を優先的に取り扱うことはないことが明確化されると同時に，所管予定庁である文化庁からも同趣旨の答弁が行われた．審議では従前より文化庁の文化芸術団体への助成配分が特定の文化芸術活動に重点配分になっていることやその選考に恣意的な評価が入る懸念があることも指摘されている．

従来の文化政策立案過程

文化芸術振興基本法（2001年12月7日）や文部科学省設置法改正により文化審議会が設置（2001年1月6日）される以前は，文化政策に関する基本方針は，文化庁の私的諮問機関である文化政策推進会議（文化庁長官裁定（1989年7月19日）による設置）によって制定された．それ以外には文化政策に個々に関わる関連諮問機関として，「8条機関」と称する国家行政組織法第8条を根拠とした文部省組織令第107条で，著作権審議会・国語審議会が文化財保護法第84条による文化財保護審議会が，また宗教法人法第71条による宗教法人審議会が設置されていた．それぞれの審議会は設置根拠の政令でその目的が明確に限定されていたため，文化全体に関わる総合的行政や政策について審議や提言をすることは難しかった．

文化庁以外に産業行政から通商産業省が，地方活性化から自治省が，国際交流面から外務省が，国土保全から建設省や国土庁が，観光面から運輸省が，それぞれの行政範囲に応じて文化を行政対象とした．その一例として，「地域伝統芸能等を活用した行事の実施による観光及び特定地域商工業の振興に関する法律」（いわゆるお祭り法，1992年6月28日施行）を挙げることができる．同法は名前から知れるように，地域のお祭り（無形文化財である伝統芸能）を活用して地域活性化を図ろうとするものである．1990 年代前半は，バブル経済の崩壊と地方の少子高齢化から地域社会が疲弊したため，地域活性化策として観光による交流人口の増加による地域経済の拡大が政治課題となった．この法律は観光が主体となっていたので運輸省主導で政府法案がまとめられた．

通常，閣法（政府提出法案）として国会に提出されるに当たっては，主務官庁と予定されている省庁が法案を企画立案し，その法案を関連省庁間で協議する．お祭り法案は伝統芸能である祭を地域資源として活用することが眼目であったので，運輸省から文化財主管官庁である文化庁に協議された．観光事業の活性化には，地域の商工業をも巻き込む必要がある．祭自体は単なる一過性のイベントに過ぎないが，使用される道具類の製造や観光業を成り立たせる地域の宿泊業・飲食業は，地域活性化の重要な要素となる理由から通商産業省（当時）が共同提案の主務官庁として加わった．

当時筆者は文化庁に勤務しており法案協議に加わっていたが，祭という文化財を保存や保護・伝承といった文化財行政の視点から取り上げるのではなく，地域活性化手段として活用しようとする法案はお祭り法が始めてで，文化財行政への新しい視点を持ち込むものであったため，文化庁には戸惑いもあった．お祭りによる地域活性化というアイデアは，「ディスカバー・ジャパン」の標語で，各地の文化財を観光に取り入れることで地域経済の活性化に成功した旧国鉄の観光政策が影響を与えたといわれている．文化芸術行政を扱うべき文化庁が主体となってお祭り法を提案し，政府部内をまとめたわけではなく，現在のように文化財を活用した観光産業活性化策を文化庁が先導的に行っているのとは大いに違っていた．

先ほど述べたように，従来文化芸術行政面では，文化財保護・宗教・著作権・国語など文化を細分化して，類型別に各種審議会で方向性を審議・提言してきた．そこには，文化芸術行政を総合的に推進する姿勢は見られない．1970 年代後半から地方自治体では，「文化の時代」をスローガンに総合的文化芸術行政が行われ始めた．同時に政府部内では，大平内閣による「地方の時代」グループが文化を行政面で重用視する姿勢を見せ始めた．文化庁としても，文化の類型別行政から総合化した文化芸術行政へと方向を転換する必要があった．そこで，文化庁として初めて総合的な文化政策を企画立案するため，1989 年には文化政策推進会議を設置し総合的な政策指向の提言をまとめようとした．

これが法的設置根拠を持たない私的諮問機関となったのは，行政改革面から新しい審議会を設けるためには代替としての審議会の廃止が必要であったためであり，その文化庁付属審議会は文化類型別審議会であったので整理することが困難であったことによる．文化自体の定義が法律面でも各種多様に使用され明確な行政上の定義が無く，文化庁が政府全体の文化政策動向を主導することは調整官庁（当時の国土庁，総務庁など各省の政策の調整機能が設置法ほかで定まっている官庁）ではない文化庁が所掌事務上出来なかった面によるところである．

文化政策推進会議は，文化を巡る環境の把握と分析を踏まえた新たな視野に立った文化政策の展開のための研究協議の場であったと同時に，文化庁の応援団的機能も果たした．その組織は，全体会議の下に企画運営，芸術創造，地域文化・生活文化，国際文化の各小委員会が設置されていた．

推進会議の行った提言・報告等は，「「文化の時代」に対処する日本文化振興の当面の重点方策」（1991年7月31日），「「文化情報発信社会」の基盤の構築に向けた文化振興のための当面の重点方策について」（1994年1月11日），「21世紀に向けた文化政策の推進について」（1994年6月27日），「新しい文化立国をめざして」（1995年7月26日），「「新しい文化立国をめざして」の具体的施策について」（1996年3月8日），「文化立国21プラン」（1996年7月30日），「文化振興マスタープラン・文化立国に向けての緊急提言」（1997年7月30日），「文化振興マスタープランについて」（1998年3月12日），「文化振興マスタープラン――文化立国に向けて」（1998年3月25日）などである．同じようなテーマで緊急提言や経過報告的なものもあるが，これはときどきの予算要求等への理論的裏付けとして活用された．

文化政策推進会議の設置目的やその審議報告等からみると，会議の多くは文化政策の基本方針とその重点的実施方策を提案することにあった．文化庁予算要求等への応援団的機能も果たしており，私的諮問機関といった法的設置根拠がないだけに，会議委員の知名度や社会的活動による幅広い意見提言と提言の発信力が期待されていた．

2.2.2　劇場法による劇場への直接支援制度

劇場法の制定の経緯と内容

「劇場，音楽堂等の活性化に関する法律」（以下，単に「劇場法」）は，文化芸術振興基本法の公布施行の11年後の2012年6月27日に公布施行された．同法も文化芸術振興基本法とおなじく，民主党政権下で音楽議員連盟の尽力により議員立法によって成立した．文化芸術振興基本法と異なり2012年6月14日に参議院文教科学委員会において最初に審議されたが，審議当日のうちに可決され参院本会議の議決を経て衆院文部科学委員会で同年6月20日に1日審議ののち可決，翌日の衆院本会議を経て同日に公布施行された．

「劇場，音楽堂」と法律名に示されているように，劇場法は，演劇・音楽等実演芸術を公演する劇場やホール（名称を問わない）における公演活動の活性化の向上を目指すことを目的としている．従来から貸し館といわれてきた地方の文化会館・ホールの活動を自主的活動へと支援することと，施設を使用する地域住民のアマチュア活動を促進することを目的とする．したがって，従来の貸し館から芸術活動を行う館への移行と公演作品の質的量的拡大，館利用の自主文化活動の発展が内容である．その目的達成手段として，館同士の公演作品の連携・共同制作，外国の館・芸術団体との交流が主事業として挙げられ，その事業のための支援策として，研究・調査や館運営人材の育成が規定されている．

劇場法第2条（定義）において，劇場が「実演芸術の公演を企画し，又は行うこと等により」と規定されていることから，劇場法の目的は劇場の活動（上記の第2条の定義）を向上させることにあるので，第3条各号列記の事業は各号が併記されてはいるが，劇場は1，2各号の事業に資することなく，単独で3号以下の各号事業を行うことはできないと解釈すべきである．たとえば，劇場機能（実演芸術を公演）を果たさず調査研究のみ行うことはできない．

劇場法が公布施行された翌年の2013年度から，文化庁は劇場・音楽堂等機能強化推進事業と称して約30億円の事業規模で各地の劇場に対して企画提案型事業を公募し，その中から4クラスに分けて補助金を交付してきた．この採択された事業内容を精査すると，劇場法第3条第3号以下の単独事業はない．
閣法であれば主管官庁は法案提案時に定まっているが，議員による立法では主務官庁が提案時に定まっておらず，しかも法案の成立によって行政庁が拘束されるため法案作成段階で内閣に対して法案への意見を求める．特に，予算を伴う法律であると憲法上予算は内閣のみが作成し国会に提出する権限をもつので，法律の執行を担保する意味から，法律成立後の法所管省庁と財政当局（財務省）は公式非公式に法案提案議員達に法案意見を伝える．

劇場法は劇作家の平田オリザが，民主党政権下において内閣参与として法案

表 2-1　劇場法と文化庁「検討会まとめ」の比較

劇場法の該当条	劇場法条文	文化庁検討会関係事項
前文	・文化芸術を継承し，創造し，及び発信する場であり，……地域の文化拠点.	・文化芸術がその役割を果たすための拠点.
	・活力ある社会を構築するための大きな役割	・活力ある社会を構築する機関
	・劇場は，公共財というもの	・劇場等の文化施設は，公共財というべきもの
	・実演芸術団体の活動拠点が大都市圏に集中	・文化芸術団体の活動拠点が東京をはじめとする大都市圏に集中
	・劇場を巡る諸問題を克服するためには，……設置運営するもの，実演芸術団体，国・地方自治体，教育機関の連携	・国・地方自治体，民間事業者，公演を行う文化芸術団体の連携
	・文化芸術の特性を踏まえた国・地方自治体設置の劇場の短期的経済効率より長期的継続的施策	・地方公共団体が設置する劇場は，経済性効率性の重視があり，文化芸術の特質を踏まえた長期的継続的な視点に立った施策
第 2 条（劇場の定義）	・文化芸術に関する活動を行うための施設及び施設の運営に係る人的体制により構成	・文化芸術活動を行い，……必要となる専門的舞台とこれらを管理・維持．運用する専門的職員と企画制作の職員を配置
第 3 条（事業内容）	・実演芸術の公演企画，実施	・実演芸術の企画・制作
	・実演芸術の公演または発表者の利用に供する	・実演芸術の公演・公開. ・実演芸術を鑑賞するもの，創造するもの，発表するものへの利用
	・実演芸術の普及啓発	同左
	・関係機関との連携	なし
	・国際的交流	なし
	・調査研究，資料収集	同左
	・人材育成	同左
	・地域社会の絆の維持強化	なし
	・実演団体は，劇場等への協力	同左
	・国は，劇場等の環境整備	同左
	・地方自治体は地域特性に応じた施策の策定と劇場等の積極的活用	同左
第 4 条から 7 条（劇場関係者の任務）	・設置・運営者は実演芸術水準向上を積極的に果たす	同左
	・実演団体は，劇場等への協力	同左
	・国は，劇場等の環境整備	同左
	・地方自治体は地域特性に応じた施策の策定と劇場等の積極的活用	同左
第 9 条	・国地方自治体は助言，情報提供，財政上・金融上・税制上のの措置等を講ずる（努力義務）	なし
第 10 条	国は，芸術上価値の高い実演芸術の継承と発展を図るため，独立行政法人（実際は，日本芸術文化振興会：新国立劇場，国立劇場，芸術文化新興基金）を通じた劇場等の事業と地方自治体が行う劇場等の事業への支援活動	芸術のトップレベルの水準維持と継承，支援のための国立劇場，新国立劇場等の活用
第 11 条と 12 条	国における情報発信のための劇場等の国際交流事業への支援と地方自体の劇場等事業の施策を講ずるほか，国の地方での劇場事業への支援	同左
第 13 条から 15 条	国・地方自治体の劇場運営専門家養成とその能力向上施策の実施．鑑賞者の養成のための学校教育との連携	同左
第 16 条	文部科学大臣による劇場等活性化指針の策定（任意）	同左

（注）左右の欄の項目はそれぞれ内容的に対応する.
（出典）筆者作成.

作成に協力したといわれる．平田も「劇場を通じて，劇団や個人へと助成をする制度の方が合理的で健全であるということは，拙著『芸術立国論』以来，私の変わらない主張です．現在議論になっている，「劇場法」（仮）の制定に向けての動きは，劇場に対する新しい支援のスキーム作りにとって，追い風になることは間違いありません」と述べている．劇場法は議員立法といいながら，平田の関与から閣法と実質的に変わらないと思われる．実際，文化庁は平田参与が強力に閣内で劇場法成立を進めることがわかった時点で，2010 年 12 月に，「劇場・音楽堂等の制度的な在り方に関する検討会」（以下「検討会」）を設け，劇場法への対応を行っている．同検討会は，約 1 カ月に 1 回程度のペースで 11 回の検討を行い，2012 年 1 月に検討会報告書を「検討会まとめ」として発表した．**表 2-1** に「まとめ」と「劇場法」を比較する．

「まとめ」は条文内容と相当重なっており，「まとめ」の方が劇場等の事業内容，関係団体との連携，人材育成の具体的方策面で詳細に書き込まれている．平田の提案と従来からの関係者（特に，日本芸能実演家団体協議会，全国公立文化施設協会）の提言（それぞれ，2009 年と 2011 年に発表．後者では文化庁の検討会審議と時期的に合わせて検討している）の動きをとらえて，文化庁は文化審議会文化政策部会からの指示という形で検討会を設置し平田提案への対策を行ったものと思える．2003 年には指定管理者制度が公立文化会館（劇場・音楽堂）に導入されたことも劇場・音楽堂への本格的支援方策検討への要因といえる．先に導入された指定管理者制度の委託者評価基準では利用者数が文化会館の評価手法として用いられ，公演の質的面より鑑賞者層拡大のための公演が行われるなど商業劇場と変わらない公立文化会館の運営があり，文化芸術団体や公立文化会館関係者から文化芸術振興基本法に規定する質の高い芸術の平等的提供を蔑ろにするとの懸念が出ていた．小泉政権下での民営化政策は，会館設置者を地方自治体から財団などに移管する動きを加速した．民営化は地方自治体からの補助勤削減に繋がり文化会館の財政的基盤を弱くするので，文化会館運営者や劇団関係者の危機感があった．劇場法は，文化庁，実演芸術家，劇場関係者を含めた劇場をめぐるステーク・ホルダーによる劇場強化策の実現ともいえる．

劇場法制定後の施策の課題

劇場法は，2012 年 6 月 21 日に可決成立し，同月 27 日から施行された．2012 年度途中の公布施行なので，予算は 2013 年度から措置される．成立時の

表 2-2　劇場法成立前後の文化庁事業の予算の変化

（単位：千円）

主な事業名	2012年度予算	2013年度予算	差し引き	削減・増加率（%）
文化芸術創造都市	33,927	10,635	−23,292	−68.7
国際文化交流	2,116,788	2,072,636	−44,152	−2.1
文化財研究所補助	6,883,691	4,801,955	−2,081,736	−30.2
平城宮跡地整備	110,621	90,590	−20,031	−18.1
史跡購入費	14,107,229	11,412,160	−2,695,069	−19.1
文化遺産活用観光事業	5,811,275	2,680,412	−3,130,863	−53.9
国宝重文保存整備補助	8,944,373	836,292	−8,108,081	−90.7
平城宮管理費	393,536	373,924	−19,612	−5.0
世界遺産外国人招聘	13,504	4,129	−9,375	−69.4
鑑賞体験教室	360,742	503,080	142,338	39.5
国立美術館施設整備	5,347,281	5,104,264	−243,017	−4.5
国立美術館管理費	7,783,702	7,312,924	−470,778	−6.0
メディア芸術祭	724,904	673,676	−51,228	−7.1
メディア芸術振興	1,142,567	1,083,453	−59,114	−5.2
文化創造地域発信事業	3,215,266	2,614,831	−600,435	−18.7
上記までの合計	56,989,406	39,574,961	−17,414,445	−30.6
劇場・音楽堂等機能強化推進事業	0	3,002,900	3,002,900	—
文化庁予算総計	103,200,232	107,008,046	3,807,814	3.7

（出典）当該年度文化庁予算より，筆者作成.

6月は8月末日の財務省概算要求締め切り期日までには，ぎりぎりの予算作業日程である．文化庁としてはすでに検討会での審議過程や音楽議員連盟の動き，法案準備作業内容には十分知悉していたはずであるから，法案成立を見越して予算要求作業を行っていたと思われる．劇場法成立で予算要求に弾みがついたことは事実である．**表 2-2** は劇場法の成立前と施行後の文化庁予算の比較を示す．文化庁予算は，全体として約4％弱の伸びである．劇場・音楽堂等機能強化推進事業は劇場法を根拠として，新規予算として計上された．その額はおおよそ30億円で文化庁の新規事業規模としてはかなり大きい．文化庁全体としてはシーリングのためほとんど伸びていないので，機能強化事業の代わりに大きく減少したのは，国宝重文保存整備補助（90.7％減），世界遺産外国人招聘事業（69.4％減），文化芸術創造都市事業（68.7％減），文化遺産活用観光事業（53.9％減）であった．予算額の規模面で10億円以上減少したのは，国宝重文保存整備補助（81億円減），文化遺産活用観光事業（31億円減），史跡購入費（27

億円減），文化財研究所補助（21 億円減）の各事業である．文化財保護関連予算が，劇場拠点事業の新規予算の代替財源として扱われている．もともと文化庁予算の約 4 分の 3 は文化財関連予算であるといわれ，その傾向は文化庁発足以降ほとんど変化がなかった．文化庁が 1963 年に発足するに当たり，文部省の外局としての文化財保護委員会に本省の社会教育局を中心とする芸術関連部局を加え文化庁が発足したが，予算も文化財を主体にそれに文化芸術関連予算を加えたため歴史的に文化財予算が大きい．

文化庁発足の母体となった文化財保護委員会は，明治時代に成立した文化財保護行政の重要美術品輸出禁止令の延長線にあたる文化財保護法を所管する文化財保護部局であった．歴史的にも「文化芸術行政＝文化財保護」という枠組みが長く続き，一方，文化芸術行政は基盤となる法制度も進まず，予算も保護事業費の約 3 分の 1 程度という状態であった．ところが，文化芸術振興基本法・劇場法などの文化芸術全般を振興する法整備が進み，予算要求の契機を作った．文化庁予算全体としては文化関係者が長官に就任した 21 世紀目前の 1998 年度予算から約 1,000 億円と伸びていない．詳細に述べると，1968 年の文化庁発足以来 2000 年度までの文化庁予算の年平均増加率は 8.6％であるが，2000 年以降の増加率は 1.1％である．政府予算案が，ゼロ（マイナス）シーリング下であった 1990 年度以降から 2000 年度までの文化庁予算の増加率は年率平均 6.4％もあったが，2001 年に文化芸術振興基本法が成立してもその伸びを増やすことは難しかった．

全体の予算が伸びないので，新規予算計上のためには他の予算を削る必要が出てくる．財務省への概算要求基準を満たすためには，外局としての文化庁予算を増加させるために文部科学省本省部分の予算を削ればよい．財務省への文部科学予算要求額は最終的には文部科学大臣が省議を経て予算を決定するが，その事前省内協議として局長等会議で文化庁予算の増額を文部科学省全体で認めてもらう必要がある．局長等会議に局長クラスとして文化庁次長（長官の次の職階）が構成員として加わるが，本省の局長と次長とでは処遇が異なるので文部科学予算枠中での拡大要求はかなり困難であるといわれる．**図 2-2** に 1973 年度から 2021 年度の 49 年間に渡る「文化庁／文科省予算」を掲載した．2000 年度以降は旧科学技術庁と合併したので文部科学省予算であり，1993 年度から 1999 年度の分母の予算額は，『教育白書平成 13 年度版』に記載されている旧科学技術庁と文部省予算の合計値である．

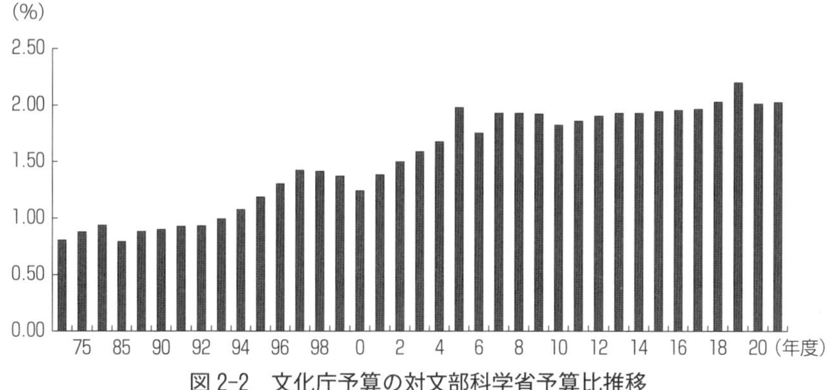

図2-2　文化庁予算の対文部科学省予算比推移

（出典）文部科学省各年度予算より筆者作成.

文科省各部局はセクショナリズムから自らの予算枠を削って文化庁枠として提供することは考えられないので，文化庁枠内での調整の上の新規予算計上となるから，当然もっとも額の大きい事業の予算がその「削りしろ」候補となりやすい．少額の事業予算といえどもその事業にかかわっている芸術団体や文化活動もあり，かえって少額予算は削るのが困難であるし削っても絶対額は小さい．

これをみると，文化庁の文科省にしめる予算割合は2005年度まで順調に伸び，1993年度では0.92%であったが，2005年度には1.98%とほぼ倍増している．その後現在までは約2%程度で推移しているが，同期間文部科学省予算全体は減少しており，2000年以降科学技術庁と文部省が統合されて文部科学省になってからは，毎年3%から1%程度（金額にして年平均にして900億円程度）減少していた．最近の10年間は文部科学省予算はほとんど変化しておらず文化庁予算比もほとんど横ばいで，絶対額としての文化庁予算は頭打ち状態となっている．

劇場法による劇場・音楽堂活性化策

劇場・音楽堂等機能強化事業の内容について検討したい．同事業は劇場法が2012年度に成立施行されたことを受けて，翌年度の2013年度から事業が開始された．当初2013，2014年度の2年間続けられていた事業だが，2018年度からは日本芸術文化振興会が事業委託を受け，文化庁と同じ専門家による審査会方式で採択を決定している.

補助対象となる劇場とは，いわゆる劇場法で第２条第１項で定義された「劇場，音楽堂等」であり，「文化芸術に関する活動を行うための施設及びその施設の運営に係る人的体制により構成されるもののうち，その有する創意と知見をもって実演芸術の公演を企画し，又は行うこと等により，これを一般公衆に鑑賞させることを目的とするもの」である．補助対象として，「音楽，舞踊，演劇等の実演芸術の創造発信や，専門的人材の養成，普及啓発に対する支援を行うこと等により，日本の劇場，音楽堂等の活性化と実演芸術の水準向上を図るとともに，コミュニティに支えられた豊かな地域づくりを推進することを目的として」いる事業である（劇場法第２条第２項の定義を引用）．その具体的事業内容としては，劇場法第３条に規定する４種の事業（「特別支援事業」「共同制作支援事業」「活動別支援事業」「劇場・音楽堂等間ネットワーク構築支援事業」）のみである．

各事業の内，ネットワーク事業を除いた各事業別の事業予算について**表 2-3**に示す．事業開始の文化庁直接補助年次の 2013，2014 各年度を比較すると，事業総額にはほとんど変化がない．全体事業費として１％強程度の増加であり，

表 2-3　劇場・音楽堂等機能強化補助金の推移

事業名	2013 年度予算	2014 年度予算	2019 年度予算
特別支援事業合計（n：17）	942,414	944,434	833,774
上記事業の合計に対する割合	38.2%	38.0%	33.5%
標準偏差	10,631	10,470	8,750
変動係数	0.17	0.17	0.17
平均	62,828	62,962	52,111
共同制作支援事業合計（N：3）	141,846	147,688	108,426
上記事業の合計に対する割合	5.7%	5.9%	4.5%
標準偏差	20,518	26,693	8,750
変動係数	0.75	0.94	0.16
平均	47,282	49,229	54,213
活動別支援事業合計（n：89,91,92）	1,385,290	1,393,840	1,477,377
上記事業の合計に対する割合	56.1%	56.1%	61.1%
標準偏差	1,274	1,252	10,638
変動係数	0.77	0.78	0.66
平均	15,565	15,317	16,058
合計	2,469,550	2,485,962	2,419,577

（注）予算，標準偏差の単位は千円.
（出典）文部科学省予算・日本芸術文化振興会決算書より筆者作成.

各事業も事業に半分程度が「活動別支援事業」に当てられ，4割弱が「特別支援事業」残りの全事業費の20分の1程度が「活動別支援事業」である.「劇場・音楽堂等間ネットワーク構築支援事業」は，実演芸術を鑑賞できるよう「劇場・音楽堂等又は実演芸術団体」が企画制作する実演芸術の巡回公演助成に当てるため事業費の2分の1を上限として補助する事業であるが，事業費総額として大きくないことや劇場がグループを組んで行う事業なので，劇場事態の事業としての認識が当事者に少なくやや他人任せ的になっているため，他の事業と性質が異なるため除いてある.

補助金の合計をみれば若干の落ち込みはあるものの当初より総額24億円程度であり，活動別支援事業の助成総額・対象劇場数が拡大して現在では助成額総額の60%程度となっている.「特別支援事業」だけは，数年間事業が継続して行われるので，2013，2014年度では同じ事業が採択され，採択件数は現在までほぼ固定的である. 助成対象もほぼ変更がない. 採択率を見てみると「特別支援事業」は16件応募して15件採択であり，2019年度も1件のみ不採択であった.「共同制作支援事業」は応募事業が年度により対象は若干異なることもあったが，2019年度まで応募対象はすべて採択されている.「活動別支援事業」は2013年度が113件の応募に対して89件採択（採択率78.8%），2014年度は114件応募で91件採択（79.8%），2019年度は123件に対して92件採択（74.8%）と，「活動別支援事業」が少し低い採択率となっているが応募すればまず採択される可能性が高い.

一方，類似の公募事業である芸術文化振興基金の「文化会館公演活動事業」では，助成を始めた1990年度以降の助成実績では，4,933件の応募に対して，2,990件が採択され採択率は60.6%と約4割は不採択となっている. その1件当たりの助成額は約117万円と基金助成が開始されて以来ほとんど変化がない. 基金の「文化会館公演活動事業」と劇場・音楽堂等機能強化事業の「活動別支援事業」は助成対象内容が類似するだけでなく，1件当たりの助成金額も非常に似ている. 文化庁・基金側双方に助成申請をすることも原則可能だが，助成が決定した時点でどちらか一方の助成しか得られない. 通常は劇場・音楽堂等機能強化事業の決定の方が早いので，基金側に申請する段階で補助事業者（主催者の文化会館）が申請を取り下げているようである.

劇場法が目的としている劇場活性化手段として，実演芸術の水準確保や向上を目指す事業である特別支援事業は，国が率先して行う水準確保としての先導的事業として意義がある．実演芸術の鑑賞機会の確保等裾野を広げる事業は，基金側事業とかなり重なっている．劇場・音楽堂（文化会館）側からみれば助成メニューの多様化は採択の可能性が広がるので望むことであろうが，政府資金の有効な投資という観点からは助成の一本化や整理が必要であろう．基金助成事業と当時の文化庁助成事業との区分について，当時の国会審議を見てみたい．

劇場法による助成事業と基金助成事業の相違

芸術文化振興基金は1990年4月に発足したが，旧国立劇場法が芸術文化振興会法に改正され，振興会の下に芸術文化振興基金が造成された．その国会審議は，1990年3月27日衆院文教委員会及び同月29日参院文教委員会で審議され可決された．

衆院文教委員会審議過程では，文化庁側から基金からの助成についての必要性について，「実施事業自体が継続的あるいは安定的な財源を確保する必要がある」ことが指摘され，「さまざまな芸術文化団体とか各地域の多彩なニーズ，活動に応じて運用そのものも弾力的あるいは機動的に対応することが必要である」ことを述べている．文化庁としては従前より「芸術活動の基盤を整備するという角度でいろんな政策」を行ってきたが，それも継続して「基金におきましては芸術文化の多彩な展開と普及に資する活動を助成する」のが眼目だと答弁している．文化庁の事業と基金の事業との整理として，「文化庁自体は，中核的な芸術活動あるいは芸術団体の基盤的な活動に対して今後とも援助を続け」，「基金の方は，多彩な芸術文化活動の展開に対して援助をしていく考え方」として区分している．文化庁助成は，「芸術文化の水準を高めるということを主たる目的として中核的な芸術団体の基幹的な活動に対する助成」であり，芸術文化振興基金助成は「文化のすそ野を広げるということを主たる目的」とし，「地方公共団体や文化団体が行う文化による町づくり事業に対しても援助をする」こととしている．助成条件として「商業ベースでは採算のとれない，すぐれた芸術活動」を挙げている．

以上の審議過程やその後の基金助成制度の趣旨からは，文化庁は中核的・全国に跨る事業への助成，基金はむしろ地域住民への鑑賞機会の確保やまちづくり等地域活性化につながるような文化事業への助成が考えられていた．

この審議過程・劇場法審議過程，文化庁の検討会での劇場法に関する議論過程を比べると，基金造成の審議では文化芸術活動が自由であること，芸術家や芸術団体への助成は彼らの考えを尊重しかつ国家の介入がないような助成制度（具体的には複数の専門家集団による審査）が議論されている．劇場法の審議過程では文化芸術が社会の構成要素であり，劇場が公共財であるといったような社会との関連議論がとりわけ目立つ．すなわち，劇場を活性化することによって社会（今過疎化，少子化，限界集落等地域社会）の機能喪失といった社会面，経済面への劇場の効果が議論されている．この相違は，1990年当時と2012年当時の日本の地域社会の在り方が相当異なってきたことに影響を受けている面がある．

劇場・音楽堂への助成は，劇場・音楽堂を実演場所として活動する芸術家・芸術団にその活動費の一部分として劇場側を通じて支払われる．この制度の趣旨からは，劇場法と劇場法に基づく支援事業では，劇場がその運営方針の下公演制作を行いそれに合致する芸術家（団）を決定するように，あくまで劇場側が公演制作を主導する．劇場・音楽堂が時として，公演内容に介入することも考えられる．これは国が劇場を通じて給付型の行政を行っている形で助成を通じたある特定の価値観や基準（優れた作品とか地方活性化に役立つとか）にもとづく給付となる可能性について芸術家（団）側の懸念を招くことになる．劇場・音楽堂側としては入場者数の確保は，運営の財政的健全化や地域住民への利用に貢献している「地域の公共財」的性格を持つことにつながるから，入場率の上げやすい実演芸術を選択することが多いのは事実だろう．

2.2.3　観光立国と規制緩和を背景とした文化芸術振興立法

文化観光拠点施設を中核とした地域における文化観光の推進に関する法律（「文化観光推進法」）

文化観光推進法は文化資源を地域活性化のために活用するための根拠法令であるが，この背景には，2016年3月3日に安倍晋三首相が主導した観光ビジョン推進構想会議（官房長官主催）でとりまとめた観光ビジョンによる「2020年までに訪日外国人観光客数4,000万人」といった政策目標がある．その政策目標を具体化するための行政計画である「観光立国推進基本計画」（2017年3月28日閣議決定）に沿う政策実施法である．

従来から文化庁では文化財への保存活用（観光資源化）事業として，地域文化財総合活用推進事業（2020年度予算72億円）・日本遺産活性化推進事業（同7億円）・地域文化財総合活用推進事業（同17億円）などがあったが，さらに上乗せ的な政策資源の投入を行う制度改正である．法案自体は閣法であるが，反対派のいない全会一致の議決となった．したがって，衆参両院の文部科学委員会・文教科学委員会とも1日の審議であった．法律の趣旨としては文化財など地方の文化資本を観光業などに活用して観光客の呼び込みを行い，地域産業の成長拡大を文化資源への再投資につなげるのが提案理由として国会で述べられたが，そのスキームは明確ではない．具体的政策と予算は文化資源特に文化財を保存展示している地方の博物館の機能強化策であり，博物館等文化拠点機能強化・地域文化観光推進プラン（2020年度20億円）が関連予算である．地方の博物館に20億円程度の機能強化費を支援するだけで，地方の博物館への観光客が増加し地域産業が成長するとはとても思えない．経済産業省が発表しているように観光業は生産性のきわめて低い産業であり，通常の経済政策では生産性の低い産業から生産性の高い産業へと産業構造変化を促すのが正当であるし，生産性の低い産業は経済波及効果も低いので経済政策的にはおかしなスキームである．経済産業省の資料でも地方の活性化を促す産業として，地域外からも資源・資本を導入していること，産業規模が大きいこと，労働生産性が高いこと，地域内への波及効果が高いこと，設備投資を積極的に行っていることが挙げられているが，地方の貧弱な観光業ではこの条件には該当しないケースが多い．

法律の枠組みとして文化資源（特に博物館）を活用して地域経済活性化策を目指しているが，実質は貧弱な日本の博物館の機能強化策といえる．博物館は国立の博物館でも職員は100人以下であり，欧米諸国の国立や大規模私立博物館の10分の1程度である．インターネット時代にあってそれを活用した広報・展示も予算・職員の制限から十分行われず，その状況は経時的次第に悪化している．文化庁委託調査（「持続的な博物館経営に関する調査」(2018)）をみても，相当博物館を含む博物館数は現在5,700館程度で頭打ちであるが，1館あたりの予算は現在1993年度の3分の1程度の約2,600万円である．博物館全体の52%に毎年の資料購入費もなく，学芸員数も減少傾向である．博物館の付加価値生産に関わる資本財である資料と労働に当たる学芸員は双方とも経時的に減少しつつあり，展示・研究・教育といった生産が非常に低くなってきている．この原因として，首長部局への博物館行政の移管もあると思える．特に，第9次地方分権一括法（2019年6月）により，博物館法・「地方教育行政の組織及び運営に関する法律」が改正され，従来の博物館行政が教育委員会から首長部局に変更となった．博物館への予算措置が首長の裁量行為により減少され，恒常的な運営費に事欠く可能性が高くなった．

文化財保護法の改正

本法は閣法（政府提出法案）であるが，提案理由として「過疎化・少子高齢化などを背景に，文化財の滅失や散逸等の防止が緊急の課題であり，未指定を含めた文化財をまちづくりに活かしつつ，地域社会総がかりで，その継承に取組んでいくことが必要．このため，地域における文化財の計画的な保存・活用の促進や，地方文保護行政の推進力の強化を図る」ことが目的とされている．この改正法と同時に博物館法・図書館法も改正され，「まちづくり，観光など他の行政分野との一体的な取組の推進等のために地方公共団体がより効果的と判断する場合には，社会教育の適切な実施の確保に関する一定の担保措置を講じた上で，条例により地方公共団体の長が所管することを可能」とする原則の下，文化財行政と社会教育行政が首長部局に移管可能となった．「まちづくり，観光など他の行政分野との一体的な取組の推進」に現れているように，本来文化財行政や社会教育行政は，その行政対象が地域の文化財（あるいはその所有者・管理者），住民といった地域で完結する人・物である．ところが地域振興として地域産業の活性化を図るがその中でも観光・宿泊・飲食業のために，観光客（交流人口）を当該地域に招き入れるための文化資源として博物館・文化財を利用しようとする意図で一連の法改正が行われた．文化財保護・社会教育行政は，前者は開発主体者となる首長部局からの独立的要請面から，後者は憲法・教育基本法の趣旨である教育を政治的な活動から距離を置くために教育委員会事務とされてきた．この法改正は，政府の規制緩和行政と官邸が強力に押し進める観光ビジョン構想と規制緩和が一体化したものといえる．規制緩和の中では，地方分権改革有識者会議・提案募集検討専門部会（2017年7月7日）に，徳島県・鳥取県・山口県・大分県等から「文化財保護行政の所管組織の選択制」が提案され，その提案理由を大分県は「文化財を活用した観光振興，地域振興を図るための法制の見直し」と文化財を資源とした観光客誘致を挙げている．この提案は重点事項（重点的に議論を深める必要）とされた．これに先立つ2009年12月4日の規制改革会議（内閣法38条にて設置された総理大臣の諮問機関で，現在では規制改革推進会議へ衣替えされている）では，「教育委員会の設置の選択制の導入」が重点取組課題として，「緊急性が高い「チャレンジテーマ候補」」として挙げられていた．文化財保護行政の教育委員会所掌事務から首長部局への移管は，従来の規制緩和路線とその後強力に押し進められた地域観光策が一体化した法制度改正といえる．

一応の担保措置は置くものの，原則的には文化財行政は首長部局に移管され地域観光の資源として活用される．地方自治体が文化財の活用策をビジョン化した文化財保存活用地域計画（都道府県は文化財保存活用大綱，市町村は文化財保存活用地域計画）を策定し，国の認定を受ければ国からの一部の文化財行政（重要文化財及び史跡名勝天然記念物の現状変更の許可等の文化庁長官の権限に属する事務の市町村への移譲，国の登録文化財とすべき物件を提案）が可能となった．地域計画を審議する地方文化財保護審議会・協議会のメンバーには，商工会・観光関係団体が必置であり，従来置かれていた市町村の文化財保護委員会（任意設置）では，構成委員が学識経験者主体であったから，文化財の観光利用へとスキームが変更されたといえる．

文化観光推進法と併せて，地方の文化財や博物館が地域観光の資源化されていることは明白であるが，それによって地域産業が活性化し地域振興が図られるなら，過疎化が進み消滅可能性都市が増加しつつある現在有効な地域政策と期待される．

問題点は，地域の振興策として生産性がきわめて低い観光業（飲食業・宿泊業を含む）を地域活性化の手段として振興策を行うとしている点である．経済産業省の資料でも地域経済分析の視点からは，「域外から資金を稼いでくる産業の集積を促進し，競争力を強化」する産業として，労働生産性が高い，産業の規模が大きい，地域経済への波及効果が大きいなどを挙げているが，その条件に地域の観光業は該当していない．文化資源への投資（保護や博物館機能強化）が，地域経済の成長・規模拡大を通じて付加価値増加を生み，その一部が文化資源の文化財・博物館への再投資になるためには，観光業等が直接文化財保護や博物館へ投資するか，税収入を通じて政府が間接投資しなければならない．その再投資係数が不明な上，民間による再投資には税制支援が十分でなく，また税金を通じた投資においては税の目的税・特定財源化が必要であるが，その実現は極めて困難である．

注

1）トフラー（Alvin Toffler）は，アメリカの芸術家と実業家との相互不信や阻害意識について述べているが，実業家は芸術の興行主として利益を見出して折り合いをつけるという．Toffler, A. (1972). *The culture consumers: A study of art and affluence in America*. New-York: New York: Random House.

2）東京芸術大学は，東京大学と同じ時期に美術学校・音楽学校として設立され，そこでは西洋芸術をお雇い外国人・留学教員によって取り入れその成果で中等教育教員の養成を行った．そのことにより明治政府は全国一律の西洋芸術を広めた．

3）アイヌは独自文化をもつ先住民族として認知された（2008年の第169回国会における衆参本会議での決議）．同決議や「アイヌの人々の誇りが尊重される社会を実現するための施策の推進に関する法律」（2019年公布施行）に基づき，同法の指定法人である公益財団法人アイヌ民族文化財団が行うアイヌに関する総合的かつ実践的な研究の推進，アイヌ語の振興，アイヌ文化の振興，アイヌ文化伝統者の育成などについて補助を実施した．2020年にはアイヌ文化の振興等を図るため北海道白老町のポロト湖畔にアイヌ文化復興等のナショナルセンターである「ウアイヌコロ　コタン（民族共生象徴空間）」（愛称：ウポポイ）が開業した．

4）国民の代表は議会を構成して政策目標を定め国民から委ねられた権力を行使するが，その決定過程では実務的に多数決で決定される．多数決で決定されるべきでないことまで議会が決定することが無いように議会の立法権には制限がかかる．文化芸術面では，本来個人の自由な活動である文化芸術活動や鑑賞行為まで，国家が給付的行政で一定の価値でもって個人や団体に助成する行為が妥当かどうか，議論がある．奥平康弘(2003).『憲法の想像力』日本評論社．なお同書は，種々の論文・エッセイ等をまとめたものである．

5）戦後のドイツの憲法学では客観的価値付けの考えの下に，権利の保障を直接憲法に見出すことが当然視された．日本でも同じように考えるとすれば，文化芸術を創造する権利や享受する権利を国家が国民に保証することが当然となろう．1946年に制定されたフランス第4共和国憲法は前文13項目に，国民平等に文化へのアクセス件を認めていた．さらにEUマーストリヒト条約第3条にも加盟国の文化の繁栄に貢献すべきと記載されている．そのほか，イタリア憲法第9条には文化の促進と文化財の保護が唱われている．なお，フランス憲法・マーストリヒト条約の規定中の 'culture' を「文化」と訳すか「教養」と訳すかで解釈が異なってくる．阿部照哉・畑博行編（2009).『世界の憲法集』．有信堂高文社では「教養」と訳している．

6）文化芸術活動の結果生まれるものを芸術作品という．芸術作品には，作者の思想性と表現力が表されており，その作品を通じて鑑賞者が，作者の意図や思想性を見いだす．簡単にいえば，作品は一種の作者と鑑賞者をつなぐメディアである．なお，芸術作品は一度評価が定まると時間（歴史）・空間（国際的広がり）を超えて，その評価価値が存在することがあり，その結果作品には固有価値が内包するといわれる．一方で，盗難や毀損を防止するための保険額あるいはオークションでの見積価格の決定などで，金銭評価に変えられる．作品はほぼ１点ものであるから普通の同種多数の商品と違い「金には換えられない」というが，経済面では商品として扱われる．

7）杉原は，「具体的給付等のための基本方針をみずから策定しうるかどうかも問題となる．政府等にその策定を認めつつも，その解釈は文か専門職に留保されることによって，文化の自立性を確保することができる」とし，「これを最低条件とするが，十分条件であるかは，なお問題」と考えている．杉原泰雄（2005）．『憲法の「現在」』．信山社．この問題については，文化芸術（振興）基本法，劇場法でも課題となる．

8）竹下内閣での「ふるさと創生事業」において，伝統的旧屋を保存し活用したい観光業者や地方自治体と税法上・日常生活上不便を来す住民との衝突が見られた．この場合は，旧住民が旧屋を壊し，外部から入ってきた業者や新住民が保存の動きを見せた．このように，新旧が破壊・保存に比例的に繋がるわけではないことに文化の保存の難しさがある．

9）憲法第19条で「表現の自由」を保障するが，日本憲法は「思想の自由」も保障している．芸術表現自体を保障すれば，その作品に込められた思想性が社会に伝わると思えるが，日本の戦前の特高による思想面での取り締まりの経緯を考えてのことかもしれない（土屋英男（2005）．『基本法コンメンタール憲法』．日本評論社）．

10）「公権力を設定したとき憲法は，価値選択の世界には国家権力は入り込んではならないということを前提にした」（奥平康宏（2000）．『憲法の想像力』．日本評論社）．

11）芸術作品の表現方法によって，取締まり対象となりやすい芸術家とそうでない芸術家に分かれる．文芸，絵画，演劇は表現方法が具象化しやすく，取締り当局にわかりやすかったが，音楽は音で表現するため抽象的であるので取締まりの対象とはなりにくいこともある．音楽分野ではプロレアリア運動を行った吉田隆子しか抑留されていない．同氏の逮捕理由は思想運動を行ったためである．戦後，進駐軍の検閲は演劇では台本検閲であったが，音楽は曲名だけの届け出で済んだ．

12）ルーカス（Robert Lucas）によるマクロ経済政策への批判．1980年代，ルーカスは従来のケインズ・マクロ経済学はモデルの構成式のパラメータが定数として決まっており，国家がそのモデルに沿って経済政策を行うと発表した途端に経済主体はその結果を予測して行動するので，国家の意図した経済政策の結果は出ないと従来のマクロ経済政策を批判した．その後，経済主体が合理的行動をとるミクロレベルの経済行動を集合したマクロ経済学が発展した．

13）アメリカ憲法では「内心の自由」は直接規定されていない．諸外国の憲法においては，信仰の自由ないし信教（宗教）の自由・言論・表現の自由の保障規定と別の規定で，思想及び良心の自由を保障する例は，二，三の憲法を除いてはほとんど見当たらない（芦部信喜・高橋和之補訂．（2015）．『憲法　第六版』．岩波書店）．

14）橋本徹大阪府知事が行った文化芸術団体（在阪オーケストラ，文楽協会）への助成削減は，芸術団体のみならず，住民の関心が集まった．日本経済新聞は「文化・芸術振興，劇場法が問う橋下改革」として問題視している．（『日本経済新聞電子版』（2012年6月16日），『読売新聞』（2011年2月3日）など参照）

15）「中教審では芸術文化振興上の総合的な政策課題に関する事項について専ら調査審議が行われた実績はこれまでなく」「文化財保護審議会は，……芸術を含む文化芸術行政全般について調査審議することは所掌事務からみてできない」と，総務庁の行政監察報告書は述べ，芸術文化の振興策について基本的方針と文化政策の基本課題を検討する過程では国民各層の意見を反映すべきとされ，文化政策に関する調査審議機能の充実を図れと勧告している．総務庁．（1995）．「芸術文化の振興に関する行政監察」．

16）文化庁は，1989年に「社会における文化の役割が増大する中で，文化関係の施策を格段に強化する必要がある」ため文化政策推進会議を設置した．文化庁（1999）．『新しい文化国家の創造をめざして』には，文化政策を文化を巡る環境変化を把握・分析し，新たな視野の下に政策を展開するべきであるとした．その後独立行政法人化や数量的政策評価の文化施設への導入を考えると，まさにアメリカ行政学の考えが文化政策に反映された．

17）宮川公男（1994）．『政策科学の基礎』．東洋経済新報社．同書には，ラスウエル（Harold D. Lasswell）のことばを引用して，政策科学の基礎として目標の明確化・現状把握・諸要因の関連性分析・将来の予測・代替案の創案が挙げられているが，自然科学の手法である．

18）文化芸術行政においては，従来の文化政策推進会議のメンバーに見られるような幅広い識見をもった学識経験者による幅広い審議から，その学問分野での専門家の集合体による審議へと変わった．諮問機関でもテクノクラート化が進行している．

19）民主党政権下において，多くの政治家が霞ヶ関の諸官庁の幹部に登用されたことで，行政の政治化が行われると同時に，立法と行政が対立・並列関係でなく上下関係となり，政策目標の設定に立法府（政治）からの影響がみられる．つまり行政府としての幅広い見方からの目標設定でなく，解決課題・問題点が政治家から持ち込まれる事案が増加し，それをアプリオリに認めた上での政策目標決定になっている傾向がある．

20）全国文化芸術行政シンポジウムで，木田宏（元文部次官）は「人間の森羅万象，精神的，物質的所産もすべて文化」であるといえるが，その中から「行政対象となるものを切り出す」といっている（総合研究開発機構（1987）．「文化芸術行政のこれまで，これから」）．この当時は「文化芸術行政」が使われ，梅棹は同シンポジウムで「文化芸術行政は，首長の趣味的，専門的，個別的から，国事化，公事化する」といい，その段階で「文化の前面化が行われ，住民生活に関係したまちづくりも含まれる」とその後の動きを予想している．

21）劇場等が増加する一方で，運営費の減少・建設費の増加の逆比例関係がよく述べられるが疑問があろう．建設には土地取得を含め相当長い期間かかるので，予算の後年度負担で単年度では予算を計上しないこと，いったん計上すると工事継続の観点から予算廃止が困難であること，首長がハード施設整備を選挙目標に掲げやすいことなどが，財政が厳しくなった1990年代に建設ラッシュが続いた原因である．一方，運営費は単年度予算であるので，財政が厳しくなると文化事業のような給付型，裁量型予算は真っ先に削減対象となる．

22）これは，経済分野でいうと生産者供給型市場拡大（プロダクトプッシュ）である．

23）たとえば，『朝日新聞　夕刊』（2010年3月19日），平田氏のブログ「新年度にあたって　文化政策をめぐる私の見解」（2010年4月1日），世田谷パブリックセンターシンポジウム「特別シンポジウム／劇場法を“法律”として検証する」パブリックシアターのためのアーツマネジメント講座2010年10月18日）．

24）議論として，大きく分類すると資金問題と劇場法による政府の演劇界への介入問題がある．前者は，劇場法により従来助成されていた文化庁からの助成金が劇場法による助成枠に吸い寄せられ，助成が減少することを憂う事であり，後者は大型劇場に重点的に支援がされることにより，自主的な小劇場での上演が事実上不可能になることを意味する．これは，国家の価値観の押しつけではないかとの謂いである．

25）シンクタンク・大学を活用して現地調査では行うこともあり，地方自治体を利用した地域別劇場の実態把握は個人研究者レベルの調査は不可能で組織的調査となる．さらにそのような調査は従来の調査ルートを活用して行われるから，行政庁は的確かつ素早い情報収集が可能となる．文化庁含め諸官庁は，HP上で行政調査の公募を毎年掲載する．また，予算の要求段階での立法府との調整やその財源探しは行政庁の独壇場である．

26）ドイツではドイツ基本法第28条により市町村に全権性を保障する．また，マッカーサー憲法私案には，地方自治体の住民に法律内での地方自治体憲法制定権が与えられていたが，現憲法審議過程で憲法制定権が条例制定権に変えられた．このように，アメリカの地方自治制度保障は，日本の自治制度に影響していると考えられる．

27）1970年代から80年代の「文化の行政化」「行政の文化化」運動では，地方自治体の文化芸術行政対象範囲が文化庁行政から広がっている．文化担当課が教育委員会より首長部局に移行したのはその証座である．

28）1980年当時の文化芸術行政についての各知事への総合研究開発機構アンケート調査によると，「高度な芸術文化の育成と文化財保護から日常文化，地域文化の重視へ」西尾鳥取県知事，「村おこし，まちづくりとしての文化芸術行政」伊賀愛媛県知事，「知的欲求が満たされる偉大な田舎文化創造」細川熊本県知事，「伝統文化保存よりチャレンジ精神を育てる根源的地方文化」平松大分県知事など，従来の教育委員会行政から総合的視点（住民からの視線）へ政策が移っている．

29）住民本位の生活文化・地域文化の水準を向上させることであって，新規に文化芸術行政部局をつくり，施設設備やイベントを行政が行うことではない．商工業，土木，建築，教育等の各行政担当者が，文化的価値をおいた行政を行うこと．さらに東京一極集中からの脱皮として，各地方自治体が文化情報の発進力を持つこと，さらに文化施設の住民利用者側に立った運営を考えること以上の3点が唱えられた．（総合研究開発機構（1987）．『文化芸術行政のこれまで，これから』に総括）．

30) 堺屋太一は「1940年の国家総動員法体制が地域構造を最適興業社会に変えようとし，その方策として頭脳部分の東京一極集中と生産現場としての地方との機能分担になった」と述べている（総合研究開発機構（1987).『文化芸術行政のこれまで，これから』).

31) 長洲一二神奈川，畑和埼玉，武村正義滋賀，岸昌大阪，坂井時忠兵庫，鎌田要人鹿児島，山本敬三郎静岡等の各知事．ただし，坂井以下は保守系で特に旧内務省自治省出身者であり，旧内務省・自治省がなみなみならぬ地方文化に感心をもっていたことがわかる．

32) 松下は「市民文化活動は多様化・高度化している」と述べ，「家庭・近隣・職場でのおしゃべり，サークル，ファッション，講座・シンポジウム，地域づくり，伝統芸能継承，都市の緑化と再開発，国際交流，芸術創造・研究開発」を市民文化活動といっている．戦後広まった自由権の拡大と社会権の保証が政治的前提となっているという（松下圭一．(2003).『社会教育の終焉』．公人の友社).

33) 山崎が地方と文化について総括して講演した記録が残っている（山崎正和編（1993).『文化が地域をつくる』．学陽書房).

34) 木村尚三郎，米山俊直も地方文化重視を述べている．梅棹忠夫は1970年代の十分文化施設が整備されていない時期に，「東京に住んでも，地方都市に住んでも，日本国内にいる限り，同じくらいの文化生活を享受できるくらい文化を提供する，これが地方自治のレベルにおける文化芸術行政の目的」といっている（梅棹忠夫（1979).『第1回全国文化芸術行政シンポジウム報告書』).

35) 世耕政隆自治大臣主催の「地方行政と文化のかかわりに関する懇談会」(1982年度から83年度開催）では，梅棹が「一つの住民活動圏域内で文明生活を楽しめる施設の整備や景観を保護するための規制と私権の制約，さらに地域文化（ここでは，もう地方文化でなく地域文化といっている）の振興は，日常生活の延長であり奇をてらった観光誘致的なものではいけない」(傍点筆者）と総括している．

36) サラリーマンといえる「専門・技術，管理，事務」各職業別就業者割合は，男性就業者だけで見ると，19.52％（1960)，22.27％（1965)，24.51％（1970)，26.69％（1975)，28.82％（1980）と20年間で1.5倍に増加した．同様に，実質国民所得は，その間で4倍に増加，年間層労働時間も2,435時間から2,049時間へと大幅に減少した．

37) 1985年までに制定された法令で，「文化」を使用している法令は約370件あった．

38) 朝日新聞（1949).『朝日新聞七十年小史』朝日新聞社に「戦前のヨーロッパ渡来の新思想への一般大衆に健全なる理解力と批判力を要請させるため，各種の展覧会，音楽会等を開催する」旨の記述がある．同著によると大正年代に大阪朝日新聞社での新聞社主催美術展（印象派中心）が行われた．一方，デパート会場のケースは，新聞社美術展を参考に「都市型美術館」の代わりとして，利便性のよいデパートで始まったのではないかと岩淵潤子は述べる（岩淵潤子（1995).『美術館の誕生』．中央公論社).

39) 当時は，文化振興より文化推進といわれた．

40) 京極は「文明」といい，「文化」とはいっていない．京極純一（1983).「親心の政治」『日本の政治』．東京大学出版会．同書で京極は「文明」に統一している．おそらく，梅棹の理解に近いと思われる．梅棹も文明と文化を異なるものとして定義している．梅棹は「文明を目に見える施設・道具と目に見えない諸制度及びそれらと人間とで形成するシステム」を文明といっている（梅棹忠夫編（2001）．「文明学の構築のために」『文明の生態史観はいま』．中央公論新社）．文化は，「生きていく上で心（精神・神経活動）の足しになるもの」ともいっている（梅棹忠夫「文化とは心の足し」大阪文化振興研究会編（1974）．『大阪の文化を考える』．創元社）．

41）山崎がサントリー財団助成事業の採択の際に記念公演したものが，山崎正和編（1993）．『文化が地域をつくる』．学陽書房の巻頭に記載されている．山崎は1970年代から90年代初頭にかけて，文部省（当時）・文化庁の外部学識経験者として多くの提言を審議会等を通じて述べている．

42）シンクタンクが行政に関わる事例として従来は委託調査が中心であったが，最近は予算要求に伴うコンペスタイルの企画提案・事業執行の事務局的機能を果たすことが増加し，文化芸術助成では，文化庁→シンクタンク→補助者の枠組みが出来ている．特に多数の助成事業申請者や多額の補助金を支給する際は，シンクタンクが絡むことが多い．

43）記念物に対しては，太政官達59号「古墳発見ノ節届方」（1874），史跡名勝天然記念物保存法（1919年公布）などにより，記念物の体系的保護が整備されている．

44）行政活動は設置法・組織令・施行規則の範囲内において行われるが，先進国に比べ日本は職員数・政府支出もGDPに比べ少ないので，行政効率を上げるため法的措置より設置法行政が行われた土壌がある．なお，この典型が行政指導である．行政指導は非権力的事実行為で法的拘束力はないが，行政手続法では「行政機関がその任務又は所掌事務の範囲内において一定の行政目的を実現するため特定の者に一定の作為又は不作為を求める指導，勧告，助言その他の行為であって処分に該当しないもの」とされ，通説・実務上は法的根拠は必要ないとしている．

45）「（予算措置は）事業計画に資金による裏付けを与えるが，議会・国民によって統制（される）」と村松はいって，ある程度評価している（村松岐夫（1994）．『日本の行政．』．中央公論社）．

46）これは給付型行政の典型であるが，給付に付される条件の如何によっては人権への行政の介入問題を引き起こす．

47）地方分権改革の趣旨に添って2000年に公布施行された地方自治法は，「適切な国と地方の役割分担」を求め，行政の事務配分と配分後の国の地方自治体への介入の許容度について規定した．補完性原理は直接民主制や住民に身近なところで，その法的拘束を行う権力を選定すべきであるとの人民主権説から説明される．

48）憲法94条は地方自治体の自治権の内容を列記しているが，財産管理・事務の処理・行政の執行の自治行政権と条例制定の自治立法権をもつ．前者の自治行政権には文化施設の管理・運営の非権力作用が含まれ，また地方分権委員会勧告によるように「地域づくり」等のために組織（人員，組織編成）をもつ組織権が含まれるのは当然である．そのため，地方自治法も「地方自治の本旨」に沿うよう包括的規定とされている．法の趣旨の逆作用で行政改革・財政緊縮化の中で，不必要と見られる行政分野が削減・廃止されている．杉原は，「憲法設定時には，「文化国家」の理念が明確にされていたが，その後「権力担当者にのみならず，国民においても「文化国家」が，憲法を含む戦後法の理念として存在していること自体が忘却され，行革のなかで文字通り衰退の状況にある」と述べている（杉原泰雄（2000）.『憲法の「現在」』. 有信堂高文社）.

49）文部省も学制百年史において，教育基本法における社会教育の目的は「民主社会の市民の育成を目的とした」と総括している.

50）音楽議員連盟の主な活動として，1980年に三鷹市に始めて貸しレコード店が開業，レコード製作者との軋轢が高まっていたとき，その解決のための著作権法の改正を行ったこと，1990年の芸術文化振興基金（芸術家に対して，年間10～30億円の助成を行う基金）の創設がある．21世紀になってからは，新たな文化芸術関連の2本の法律は議員立法で制定されたが，そのすべてに関わっている.

51）国家の国民の権利・自由に対する介入手段は，取締り型と給付型に分かれる．20世紀に入り，国民の福祉面における給付型行政の伸張が国家の行政領域の拡大を促した．日本憲法も生存権（第25条），教育権（第26条）によって国家に給付を請求する権利（社会権）を規定するが，文化権を生存権に絡ませて国家への請求権の1つとして文化権（文化を創造，享受する権利）を含ませるのはいかがなものか.

52）杉原は，憲法制定時の際の「文化国家」の理念と憲法第25，26両条に規定からみて，文化に対する公的・積極的な援助・助長を打ち出していると理解する．国際人権規約A規約からも文化的諸活動の成果とそれらへのアクセス・共有権利として保障しているともいう（杉原泰雄（2003）.『憲法の「現在」』. 有信堂高文社）.

53）憲法の自由権の規定から表現の自由は保障されているのは当然だが，それを発表する場・メディアまで国家に保証しているということを憲法から直接的に導き出すことは難しい.

54）環境権が大きく取り上げられたのは，環境権・人格権に基づく航空機発着による損害賠償請求事件の裁判過程である．大阪空港公害訴訟では大阪高裁裁判決（1975）が，人格権に基づく妨害の排除・予防差し止めを認めた．環境権は含まれる範囲が識者によって相当幅があるが，通常は自然的環境のみを示し文化的環境は含まない．なお，最高裁は，当該裁判で損害賠償のみ認めた.

55）2005年4月6日に衆院法制局参事の国会内閣委員会答弁参照.

56）公共性は論ずる専門分野によって多義的である．文化芸術活動の「排除不可能性」「消費の非競合性」の性質を帯びることを認め，市場での過少供給のため国として非市場的手法で供給する方が望ましいとのことであろうか．それとも文化芸術活動の自由性に注目し，その自由権保障措置としての国の制度設計のことであろうか．あるいは，個人的な自由活動としての文化芸術活動が，「闘争と妥協を繰り返す合意形成を目指す公共圏」へ含まれるような考え方であろうか（山口定ほか（2003）.『新しい公共性』. 有斐閣）.

57）ミルズ（Charles Wright Mills）は，「現代は「文化装置」によって，芸術，科学，学問，娯楽，笑話，情報が生み出され，分配される」という．「その分配装置は，学校，劇場，新聞，撮影所，図書館，小雑誌，ラジオ放送網といった複雑な諸施設である」．「文化装置を通じて個人は自分たちが見るものを見て，解釈するし，文化的職業従事者によって創造され指示された対象でなければ，美でない」ともいう．「文化的職業従事者は権威のため，支配制度と暗黙に共同する」．Mills, C. W. (1967). *Power, Politics and People the Collected Essays of C.* Oxford: Oxford University Press.

58）もちろん，国側としても，大平内閣当時の「文化の時代」「地方の時代」の報告書で，「文化振興法」の提言を行っているし，文化庁の有識者懇談会報告でも「文化振興法（仮称）」に触れている．その後国は文化基本法的な法整備は行っていない．基本法制定への表だっての動きは1990年代の芸団協の具体的提言（作業は10年間にも及ぶ）が契機となっている．

59）「二風谷ダム事件判決」札幌地裁（1997.3.27）は，ダム建設のために土地収用採決の取り消し訴訟にて，「文化を共有する権利」ということばが判決に使われているが，これは文化を享受する意味（受け身）では使用していない．

60）日本憲法では基本的人権と規定され，人権とは規定されていない．そこで，基本的人権と人権が同一概念か，はたまた別の概念か，それとも後者に前者が包含されるのか（この場合，基本的人権と非基本的人権に分かれる），議論される．通説では，同一概念とされる．同一と考えると，基本的人権として核となる自由権に参政権・社会権を加えた権利が含まれる．

61）正式には，「経済的，社会的及び文化的権利に関する国際規約」（1966年に国連総会で採択，日本の批准は1979年）．なおA規約第15条の外務省訳は，以下の通り．

第十五条

1　この規約の締約国は，すべての者の次の権利を認める．

(a)　文化的な生活に参加する権利

(b)　科学の進歩及びその利用による利益を享受する権利

(c)　自己の科学的，文学的又は芸術的作品により生ずる精神的及び物質的利益が保護されることを享受する権利

2　この規約の締約国が1の権利の完全な実現を達成するためにとる措置には，科学及び文化の保存，発展及び普及に必要な措置を含む．

3　この規約の締約国は，科学研究及び創作活動に不可欠な自由を尊重することを約束する．

4　この規約の締約国は，科学及び文化の分野における国際的な連絡及び協力を奨励し及び発展させることによって得られる利益を認める．

62）アメリカの全米芸術基金（NEA）のメイプルソープ事件に伴って起きたフィスの議論．Fiss, O. M. (1996). T*he Irony of Free Speech*. Cambridge, MA: Harvard University Press.

63）公共の福祉による最低限度の制約はあろう．

64）人権の不可侵性から国民の個々の活動領域において個人相互間と個人と私的組織間の人権侵害にも考察する必要があるが，これは文化芸術振興基本法の射程外の課題である．本法は公（国家・地方自治体）と個々の国民との関係を規定しているが，文化芸術団体も統合化・総合化され，巨大化してくるとそれに所属する個人の権利と自由が制約される事例が起こってくる．たとえば書道展における有力者による選定や子弟間の芸術活動への指導面がある．

参考文献

[1] 安部昌樹（2003）．『争訟化する地方自治』．勁草書房．
[2] 朝尾直弘（1995）．『都市と近世社会を考える』．朝日新聞社．
[3] 尾藤正英（1992）．『江戸時代とはなにか』．岩波書店．
[4] Bourdieu, P. (1979). Les trios états du capital culturel. *Actes de recherché en sciences socials*, Vol. 30.
[5] Danto, A. (2013). *What Art is*. New Haven: Yale University Press.
[6] Gillispie, C. (1960). *The Edge of Objectivity*. N. J.: Princeton University. Press.
[7] 長谷部恭男（2000）．『比較不能な価値の迷路』．東京大学出版会．
[8] 樋口陽一編著（2004）．『国家と自由』．日本評論社．
[9] 池上淳・植木浩・福原義春編著（1998）．『文化経済学』．有斐閣．
[10] 市川正人（2003）．『表現の自由の法理』．日本評論社．
[11] 北場勉（2005）．『戦後「措置制度」の成立と変容』．法律文化社．
[12] 待鳥聡史（2020）．『政治改革再考　変貌を遂げた国家の奇跡』．新潮社．
[13] 三谷太一郎（2017）．『日本の近代とは何であったか　問題史的考察』．岩波書店．
[14] 奥平康弘（1988）．『なぜ「表現の自由」か』．東京大学出版会．
[15] Parsons, T. (1961). *Theories of Society*. New York: Free Press.
[16] Plato. *The Republic*. Translated by Desmond Lee. London: Penguin Classics.
[17] Porter, T. M. (1995). *Trust in Numbers*. N. J.: Princeton University. Press.
[18] 佐藤幸治（2002）．『日本国憲法と「法の支配」』．有斐閣．
[19] 佐藤幸治ほか（1994）．『ファンダメンタル憲法』．有斐閣．
[20] 塩野宏（1990）．『国と地方公共団体』．有斐閣．
[21] 高畠通敏（2012）．『政治学への道案内』．講談社．
[22] 宇沢弘文（2000）．『社会的共通資本』．岩波書店．
[23] Williams, R. H. (1963). *Culture and Society*. New York, Columbia University Press.

第 3 章
文化芸術活動を支える基盤
——芸術団体への国別政府支援——

経済学的には，文化芸術活動の特徴は「嗜好の蓄積」「選択的消費サービス」にあるといわれる．そのため，過小供給になりがちで需給を均衡させるため，政府が民間に替わって準公共財として供給することが望まれる．文化芸術は創作者の芸術思想を含むゆえに人権のうち重要な「表現の自由」と密接に関係しており，政府が文化芸術領域に規制介入をすることはできない．政府の文化芸術への介入手段として，① 文化芸術団体（家）への金銭的給付支援，② 文化芸術提供のための環境整備がある．後者には博物館（美術館），劇場・音楽堂の整備と運営費支援がある．文化芸術活動は私的領域での活動であるから，可能な限り私的な支援を行うのが望ましい．公私の補完性の原理から，公的領域（政府）は私的な支援が行えない部分に限定すべきである．私的な支援をより促進するためには，寄付に対する優遇税制制度の整備が望まれるところである．

本章では文化芸術を支えるインフラとしての金銭的支援としての文化予算・優遇税制などの制度の在り方と現状を各国比較も交えながら述べる．

3.1 各国の文化芸術活動経費の実情と行政の仕組み

3.1.1 国別文化芸術行政の仕組み，その相違と文化芸術経費

文化芸術を創造性ゆたかに活発にするためには，個人の自由（創造，表現，制作面での精神的自由）と自己決定権がきわめて重要である．文化芸術活動は個人の精神的自由が拠り所であるので，活動領域は基本的には私的領域である．その活動領域に公的領域の国家が介入する手段は，現在では第二次世界大戦以前とは異なり，規制的手段でなく役務や資源（金銭）の提供などの給付的行政が行われる．給付的行政を行うには，政府が給付対象の活動規模を測定・観察することが必要である．

まず文化芸術への公的領域（政府）が関与する程度を観察したいが，これは各国の政治体制の相違によってずいぶん異なっている．アメリカと日本では同

じように民主主義体制であるが，国家の国民への介入や国民の国家への関与が歴史的に異なっている．議院内閣制という点ではイギリスと日本では同じであるが，行政組織の成り立ちや枠組みが異なっている．フランスはフランス革命以降共和制体制に移行しているが，アメリカとは同じ共和制でも大統領・地方政府の権限が相当程度相違している．

そのため文化芸術への支援措置を各国比較する際，政治体制の違いによる国民の自由領域への政府の介入程度を考慮する必要がある．政治体制を捨象して単に各国政府の文化芸術予算だけを比較しても意味がない．たとえば，アメリカは建国以来国民の自主独立の気風が強く政府の国民への介入を極端に嫌うため，自由領域への政府の介入は最低限度に限られるので，文化芸術領域では国民の活動領域が他国に比べ広く，自主的に文化芸術を推進する．フランスはフランス革命によって国家・国民両概念を明確化し，それらを強力に統合させ国が作られたので，国民への公教育・国語の強制が行われた．公教育として芸術教育に政府は積極的に介入した．日本では明治初期に西洋芸術が輸入され西洋音楽・美術として広まっていくが，その流れの中で演劇は政治運動と結びつき，取り締まり的な国家介入を厳しく受けた．演劇に対して美術は政府が展覧会を主催するなどパターナリズムによるソフトな国家介入策が取られ，その過程で芸術家への表彰や報奨金給付などが行われ，芸術家を勲位の階梯に位置づけることもあった．音楽に対しては美術ほど政府は介入しなかったが，そのため音楽家は国家的名誉にも遠く，音楽家は音楽を商業営利活動として演奏会の開催・ラジオへの出演・レコードの販売によって音楽を国民間に広げた．第二次世界大戦は総力戦として，映像・建築まで含む芸術家を戦争協力者として国策遂行に総動員した．戦後芸術家は戦争協力した反省や総括もしない間に，アメリカ軍の占領によるアメリカ文化の急激な輸入により，映像・音楽の面で多大な影響を受けることになった．その影響は戦後の日本の映画・音楽を戦前のそれと一変させたが，芸術の内容に影響を与えただけでなく，映画・音楽・演劇などの制作・マネージメントでもアメリカの商業スタイルが導入された．

また，戦前は芸術行政と文化財保護行政は別個で，戦後も1968年の文化庁発足まで一貫して文化芸術行政は社会教育事務として，文化財保護行政は文化財保護法による文化財保護委員会事務として切り離されて行政が行われた．文化芸術と文化財保護の接点は伝統芸能であった．

このようにアメリカ・フランス・イギリス・日本を歴史的・政治制度的に見

ても相当違っており，一国の文化芸術予算の多寡を単なる数値で比較しても意味がない．文化芸術への支援は政府のみならず民間支援など私的活動領域があるから，政府予算額は国家の国民への介入の程度を示す概数にしかならない．現在では文化芸術領域への国家介入（文化芸術行政）は，取り締まり的行政から給付的行政へと変化しているが，給付的行政はパターナリズムにも結びつきやすい．給付行政は芸術家（団体）への助成金公布が主たる手法であるが，そのほか発表場所の提供・栄誉の伝達（それに伴う年金支給）などがある．

3.1.2　各国の文化芸術の国家予算比較

歴史的な国家対国民の関係性が文化芸術予算に大きい影響を与えるので，単純にその規模・国民１人当たりの予算などを比較することは重要なことではない．むしろ実質的な活動領域の経済的数値測定：（披雇用者・雇用者数，文化芸術経済規模）の方が妥当である．ただし，文化芸術予算比較は，国家の文化活動領域への国家介入程度を経費的に検討する過程では必要である．

文化庁の HP に各国の中央政府の文化予算が掲載されている．それを一部抜粋して GDP と比較すれば**表 3-1** のとおりである．一見してアメリカは政府予算に対する比率が非常に低いことがわかる．これは報告書も指摘するように「地方政府や民間セクターが含まれていないから」である．アメリカの国家の成り立ちからいえば，国家が国民への介入を可能な限り国民側から阻止した歴史があるためである．同報告書は暗に地方政府が中央政府予算より大きいことを記述しているが，これも歴史的経緯に基づけば当然といえる．独立当初の

表 3-1　各国の文化芸術予算（2019 予算年度）

国名	組織	文化支出	国家予算	対国家予算比（%）	GDP	対 GDP（‰）
日本	文化庁	1,167（億円）	101 兆 4,571 億円	0.115	581,498.8（10 億円）	0.201
フランス	文化省	36.20（億 ε）	3,947 億 ε	0.917	2,410.0（10 億 ε）	1.502
アメリカ	連邦政府の関わる文化関係機関	16.50（億＄）	4 兆 4,070 億＄	0.037	21,433.0（10 億＄）	0.077
イギリス	デジタル・文化・メディア・スポーツ省	17.77（億￡）	8,090 億￡	0.220	2,172.5（10 億￡）	0.818
ドイツ	文化メディア担当国務大臣	18.68（億 ε）	3,564 億 ε	0.524	3,449.1（10 億 ε）	0.542

（注）スミソニアン機構，全米芸術基金（NEA），博物館・図書館サービス機構（IMLS），ナショナルギャラリー，ケネディー・センターの５組織について，2019 年度の連政府予算（FederalAppropriation）を合算．出典は各組織の FY2019 財務レポート等による．
（出典）シィー・ディー・アイ（2020）『諸外国における文化政策等の比較調査研究事業報告書』，各国統計局資料．

13州は固有の憲法をもつ独立国家（State）であったため，イギリスから13州が独立してもアメリカ連邦は依然独立国家連合体であり，連邦政府は現在の国際連合に近い存在だった．連邦政府は課税権も通商交渉権も常備軍もなかった．憲法制定会議における当初の連邦憲法には連邦権限はポジティブリスト方式でしか規定されず，それ以外の権限は州憲法に規定されたため多くの権限が州に留め置かれた．その歴史から連邦政府の国民・州政府に対する介入は，必要最低限度が原則となっている．

国家予算全体も行政制度の歴史的展開に左右されるから，国家間比較も有効ではない．特に文化芸術予算は国民自由領域への国家介入標ともいえる一方，経済的には国民が1年間に作り出した付加価値のうちどの程度文化芸術領域に国家が配分したかを示す指標でもある．その点から文化芸術予算を国家予算比でなくGDP比で比較するのが適切となる．対GDP比でみればフランスは日本の約7倍，英国は4倍，ドイツは2.5倍，アメリカは3分の1程度である．GDP比では文化芸術への年間で生産された付加価値合計に対する文化芸術への割り当て比であり，通俗的に言えば国全体の利益のうちの文化芸術への国家からの還元割合である．イギリスは国家予算がGDP比で37%と他の国に比べて飛び抜けて多く，国家予算比で比較すれば他国に比べ文化芸術予算比が小さくなる．日本・アメリカ・フランスは国家予算の対GDP比がほぼ20%程度なので，文化芸術予算の国家予算比と比べても大した相違はない．国家予算比は国全体の予算の中でどの行政に分配されるかという政策課題優先順位問題であって，政治制度（議会構成）・行政制度（行政府の枠組み）・予算制度に縛られる上に政策課題のイシュー化（政治問題化）の程度による影響が強い．

そこで，各国別の文化芸術行政に関係する政治制度・国家制度について述べると，フランス・イギリス・日本は単一主権国家であり，アメリカ・ドイツは連邦国家である（**表3-2**）．基本的に単一国家は中央主権であり連邦国家は構成

表3-2　政治体制と文化芸術予算の関係

国家介入程度	連邦制	単一主権
大	ドイツ型	フランス型（最も大）
小	アメリカ型（最も小）	日本型

（出典）筆者作成．

する各州の自主性が十分尊重される．国民の私的活動領域への国家の関与の程度によって，税収入制度・額も決定されるため国家予算規模と支出対象への配分割合も決まる．各国とも文化芸術活動は私的領域であり，国家の関与がもっとも鋭角的に発現されるところでもある．一般的に連邦国家制は構成州に多くの権限が配分されるので，州予算が多くなり予算配分割合も多い．国家が私的領域に関与する程度が少ないほど文化芸術支援予算も少なくなる傾向がある．

3.1.3　各国の文化芸術行政制度

フランスの文化芸術行政

フランスは現在第5共和制で，初代ド・ゴール（Charles de Gaulle）大統領の考えの下憲法が策定され，行政が立法府（元老院，国民議会[1)]）に対して優位な制度となっている．大統領は首相・閣僚の任命権と国民議会の解散権をもつが，国民議会は不信任決議により内閣を総辞職させることができる．国民議会の立法権は憲法上でポジティブリスト化され，国民議会には種々の制約がある．中でも大統領の権限は強く閣議の主宰，法律・オルドナンス（ordonnance）・一部のデクレ（decret）への署名，軍隊の統帥，条約の交渉及び批准等がある[2)]．国民議会へ法律の再審議請求や憲法評議会への法律の審査請求，法律案についての国民投票の実施，臨時国会の召集の権限を持つほか，憲法第16条に基づく非常事態措置を行うことができる．このようにフランスでは行政府が立法府に対して強い権限をもつが，行政府が提案した法案で修正がなされない法案が存在しないように，フランス革命以降立法府の力が強く憲法で行政府優位の規定を置かざるを得ない状況である．複雑多岐な法令の特定テーマ毎のとりまとめ（法典化）が1999年以降行われてきており，文化芸術行政関係で重要なのは文化遺産法典・観光法典・地方自治体総合法典である．

パリ市は「パリ市の地位と大都市整備に関する法律」（2017年公布施行）においてコンミューン（市町村：基礎自治体）と県の双方の権限を有すると規定する憲法72条で特別な地位をもつ地方自治体として位置づけられている．文化芸術行政においてパリが特別な地位をもつのは憲法上の保障措置があるからである．国家予算についても行政の権限が強く，予算措置や配分についても文化大臣に裁量がある．

地方レベルでは，行政組織は州・県・コンミューンに分かれるが，各自治体の権限は重なる部分も多く文化・観光分野はすべての自治体が関与可能である．具体的には博物館（美術館）の設置運営，文化財保護は州・県が独自に行うことが可能である．州・県・コンミューンには国の代表者が置かれ自治体住民の代表者（議会議長）と併置される．

社会党のミッテラン（François Maurice Adrien Marie Mitterrand）大統領はフランスの文化芸術行政を強化するため，ラング（Jack Mathieu Emile Lang）を文化大臣に起用した．ラングは文化省の強化に乗り出し文化芸術の範囲を従来の伝統的芸術からサーカス・服飾・人形劇・漫画などポップアートや民俗文化財の保存にまで支援対象を拡大した．パリ市内の「グラン・プロジェ」（grand projets：大計画）としてルーブル美術館改装・オルセー美術館・オペラ「バスティーユ」などが整備された．そのため，文化予算が増加して1959年の文化省創設以来念願であった国家予算1％が達成された．ラングは個々の地方文化事業について国・地方自治体双方が行う文化芸術行政業務を国・地方自治体間の文化開発契約により行わせ，国が地方自治体に多額の支援を行った．1970年代に設置された文化省地方支局（Direction régionale des affaires culturelles：DRAC）がオペラ「バスティーユ」整備契約の実施に携わり，DRACは地方自治体への文化芸術行政に深く携わることとなる．なお，フランスの文化芸術予算は国家予算以外に地方分権により地方政府が行う文化芸術行政において国家予算以上の支出が行われている．

アメリカ

アメリカは連邦国家であり基本的に国家は国民・州政府に関与しにくい政治体制になっている．アメリカで18世紀に独立宣言が起草された際，「生命・自由・幸福の追求」を人間の不可侵の権利としてアメリカ憲法を制定し憲法の精神となっている．最初の独立州であった13州には連邦政府の州政府への介入に対する疑念が大きくあったので，中央政府との権限分配では可能な限り州政府に権限を残そうとした．そのため，中央政府（連邦政府）が国民に対して行政サービスを幅広く行うことが難しく，文化芸術サービスについても全米芸術基金（National Endowment for the Arts：NEA）ができるまで支援措置はなかった．20世紀に入ると中央政府が社会の諸問題に関与する行政国家化が進み，アメリカにおいても大統領行政権が拡大する[3)]．1930年代の大恐慌期間中，芸術家に対して行われた作品の買い上げ，全国巡回コンサート実施による職場提供は，芸術支援というより困窮労働者救済の趣旨からであった．NEA 創設は第二次世界大戦後の米ソ冷戦時代のソ連による文化芸術プロパガンダ（ボリショイバレーなどをヨーロッパなどに巡回）に対抗する意味もあった．

州政府は州自体の考え方で文化芸術支援を行っているが，芸術家（団体）への助成・普及活動としての鑑賞機会の提供・情報提供が主なものである．トクヴィル（Alexis-Charles-Henri Clérel de Tocqueville）が観察しているように，アメリカではコミュニティ自治が政治活動の主体で公私の補完性の原理が貫かれている．市・コミュニティの文化担当部局も多く約 3,000 程度存在しているほか，公的な法人格をもち活動している団体・民間ボランティア活動団体も多い．それらの多くは寄付金と公的援助の資金で活動している（税制優遇措置を受けている団体だけで約 100 万団体あり，約 1 割が文化芸術団体・支援団体）．それらの団体の内もっとも税制上優遇されるのが「パブリックチャリティ（Public Charities）」で，寄付者は現金支出のみならず免税団体のために支出した旅費・交通費なども寄付金として認められる．文化芸術活動の多くは寄付で成り立っており，そのため税制優遇措置が幅広く認められている．商業的な文化芸術市場はブロードウエイ・ポップスなど舞台芸術・美術市場でも世界一である．

これらの団体活動は，国民の自主・独立・自由といった建国以来の伝統に根ざしており，特に自由・思想性が重要視される文化芸術分野では，国家介入・干渉へのアレルギーが国民の間に強い．連邦政府・州政府の文化芸術表現への支援に対して宗教的な考え方から公金を使用した補助に反対する動きも根強い．

イギリス

議院内閣制で日本と同じ政治体制であるが，行政の長は下院の多数党党首であり構成される内閣は首相が与党の中から選任される．国王は元首であるが首相の助言に基づき行動する．1992 年 4 月にメジャー（John Major）首相のとき文化芸術行政は文化遺産省（Department for National Heritage）に統合された．文化遺産省は博物館（美術館）の直接運営のほか芸術家（団体）への支援を行う．それは芸術評議会に委託して評議会の審査を経て交付する．同省は 2017 年にデジタル・文化・メディア・スポーツ省（Department for Digital, Culture, Media and Sport：DCMS）に改革された．

地方行政は 4 地方（country）から成り立ち，大ロンドン・北アイルランド・スコットランド・ウエールズに分かれそれぞれの地方団体は次第に機能が拡大されてきた．イングランドは大都市圏以外に39のカウンティ（county：日本の県）にその中はディストリクト（District：市町村）に分かれる．広域地方行政はディストリクトが法令に基づき国の委任・裁量行為として行う．カウンティは博物館（美術館）を，カウンティは小規模の博物館の設置運営を行う．ディストリクトはパリッシュ（Parish）に分かれ全国で1万以上存在するが，ディストリクトに依頼した徴税を財源に住民に一番身近な行政を行い，文化芸術への支援，小規模文化施設運営を行う．

ドイツ

ドイツは連邦国家という面ではアメリカと同じで，州政府に多くの権限がある．州は1つの国家であり連法政府はドイツ連邦共和国基本法の規定に沿い，国としての政策機能の権限を行使するが，基本法はポジティブリスト方式であるので基本法に規定されていない権限は，連邦政府は執行しえないのもアメリカと同様である．アメリカと異なり州固有事務の立法権は少ない上に，連邦政府との競合事務分野では連邦政府が定める．国民に対する行政は基本的に州政府がもつが，国全体の利益に関わるシビルミニマム的基準など統一的な法令は連邦政府が行う．

文化芸術行政は州間・国民間において多様であるので，地方政府の権限である（文化高権（Kulturhoheit））．高権（Hoheitrecht）とは連邦政府・州などの自治体が，区域内の住民に対して法令に沿って「固有の権限」内で行政を行う権限のことを示す．文化高権以外に財政高権・課税公権などがあり，教育制度・警察制度も州法で規定される．したがって，連邦または州が連邦法・州法規定以外の権限を行使した際は無効となる．ただし，知的所有権行政は連邦固有事務である．文化担当省は置かれず下院に当たる連邦議会専門調査委員会（議員と専門家構成で特別のテーマに対して政治決定が可能とするため，連邦政府・連邦議会に報告する機関）に文化・メディア委員会が置かれる．それに対応するため担当大臣が置かれているに過ぎない．連邦法は州法に優越されるので連邦法で義務づけられている行政を州が行わないときは，連邦政府は州政府に強要することができる．

現在の政治体制は1949年に公布された基本法の枠組みによるが，1990年10月の西ドイツの東ドイツ吸収合併により東西統一がなされたので，旧東ドイツ領も旧西ドイツと同じ政治体制をもつ．歴史的には基本法制定以前の1946年にアメリカ・イギリス・フランスが占領した旧西ドイツ各州では，ナチス的中央集権を排除し各占領国の自治制度を参考に各州憲法が作られた．その後各州首相の調整によって基本法の骨格が作られため，現在でも各州の権限は連邦政府と比べ大きい．なお，連邦州間の権限について2006年改正基本法が成立して以来文化芸術関連では，自然保護・景観保全の州政府の権限が拡大（競合的立法権）した一方で，貴重文化財の海外流出行政は連邦政府選管事項である．

地方自治は身近な行政は身近な自治体でという「補完性」（Subsidiarity）の原理が働き基礎自治体として市町村が重要といえるが，また自治体は国の委託事務を執行する国の出先機関でもある．自治権内容が国・州の双方の法令によって統制されるので，日本の地方自治と類似している．

3.1.4　各国の文化芸術経費の推移

国家予算を対GDP比で見てみると**図3-1**の通りである．GDP比は非常に小さいので‰（1/1,000）で示しているが，GDP比ではフランスを除き最近10年間ではほとんど変化がない．フランスは2010年代の初期には2‰を超えていたが，その後次第に減少しほぼ1.5‰である．イギリスだけが2019年度に若干伸びたが全体からみて一定と見てよいだろう．

先進諸国では文化芸術へ配分される国家資源は最近では一定で定常化しており，文化芸術予算への配分が一定数に収束している状態（飽和状態）ではない

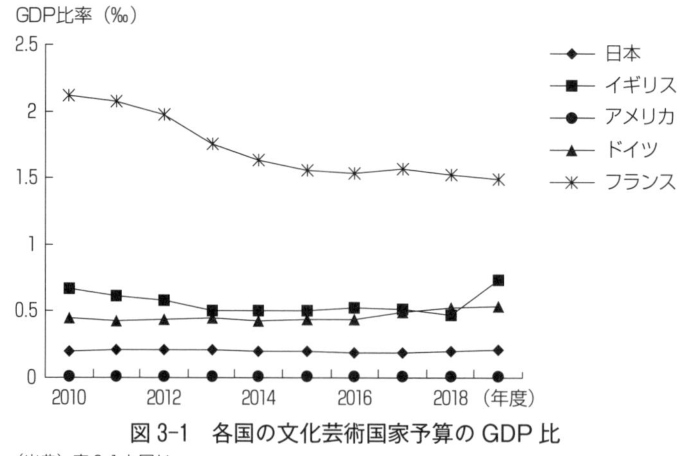

図3-1　各国の文化芸術国家予算のGDP比

（出典）表3-1と同じ．

表 3-3　各国別政府予算・寄付額と GDP 比

国名	調査年度	国家予算	地方政府予算	政府予算	寄付金	寄付金＋政府予算	対 GDP（‰）
日本（億円）	2018	1,077	4,700	5,777	487	6,264	1.13
		17.2%	75.0%	92.2%	7.8%	100%	
フランス（百万ε）	2017	3597.4	9856	13453.4	52.4	13,506	5.88
		26.6%	73.0%	99.6%	0.4%	100.0%	
アメリカ（NEA のみ）	2019	155	490	645	19,470	20,115	0.94
（百万$）		0.8%	2.4%	3.2%	96.8%	100%	
イギリス（百万£）	2020	1,967	2,380	4,347	202	4,549	2.15
		43.2%	52.3%	95.6%	4.4%	100%	
ドイツ（百万ε）	2017	1,868	9,502	11,370	151	11,522	3.53
		16.2%	82.5%	98.7%	1.3%	100%	

（注）1．日本の文化芸術への寄付金額が不明なので，「会社標本調査（2018）」，メセナ協議会「メセナ白書（2018）」，「市民の社会貢献に関する実態調査」（2019）からの推定数値．
2．各国の統計上調査年度が相違するので，その時期に合わせた GDP を用いた．
3．下欄%は予算主体別の割合．
（出典）Local authority revenue expenditure and financing in England 2021 to 2022 budget, NASAA FY2019 SAA Revenues Report, Giving USA 2021, Note Conjoncture OPC 2020, NEA FY2020 Agency Financial Report, GfK Charity Panel(2020) Spendenzeitraum.

かと思われる．日本では博物館（美術館）の設置館数・利用者数も飽和状態であり，人口・GDP が増加しない限り利用者数も国家予算も増加する余裕はないとみてよい．特に文化芸術先進国として日本のモデルとして目指されていたフランスが GDP 比で国家予算が減少してほぼ 1.5‰で一定していることは，文化芸術への国家資源の配分といった視点からは限界があるものと思われる．特に文化芸術以外に政治化する諸問題は多く，その中で文化芸術を優位な政策課題として優先的取り上げることは難しい．

次に政治体制別各国文化芸術予算を見てみよう．国家体制としては連邦型・単一主権型に分かれるが，連邦型は国家の文化芸術への関与が小さく地方政府の関与が一般的に大きい．比較するのは連邦型としてアメリカ・ドイツ，単一主権型としてイギリス・フランス・日本である．その国家・地方政府別の文化芸術予算の対 GDP 比（‰）を表に示す（**表 3-3**）．

アメリカは連邦型であり建国以来政府が国民に介入することを可能な限り避け，国民の自主性に任されてきた．そのため 19 世紀から 20 世紀にかけて生産業・商業成功者が公益活動として文化芸術へ多額の寄付や博物館創設，美術品の寄付を行ってきた歴史がある．18 世紀から 19 世紀にかけてイギリスでは宗教的な慈善行動や篤志者・富裕者の寄付によるチャリティ活動が盛んとなり，現在では文化芸術への支援も行われている[4]．

以上の歴史を踏まえて民間寄付金額も加えた額のGDP比を算出した．日本は国税庁の統計からは営利企業寄付金額は計算可能だが，何に使用されたかは不明である．同様に個人の寄付金総額・文化芸術寄付金額も不明であるが試算を行った．**表3-3**を見れば対GDP比では日本は寄付金を加えたアメリカに相当しており，寄付金額も含めると決して文化芸術への政府資金が少ないというわけではない．フランス・ドイツは非常に高いGDP比を示し，イギリスも日本の2倍程度である．

文化芸術経費（予算）の負担割合をみれば，アメリカは極端に寄付金（国民直接負担）が大きく90%を超えているが，日本も含め他の諸国では負担者は政府であり国民の間接負担（税金からの負担）となっている．イギリスのみが国地方政府の負担割合が半分ずつとなっており，他の国は7，8割が地方政府負担である．アメリカも政府予算だけみれば地方政府負担の割合は他国と変わらない．イギリス・フランスの国の負担額が大きいのは，日本と同じ単一主権でありながらフランスでは大統領，イギリスでは首相の権限が強く各大臣（傘下の省庁）の権限・任務・機能を裁量行為で変化させることができるからである．一般的に諸外国の行政組織はフレキシブルであり日本のような行政組織法はなく，アメリカ・フランスでは大統領がイギリス・ドイツでは首相が交代するたびに行政庁・担当大臣の権限・任務が決定されるので，文化芸術担当省庁・大臣も大統領・首相の指示の下，その権限を拡大することが可能である．

マルロー（André Malraux）はド・ゴール政権下で1960年代の約10年間にわたり文化芸術のアクセスの平等化（「文化の民主化」（La démocratisation culturelle））政策を強力に推進した．1970年代には文化芸術を社会との連携の視点から「文化開発」（développement culturel）が文化政策の基本となった．1980年代は文化芸術をミッテラン大統領が強力に推し進めたため，ラング文化大臣が文化芸術の定義を拡大してポップスなどへの支援を始め，文化芸術を産業面から捉え直す文化芸術産業的行政を行い，文化省予算が文化省設立以来の目標であった国家予算1％に拡大された．イギリスでは伝統的に中央政府がイギリス文化財保護・博物館（美術館）運営・芸術家（団体）への助成を行ってきたが，1997年には行政改革・ロンドンオリンピック誘致・メディア産業振興を目的として国家遺産省が文化・メディア・スポーツ省（Department for Culture, Media and Sport）に改組された．その後2017年にはデジタル産業振興を加えデジタル・文化・メディア・スポーツ省に権限が拡大された．

イギリス・フランスは行政組織・担当大臣の権限・任務をかなり自由に行政側が替えられること，文化芸術政策の目標のため文化芸術の枠組みもフレキシブルに再定義し拡大してきたこと，以上から文化芸術予算も増加したのである.

3.2 日本の長期的文化芸術経費の動向と予測

3.2.1 経済成長と文化芸術予算

日本の公的な文化芸術支援経費は中央政府（主に文化庁）と地方政府（地方自治体）が負担しているのは先述の通りである．下記の通り文化芸術経費は国の経済規模・成長と密接な関係がある.

Yは文化芸術国家予算，Nは人口とすれば $\frac{Y}{N}\equiv\frac{GDP}{N}\frac{Y}{GDP}$

上式は，左辺は国民1人当たりの文化芸術予算額である．両辺の全微分を取れば $d\left(\frac{Y}{N}\right)\equiv d\left(\frac{GDP}{N}\right)\frac{Y}{GDP}+d\left(\frac{Y}{GDP}\right)\frac{GDP}{N}$

人口Nが短期的には一定であるならば $\frac{dY}{N}\equiv\frac{dGDP}{N}\frac{Y}{GDP}+d\left(\frac{Y}{GDP}\right)\frac{GDP}{N}$

左辺の第2項のYの GDP 比は短期的にはほとんど変化ないので，$\frac{dY}{N}\equiv\frac{dGDP}{GDP}\frac{Y}{N}$ または，$dY\equiv Y\frac{dGDP}{GDP}$ となり，1人当たりの文化芸術予算を増加させるためには，GDP の増加，成長が必要である.

イギリス・ドイツ・フランスはGDP 比較で文化芸術経費がいかに伸びたか，またその投資が経済にいかに貢献しているかを，文化関係の公的報告書や担当省 HP などで発表している．国家予算との比較は先にも述べたようにフランスのラングが行い始めたが，国家予算の１％達成を目標としたところを参考に日本でも文化政策が唱えられ始めた1990 年代始めから文化庁内部で国家予算の１％達成が討議され，文化白書にも記載された．これは予算要求の１つのテクニックでもあったが，当時の文化庁長官私的諮問機関「文化政策推進会議」で議論されるようになると，内部の議論から外部での研究課題となった．1992年度に文化庁が電通総研に委託した「欧米主要５カ国の文化支出に関する調査研究」はその推進会議での議論や財務当局への予算折衝の過程での資料となるものであった.

文化庁予算１％達成は悲願となったが，文化芸術活動を経済的視点から分析する際はあまり役に立たない．１年間の経済活動を通じて得た付加価値のうち文化芸術活動にどの程度配分したかが重要で，国家予算は当然 GDP に影響を受けまた与えるが，最近のようにコロナ蔓延下での経済的非常事態が続くと国家予算は膨張するため，対国家予算比率で適切な文化芸術予算を測定・各国比較を行うことは適切ではない．そこでここでは主に GDP 基準として文化芸術経費について述べる．

日本の文化芸術予算が 21 世紀に入ってから増加しないのは，経済成長をほとんどしていないからで他の国々の予算が増加しているのは経済成長しているからである．他国は経済成長を行いその付加価値分の一定程度を政府が予算によって間接的に文化芸術経費に配分している．一方アメリカは国民の寄付による直接的配分によって文化芸術経費を充実させている．経済成長は生産性を高めることによって実現できるから，生産性の低い産業は撤退し，それまでの人的物的投資を生産性の高い産業に振り向けることが必要である．これが産業構造の転換であり日本も高度経済世長期には行ってきた[5]．

飲食業・宿泊業を含む観光業は生産性がアメリカとの比較でみれば，全要素生産性としてアメリカの 51％であり，日本の全体のサービス業と比較しても約半分である．このような生産性の低い観光業とマッチした博物館活性化策（2020 年公布施行「文化観光推進法」）も疑念が残る．生産性の高い産業に特化しつつその成長分を文化芸術経費に配当することで，文化芸術予算を増加させるのが先進国の予算増加常套手段である．経済成長がない限り文化芸術予算の増加も望めない．

3.2.2　地方自治体予算の史的展開

1980 年代から最近までの文化庁予算と地方自治体支出の地方文化芸術経費（地方自治体が支出した文化芸術経費）の対 GDP 比を示せば**図 3-2** の通りである．文化庁予算はこの 40 年間を通じてほぼ一定で 0.2‰（1/1,000）程度である．一方地方自治体支出経費は 1993 年度の 1.92‰を最高に 2007 年度の 0.66‰まで振幅が大きいともいえるが，実際は 1993 年度をピークとして 1985 年度から 2005 年度までを底辺とする山形の経費増加が認められる．その時期をはずせば概ね 0.8‰程度であり，1993 年度の文化芸術経費の山がいかに高かったかがわかる．この鋭角的山形の頂点はバブル経済が崩壊した 1991 年度の翌々年で

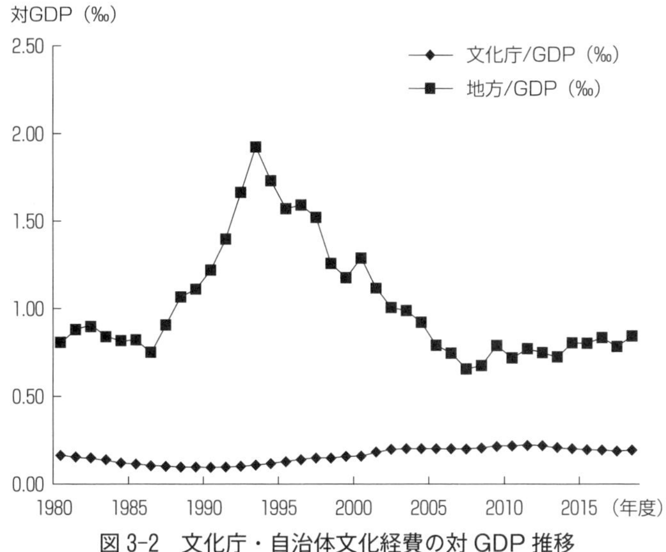

図3-2　文化庁・自治体文化経費の対GDP推移

（出典）文化庁「地方における文化行政状況調査」から筆者作成.

あり，その後急激に経費が減少する．毎年33億円程度ずつ減少している．1985年度から1992年度までの増加率は89億円／年であるから増加率は減少率の約2.7倍で増加した．バブル経済下ではGDPの水増し的増加が見られるが，そのGDPと比較しても地方自治体がいかに文化芸術に予算を支出したか，また経済が低成長になるとその縮小規模より一層文化芸術経費を押さえ込んだかが認識できる．

1990年代は地方に大型劇場・音楽堂が建設開館された時代で，それは1980年代から続く「文化の行政化」「地方に文化を」のスローガン下，多くの地方自治体で「ハコモノ」が計画整備された時代である．「ハコモノ」は土地取得・建設に長い期間を要するので，バブル経済が終焉し歳入が減少し始めても急に中止することはできない．その後始末に1992年度からの約10年間が必要であった．**図3-3**をみればバブル崩壊後の文化施設運営費は変化はないものの，建設費は急激に減少していることが知れる．21世紀に入るとその際整備された大型文化施設の運営に地方自治体は財政面・ノウハウに困り一部は閉館し，他の施設に改造されたが，多くの館は「貸し館」となり運営面では指定管理者制度によって経費削減とノウハウ欠如を補った．

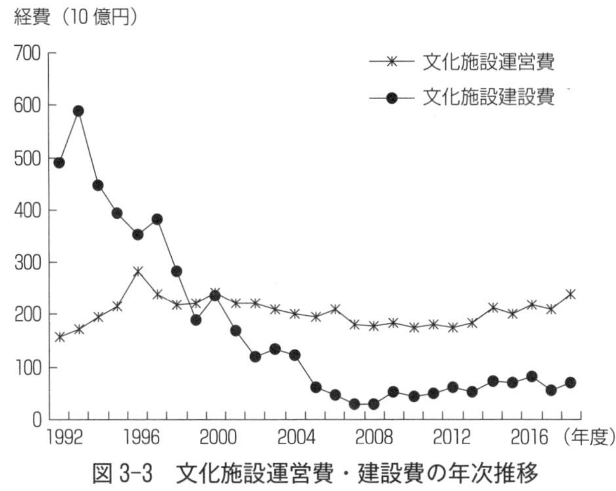

図 3-3　文化施設運営費・建設費の年次推移

（出典）図 3-2 と同じ.

劇場・音楽堂を利用する舞台芸術団体からの強い要望もあり，超党派議員が国に協力しながら 2012 年には「劇場，音楽堂等の活性化に関する法律」と劇場・音楽堂等機能強化推進事業（約 30 億円から 25 億円程度の補助金交付制度）が開始された．バブル経済影響下で通常の期間の経費以上に地方自治体が投じた文化芸術経費は約 6 兆 1,000 億円ほどになる．同期間の地方自治体決算合計額の約 3.7‰となる．

予算は国・地方自治体ともインクレメンタリズムであり，前年度の予算額が本年度予算要求に影響を与える．今年度の文化庁予算を前年度文化庁予算で説明すると下記(1)式のように非常にフィットがよい（**図 3-4**）.

$Y_t = 65.45 Ln(Y_{t-1}) - 200.26$……(1)

(1.11)　　　(4.72)　　$\tilde{R}^2 = 0.988$　　Y：予算額　（　）内標準偏差

となる．同様に地方自治体文化芸術経費を求めると

$Y_t = 0.928(Y_{t-1}) + 41.87$……(2)

(0.049)　　　(25.76)　　$\tilde{R}^2 = 0.907$　　Y：予算額　（　）内標準偏差

となって，地方自治体文化芸術経費は直線回帰となる．文化庁予算は前年度予算に対する今年度予算額の弾性値は次第に減少するが，地方自治体文化芸術経費の弾性値は一定であるが，1 以下であり次第に経費が減少していることを示す．(1)式から言えることは，予算が増加すればするほど増加割合が減少する（弾性値が低下する：具体的には予算額が累級的に減少する）ということである．

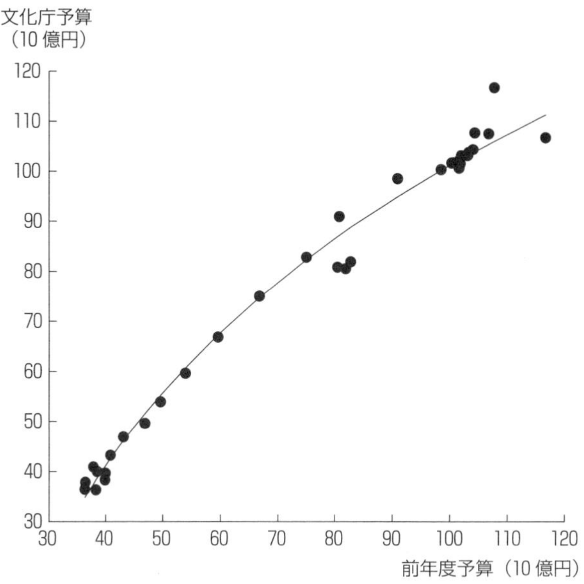

図 3-4　文化庁予算と前年度予算の関係

（出典）図 3-2 と同じ.

文化庁予算と地方自治体文化芸術経費は，前者の伸びは鈍化し後者は毎年減少する傾向が観察される．さらなる増加を求めるためには現在以上の経済成長が必要だが，日本は先進諸国に比べて格段に経済成長率が低い．国内においても生産性の低い観光業によって地方の文化施設へ来訪者を誘致しその観光経費で地方経済活性化を図り，その付加価値を文化施設整備に充当しようとする政策（「文化観光拠点施設を中核とした地域における文化観光の推進に関する法律」）では，文化芸術経費の充実が困難であることは先述の通りである．イギリス・フランスでは観光業を活用した文化施設への来訪者増加が 1980 年代より行われつつあり，地域経済活性化に繋がっているがそれは日本と比べて観光業の生産性が高いからである[6)]．下村治はかつて「生産性の高い産業が高賃金によって質の高い人材を生産性の低い産業から流動させ，生産性の高い産業に構造転換を図るのが経済成長」といったが，2021 年地域別最低賃金額改定について賃金アップに観光業は反対している．生産性の高い産業を育成しその付加価値を文化芸術への投資として考えて，デジタル・文化・メディア・スポーツ省を創設したイギリスに見習うべきではないか．

3.3 寄付金・民間支援の実態

3.3.1 各国の寄付の状況と税制優遇

中央地方政府からの文化芸術への投資が少ないアメリカでは，民間支援が盛んである．イギリスはチャリティが18世紀頃から行われ歴史伝統もあるが，フランス・ドイツはイギリスほど民間支援は盛んではない．アメリカ・イギリス・フランスではコロナ蔓延で困窮者・医療などへの支援は増加したが，文化芸術への支援は減少している．このような危機的状況下では，生活必需的サービスより選択的消費サービスが影響を受けるので，選択的上乗せ的なサービス業である文化芸術は支援の劣位になる．ドイツではわずかだが文化芸術支援が増加しているが民間支援全体額が小さいので，文化芸術への支援は国と地方政府が大半を行っている．政府支出が望めないなら民間支援が代替となりうるか，以下では政府支援が少ないアメリカを見てみよう．

アメリカは建国以来，国民の「自主・独立・自由」をスローガンに国家からの国民への介入を可能な限り阻止してきた反面，個人レベルの集合体のコミュニティが行政の代替行為も行っている．その民間活力を生かすため，政府では寄付税制を充実させ民間からの文化芸術への投資を促している．文化芸術活動といっても対象となるのは非営利活動であって，商業的な文化芸術活動は利益を追求し活動維持を図っている．文化芸術団体はNPOの法人格を州政府から得て，営利企業とは違った経営・会計の下活動している．NPOと営利組織との区分は，投資の配当が投資者へ還元されるかどうかで分けている．営利企業の幹部に当たるNPOの役員・代表者には利益が出ても配当されず，その利益は団体が目的とする活動に再投資される．NPOに対する税制面での優遇措置が団体の事業性格によって決まっているのが通例である．団体の設立は各州法に基づいた非株式企業を設立し，アメリカ連邦歳入庁（Internal Revenue Service：IRS）・各州へ優遇税制申請を行う．歳入庁ではその事業目的が連邦歳入法第501条（c）（3）（NPO）（d）（宗教団体）に該当するなら税制優遇措置を認可している．連邦歳入庁に登録されているNPOは2016年度では約154.8万団体程度であり，そのうち連邦歳入法第501条（c）該当慈善団体は108.97団体で文化芸術団体は3.19万団体となっている．

21世紀に入ってから営利企業も営利の追求のみならず，株主利益の最大化と社会・環境目的の達成を対等なものと位置づける「社会的企業」が出現してきた．アメリカでは営利目企業と非営利団体が別個に法制度面で認知されてきたが，この公共的私的利益双方を追求する企業は“Benefit Corporation”（B-corporation）と呼ばれている．NPOとの区別では企業資産が株主の所有となるかどうかによって区別される．NPOは解散時の残余資産は同種のNPOに譲渡しなければいけない．資金をNPOは寄付・遺贈・募金など社会的活動で得るが，B-corporationは株式で資金を集める．

さて連邦歳入法第501条（c）に該当する法人は目的外事業収益には所得税が課税されるが，目的事業（非営利事業）は非課税である上に，法人への現金寄付は慈善寄付（Charitable Contributions）として連邦所得税（AGI（調整後所得）まで）や連邦法人税（課税所得の25%まで）等から控除対象となる．控除金額を超えた金額は翌年度の控除金額として繰り越せる．この仕組みが文化芸術団体が寄付を集めるのに効果的となっている．**表3-3**に示した通り2020年では全額で4,714.4億ドル（2019年4,486.6億ドル）と個人消費が落ち込む中増加し，GDP比2.6%（2019年2.1%）となった．文化芸術への寄付額はコロナ蔓延下，選択的消費文化といわれて8.6%減少し194億7,000万ドル（約2兆1,000億円）となった．慈善団体からの寄付が特に増加し，コロナのため産業活動が低下し企業からの寄付が減少している．

つぎに，イギリス・フランス・ドイツを見てみよう．

イギリスは“noblesse oblige”の原則で国民が歴史的に寄付文化には根付いてきたが，2000年に税制改革が行われ寄付が一層進んだ．1980年代のサッチャー政権下では行財政改革により中央政府サービスの外部化が行われたが，そのサービス提供の肩代わりを担ったのがボランタリー・セクター（Voluntary sector）である．そのため，ボランタリー・セクターは政府と一定の契約を結び政府（中央・地方政府）に変わり住民へのサービス提供を行うことになった．文化芸術サービスは福祉・教育部門と同じように，公的部門の一部としての活動を行うようになり政府と契約を結ぶことから「コントラクト・カルチャー」（Contract Culture）と呼ばれた．政府から委託のようにNPO（イギリスでは“Not for profit organization”と一般に表記される）に金銭が支給されるのでマネージメントが進んだ面はあったが，NPOの独立性や安定性が損なわれたといわれる．

NPO以外に協同組合・社会的企業も存在し，協同組合・社会的企業は利益の追求と同時にその利益は組合員・団体・地域コミュニティに再投資されることが原則である．社会的企業は，アメリカのB-corporationと似ている組織である．イギリスでは地域社会の再生が重要政策課題でそれらを解決する「コミュニティ利益会社」(Community Interest Company：CIC) が2004年会社法改正で創設された．伝統的チャリティ制度の改正ともいえるが，株式発行で資金調達が可能となった．チャリティが法人格を取得するためには，従来は会社法で規定する保証有限責任会社 (Company Limited by Guarantee：CLG) によったが，2012年からはチャリティ法 (Charities Act, 2006) に基づくチャリティ法人 (Charitable Incorporated Organization：CIO) が設立できるようになった．なおチャリティとは制度名でチャリティは法人格を持つものも持たないものもある．

イギリスもアメリカと同様個人寄付を推進していて，給与所得者からの「給与天引き寄付」(Payroll Giving) が1986年から開始された．雇用者が雇用主と契約を結び一定額を給与から天引きした額が"Payroll Giving agency"に振り込まれそこが政府の認可を受けたチャリティ団体に約17万団体 (イングランド・ウエールズ) に振り込まれる制度である．天引き後の給与に課税されるので寄付金額相当分は課税されない．チャリティ団体が助成した対象は「教育」分野がもっとも多く26％で，「文化芸術」へは9％であった．

フランス・ドイツは，先述したように政府が文化芸術団体に支援するのが原則であり，国民の寄付はドイツではキリスト教の精神，フランスでは寄付税制の都合もあり余り寄付には熱心ではない．ドイツではカソリック教の「補完性 (subsidiarity) の原理」が浸透している．補完性の原理とは，サポートを意味するラテン語 (subsidium) から来ており，社会がその個々の構成員ができないことに対して行うのであって，基本は構成員の自主的活動であり自助への救援を意味する．可能な限り文化芸術団体は自助で活動すべきで，他からの支援はそれができないときに限るという考え方である．そのため，寄付はどうしても低調になる．

3.3.2 日本の寄付の実態と文化芸術への支援の在り方

NPOのうち「特定公益増進法人」向け寄付金として税制優遇措置が受けられる寄付金は，個人の場合には寄附金控除，企業は寄附金損金算入限度額と別に損金算入可能である．アメリカと違い日本では個人の寄付金控除額が総所得金額の一定額 (40％) 内となっており，また企業もアメリカより厳しい資本金・所得額に応じた上限が定まっているので寄付への意欲が少なくなる．企業寄付金総額は最近10年間では約7,000億円程度（29万社）である．メセナ協議会が発表している企業（約200社）の文化芸術活動への寄付金額は約200億円であるから，メセナ協議会に参加している企業だけで見れば寄付金総額の3％程度の文化芸術寄付となる．文化芸術への寄付は，アメリカでは寄付金総額の約4％，イギリスでは「もっとも人気のない寄付」（CAF UK GIVING 2019）といわれ約2％，ドイツでは2.8％である．フランスは州政府などへの遺産を含む寄付は文化芸術では約70％と高くなっているが，文化財の移転寄付（遺贈等）が多く現金での寄付割合は不明である．諸外国でも文化芸術への寄付額が寄付総額の2％から4％程度である．日本でもその程度の割合とすればメセナ協議会寄付とほぼ一致する．他国の寄付の中でも医療・動物愛護・難民救済・教育・宗教活動への寄付は毎年多いが，文化芸術自体が選択的な嗜好なので，文化芸術向け寄付はその時々の環境に応じて変化し，寄付対象として上位ではない．

日本の寄付に関する意識調査でも寄付分野では文化芸術は最低となっている（内閣府（2019）「市民の社会貢献に関する実態調査」，同調査（2016））．文化芸術へ関心のある企業の多くはメセナ協議会に参加していると思われるので，文化芸術への寄付は多くても300億円を超えないだろう．個人の文化芸術への寄付は寄付金総額については不明だが，国税庁の資料（申告所得税標本調査）による寄付金控除全額（税法上の寄付金額）の対GDP比推移を**図3-5**に示す．2015年度から急激に上昇しているが，2011年の東日本大震災を契機に税額控除方式・限度枠の改正が行われた結果だといわれる．同時に「新しい公共」によって支え合う社会システムの構築の視点から特定認定非営利活動法人制度が導入され，認定NPO法人への寄付が寄付金控除の対象として追加されて寄付額の40％まで税額控除が可能となった．最近の寄付控除全額は約2,000億円程度であり欧米並みの全寄付金額に対する文化芸術への寄付金割合が同じとすれば約50億円から最大100億円程度である．個人寄付は先ほどの内閣府調査から1世帯当たりの平均寄付額が算出可能で，それに全国世帯数をかければ概略的に寄付総額が算出できる[7)]．しかし寄付対象は不明である．企業以上に個人は個人の嗜好の偏差が大きいので文化芸術への寄付は少ないと思われる．

企業の寄付では，年によって変動はあるものの寄付の50％以上は資本金100億円以上の企業であり，ほぼ資本金と寄付額は相関している．大資本の企業では政府と同じく寄付もインクレメンタリズム的に前年踏襲が多い．**図3-6**をみ

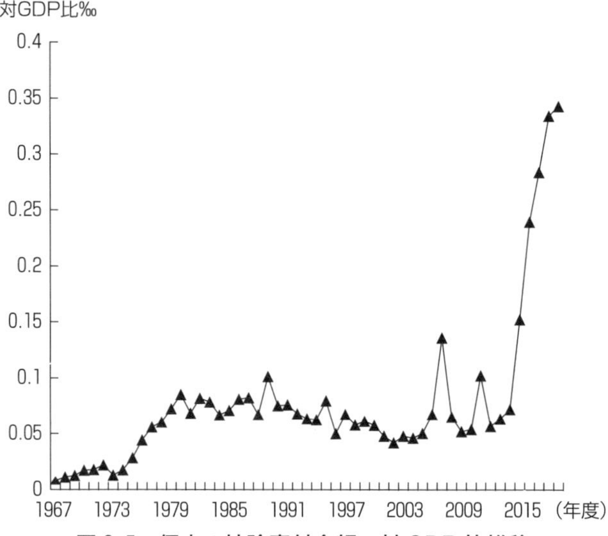

図 3-5　個人の控除寄付金額の対 GDP 比推移

（出典）国税庁『国税庁統計年報』各年度版から筆者作成.

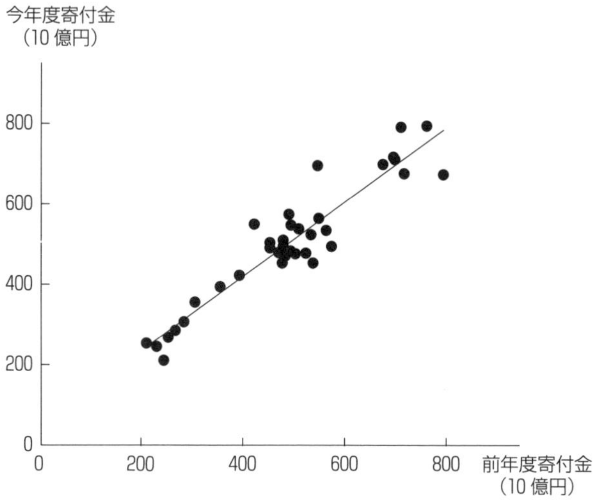

図 3-6　企業寄付金総額の今年度と前年度の比較

（出典）図 3-5 と同じ.

れば今年度の寄付額は前年度の寄付額と高い相関（相関係数：0.94）が見られる．

企業の寄付金の対 GDP 比の推移を見れば，1970 年代以降 2011 年の大幅な税制優遇措置の改善もあって 2010 年代には 1990 年代後半から 2000 年代前半の 1‰程度から 0.5 ポイント伸び，特異値が見られる 2016 年度以外は平均 1.5‰程度である（図 3-7）．バブル経済下の 1980 年代後半でも企業寄付総額対 GDP 比は現在の比率を超えず，ほぼ一定である．これから，企業利益率・GDP の増加と寄付金総額は密接に関連しているというアメリカの説（Handbook of Research on the Changing Role of College and University Leadership）は日本でも当てはまるようである．これは，GDP の増加が企業寄付額を大きく増加させる原因となることは先述した政府文化芸術予算の伸びの仕組みと同じである．

日本はイギリス・フランスのように単一主権型の政府だが，中央政府の文化芸術への支援が少ない．反対にいえば文化芸術への国家介入が少ないともいえる．それを補う民間支援も大企業寄付が大半で，大企業は急激に寄付金額・寄付対象先を変更することは困難であるから，企業寄付にも期待することは難しい．日本はイギリス・フランス型政治体制であるから文化芸術に対して中央政府の支援が必要だが，それには経済成長による付加価値の増大が図られねばならないのは繰り返していうまでもない．イギリス・フランスは単に文化芸術のカテゴリーを変更し，文化芸術担当省を拡大したのではない．文化芸術に包含

図 3-7　企業の寄付金対 GDP 比推移

（出典）図 3-5 と同じ．

される成長性の高いデジタル産業・IT 産業を取り込み，従来の文化芸術と取り込んだ産業振興を掛け算的に行い，文化芸術で国の経済成長を図ろうとしているのである．1つの企業例であるが，ソニーの文化芸術を取り込んだ企業再生をみれば一目瞭然である．経済成長分を文化芸術へ再投資しているわけで，日本のように成長性の低い観光業で文化芸術（特に文化資本（博物館・文化財）の呼び込みのタネ）を利用しているのではない．

寄付についてはアメリカと比べて，日本は税制優遇措置が企業・個人なかんづく個人に対して劣っている．文化芸術は必需的でなく嗜好の蓄積が必要な趣味であり，文化芸術への寄付は関心も寄付金額も相当低いと見なければいけない．政府と民間（企業・NPO・個人）の関係では民間でも供給可能な財やサービスは民間が担い，民間が提供できない財・サービスを政府が供給するという補完性の原理が重要であるが，寄付優遇制度は民間（NPO）の自発的供給を促す制度といえる．企業は NPO によって提供する財・サービスを求めるために寄付を行うと考えられる[8)]．寄付を長期的視点から見れば，トクヴィルのいう「啓発された自己利益（Enlightened self interest）」の実現を企業が行っているといえる．自社のステークホルダーの厚生を高めていくことが，結果として自社の財政的な自由度を高めより高い利潤が得られるという考え方である．その考えから文化芸術への寄付順位が低いのは，文化芸術団体が供給する財・サービスを多くの企業が求めていない，あるいは自社のステークホルダーに文化芸術関係は存在しないとも考えられる．逆にいえばメセナ協議会メンバーはステークホルダーに文化芸術関係者が多いともいえる．

文化芸術支援（補助金交付，施設提供など）を公共財供給と考えるならば，本来政府が行うサービスである．NPO がそのサービスを行うことは政府に変わり NPO が一部負担していることを意味する[9)]．政府の供給が需要に沿わないならば無駄な資源の浪費であり，社会全体の厚生は低下する．それを防ぐためにも，政府が企業・個人の寄付制度を充実させ，NPO による公共財供給を充実させていく財政的政策を考えるべきであろう．政府は民間が行えない分野に限って文化芸術支援を行うべきであろう．企業・個人による寄付を通じた NPO による供給を促すような財政的・税制的な支援制度が必要である．アメリカ・イギリスは公共部門を一部 NPO に肩代わりさせている「自発的公共財供給システム」ともいえる．同時にアメリカでは富裕者層が NPO に多額の寄付を行い，実質的に NPO の運営に影響を与えることがあることに注意が必要である（政策投資銀行（2002）「米国NPOのフィナンシャル・マネジメント」）．

ふるさと納税制度は寄付金控除制度利用であるが，実質地方税の納付先指定と使用先を指定する国際的に見ても類似制度のないものである．公共財の外部性からくる過小供給量を防止するため，政府が行う公共財供給の強制的課税による非自発的な財・サービス提供に反する制度である[10]．公共財と私的財の需給システムの相違は，財の取引が需給者の主体的均衡で成り立つかどうかで分けられるが，ふるさと納税制度のように寄付金制度を活用した自発的公共財供給制度の拡大も「嗜好の蓄積」「選択的消費サービス」である文化芸術に対しては有効と思える．

注

1）元老院（Sénat）は間接選挙制が採用されており，議員は国民議会議員・県会議員・市町村会議員の代表者からなる選挙人団による間接選挙で選ばれる．

2）オルドナンスは法律に替わって行政が制定することができる法律機能をもつ政令（戦前の日本の勅令に近い）であるが，オルドナンス追認法が政府から国民議会に提出されないと失効する．デクレは大統領・首相が行う行政行為執行のための命令である．アレテ（arrete）は日本の法令施行規則・条例施行規則に近く，各大臣・知事・コンミューンの長等が出せる．

3）哲学者のロールズ（John Bordley Rawls）は，福祉国家に対しても反対であった．それは福祉政策により国民のアニマルスピリット的精神が冒され受動的国民を作り出すからであった．Rawls, J. (2001). *Justice as Fairness: A Restatement, edited by Erin Kelly*. Cambridge (Mass.): Harvard University Press.

4）実際は，文化芸術関係への支援額・寄付者の関心は低く，執筆段階の時点ではコロナ蔓延下という事もあって，「医学研究」が2020年は多くなったが，通年でも「医学研究」「動物愛護」「若者弱者救済」「病院・ホスピス」が上位で文化芸術への感心は非常に低い．

5）下村治は「経済成長をすればするほど非常に高い生産性をもち，非常に高い賃金を支払いうる職場が急速に膨張して……」と述べている．下村治（2009）．『日本経済成長論』．中央公論新社．原論文は，下村（1960）．「経済成長と自由化について」『金融財政事情』．

6）大野は観光業の生産性が低い根拠を，日本は海外と比べて観光業に中小零細企業が多いため設備投資ができないこと，宿泊より生産性の低い飲食サービスが多いこと，サービスが過剰であることなどを理由に挙げている．大野正人（200）「観光産業の生産性向上へ向けての考察［コラムVol. 65］」JTB．観光業への資本投資が少ないため生産性が先進国に比べて低いとの指摘は，経済産業省研究会・深尾等の論文も指摘している．宿泊事業者からも旅館が行ってきた手厚すぎるサービスとチェックアウト・チェックインの間の非労働時間の見直しの提言が出ている．経済産業省［サービス産業×生産性研究会］(2020)「事務局説明資料」．深尾・金・権（2019）「観光産業の生産性」『日本労働研究雑誌』．

7）内閣府（2019）「市民の社会貢献に関する実態調査」，同（2016）によれば，世帯当たりの年間寄付金額は調査年度にかかわらず，中央値で3,000円となっている．なお，「ふるさと納税」制度による寄付金額は約5,000億円程度で，日本の個人寄付総額は1兆円には至っていないと思える．内閣府「家計調査」には1世帯当たりの寄付金額を見れば，2020年度で5,900円程度である．社会貢献調査は中央値であり家計調査は平均値なので相違はあるが，概ね1世帯当たり4，5,000円程度の寄付ではないかと思われる．また，家計調査には宗教への寄付も区別できないので公共的な寄付は5,900円より低いと思われる．

8）企業寄付金は事業との関連性のない対価を求めない利益処分・支出だと考えられるが，裁判事例から寄附金の支出の意義については，「企業が事業活動をする上での支出」としてほぼ確定されている．

9）NPOなどのサービス供給者は自発的に文化芸術支援を行っているが，支援サービスを受ける文化芸術団体にとっては支援が非自発的であるケースも多い（申請者すべてが支援を受けられるわけでない上に，NPOが任意で支援対象者を選択して支援額もNPOの裁量行為である）．

10）公共財の自発的供給モデルを考えるとナッシュ均衡解が得られるが，ナッシュ均衡解はパレート最適ではなく，公共財は過小に供給される．公共財のただ乗り者がいるので，サムエルソン条件を満たさないので過小供給になるとも言える．

参考文献

［1］Barney, J., Wright, M. & Ketchen, D. J. (2001). The Resource-based View of the Firm: Ten Years after 1991, *Journal of Management*, 27.

［2］Baumol, W., J., & Bowen, W. G. (1968). *Performing Arts: The Economic Dilemma—A Study of Problems Common to Theater, Opera, Music and Dance*. Cambridge, Mass.: M. I. T. Press.

［3］江田寛（2015）．「公益法人の役割と寄附金制度の総合的整備の必要性」『公益一般法人』，890.

［4］枝川明敬（2015）．『文化芸術への支援の論理と実際』．東京芸術大学出版会.

［5］深尾京司・宮川努編（2008）．『経済成長——JIPデータベースによる産業・企業レベルの実証分析』．東京大学出版会.

［6］Ginsburgh, V. A. & Throsby, D. ed. (2006). *Handbook of the Economics of Art and Culture*, Amsterdam: North-Holland.

［7］Heilbrun, J. & Gray, C. M. (2001). *The Economics of Art and* Culture (2nd ed.),

Cambridge: Cambridge University Press.

[8] 池上惇（2003）．『文化と固有価値の経済学』．岩波書店．

[9] 石見豊（2012）．『英国の分権改革とリージョナリズム』．芦書房．

[10] 松浦茂（2008）．「イギリス及びフランスの予算・決算制度」『レファレンス』，58(5)．

[11] 中島隆信（2001）．『日本経済の生産性分析』．日本経済新聞社．

[12] 中西一（2009）．『フランス予算・公会計改革』．創成社．

[13] Pascale, L. (2002). *Les Arts à l'école: Le Plan de Jack Lang et Catherine Tasca Poche —10 avril 2002.* Paris: Gallimard.

[14] Observatoire des politiques culturelles (2020), *Note de conjoncture sur les.*

[15] Penrose, E. (1959). *The Theory of the Growth of the Firm* (3rd ed.). Oxford: Oxford University. Press.

[16] 斎藤誠（2012）．『現代地方自治の法的基層』．有斐閣．

[17] 下村治（1960）「経済成長と自由化について」『金融財政事情』，484．

[18] Statistiche Aemter des Bundes der Laender (2020), *Kulturfinanzbericht 2020.*

[19] 杉原康雄（2008）．『地方自治の憲法論』．勁草書房．

[20] Throsby, D. (1991). *Economic and Culture*, Cambridge: Cambridge University. Press.

[21] Tocqueville, A., (2015)．『アメリカにおけるデモクラシーについて』（岩永健吉郎訳）．中央公論新社（Tocqueville, A., (1835/1840). *De la démocratie en Amérique.* Paris: Librairie de C. Gosselin.）．

[22] 坪郷實（2007）．『ドイツの市民自治体』．生活社．

[23] 植野妙実子編（2011）．『フランス憲法と統治構造　日本比較法研究所研究叢書82』．中央大学出版部．

[24] 山下茂（2010）．『体系比較地方自治』．ぎょうせい．

[25] 山内直人（2010）．「新しい公共のための寄附税制のあり方とは」『税弘』，58(3)．

[26] 神野直彦（2011）．「わが国における寄附文化と税制」『税研』，157．

第 4 章

プラットフォームとしての文化施設（劇場・音楽堂，博物館・美術館）

本章では，最近の文化施設を巡る法財政制度の大幅な変更が，文化芸術活動の主要な拠点である博物館（美術館），劇場・音楽堂をいかに変容させたか，を戦後の文化施設史と文化経済的な視点から分析・記述する．文化施設は終戦直後に制定された博物館と高度経済成長時代に整備された補助金制度の枠内で，50 年間に渡り設置・運営形態はほとんど変化してこなかった．2000 年前後頃からの行財政改革による地方分権化・業務の民営化路線の下，地方自治体が主体であった文化芸術支援制度が根本から変化し，活動拠点の文化施設も指定管理者制度等によって営利的競争市場に否応なしに参入せざるを得なくなった．国立博物館も独立行政法人に移行し，計画目標とその評価システムによる成果主義的交付金制度に組み込まれた．

それに加えて，地方の高齢化・産業の衰退による地域社会の崩壊を観光産業で回復する地域活性化手法の 1 つとして文化施設が観光業に組み込まれた．観光資源化する法制化とその補助金制度の影響を受け，博物館（美術館）を社会教育施設からアミューズメントパークとする地方自治体は増加する一途である．

4.1 国立の文化施設と民営化路線（独立行政法人化）

4.1.1 独立行政法人への加速化

文化芸術活動に関わる国の機関は，支援組織，直轄事業組織に分けられる．このうち，支援組織は行政官庁が直接補助金・委託金行政改革の名目で行うケースと外郭団体が行うケースがある．1990 年代終わりから「橋本行革」の名の下に，中央官庁の政策官庁化による実行業務の分離や特殊法人改革・規制緩和の政治的動きの中で，国付属機関の独立行政法人化が進められた．独立行政法人[1)]は，行政改革会議での議論と，その結果制定された中央省庁等改革関連法により成立したものである．文化庁付属の国立博物館・文化財研究所・各種試験研究機関は独立行政法人化され，業務のアウトソーシング化によって民間同種機関との市場による競争によって運営の効率化が図られた．そのため，文化芸術活動を直接担う国立博物館と美術館は，独立行政法人国立文化財機構（2007年発足），独立行政法人国立美術館（2001年発足）に所属することとなった．舞台芸術を実演する国立劇場・新国立劇場は設立以来日本芸術文化振興会が運営母体である．イギリスでのサッチャー（Margaret Hilda Thatcher）改革では公共支出の抑制の視点から，政府組織に効率性が要求され効率的経営の要求と公共サービスの外部化が行われたが，日本でもイギリスのエージェンシー（Executive Agency）制度等を参考にしながら，法人の業務運営に対する国の事前関与・統制を必要最小限とする独立行政法人が設立された．法人業務の実施面では法人自らの裁量と責任の範囲内という基本方針が原則となっている．公共サービスを効率的に提供できると判断される場合には，政府は公共サービスの直接的な提供者（provider）であることを止め，外部のサービス提供組織への権能付与者（enabler）へと立場を変えてきた．いわば「政府組織の市場化」が進行したともいえる．

独立行政法人は，民間企業の経営方法・管理手法を行政組織の運営手法として取り入れ，運営効率を高める発想からでてきたものである．エージェンシーは，① 成果の客観化を測定する指標の導入，② その指標に沿い一定期間後に達成度の観察と組織の成績の測定，③ 実行過程の機関裁量といった各特徴をもっている．

独立行政法人は自由に組織管理を行って資源の節約をもたらし，能率を上げあるいは質の高いサービスを供給する責任を負うことになる．成果が客観的に数値的に評価できることや成果が時間的に固定されているような典型的な許認可行政や徴税事務が馴染むといわれる．ところが，日本の独立行政法人は，本章で取り上げる博物館などの文化施設・国立大学などの文教施設，各省の研究機関が中心であり，イギリスのエージェンシーとは大分趣が異なっている．文化施設・教育施設・研究施設が独立行政法人化された理由として，国と別個の法人格を得られるので法人として独立性が担保される上に，自由な事業活動が行えるため効率的な運営が可能となるといわれた．日本の独立行政法人の事務はイギリス型エージェンシーと異なり，定型的な行政事務に馴染まない業務も含まれるから効果測定も難しく，見通しがたい運営上の金銭的欠損も生ずる．そのため金銭的欠損を運営費交付金という名目で各省が交付することとしたのである．

行政学の解釈では，「独立行政法人とは，国，地方自治体から独立の法人格を持つ組織の内，民法，商法に沿い設立されていない組織をいい，大部分の特殊法人，公社，公共組合等が含まれる」とされている．独立行政法人は改良型の特殊法人である．特殊法人と独立行政法人の基本的相違は業務執行過程で，国から予算・人事による拘束を受けずかなり幅広い裁量行為が与えられているところにあるが，独立行政法人は資金の借り入れや税納入については私企業なみであって政府保障や税制優遇はない．

独立行政法人の管理者と職員については個別法で定め，そのうち行政執行法人は国の業務と密接に関連しているので，国家公務員（独立行政法人通則法第51条）とするが，定員は国家公務員定員法の枠外（中央省庁等改革基本法第40条）である．法人役員は特別職公務員で，役員報酬や職員給与は法人の業務実績に沿い役員については役員業績を考慮して支給される．国立博物館・美術館も当初は行政執行法人（当時の名称では，特定独立行政法人）であったが，順次非公務員型に改革された．独立行政法人は通常の営利企業とは異なり，定款等で自由に業務範囲を定めることはできず（私企業を不当に圧迫しないためともいわれる），個々の設置法や業務方法書に従う．業務の自由度は増加するが，その業務活動の範囲は固定されているわけである．

交付金については，政府予算の財政改革による縮減を受け毎年減額されている．私企業ならば売上額が減少すると他分野での事業で売上・利益を確保することが通常であるが，独立行政法人の業務拡大は認められていない．赤字がでても交付金減額分は補填することが難しいなど独立行政法人の業務面での矛盾点が露出してきている上に，交付金は毎年約３％程度が効率化分として減額されている．

文化芸術振興に関係する独立行政法人としては，国際交流基金（人材交流（外務省所管）），日本芸術文化振興会（芸術団体への助成（文部科学省所管）），高齢・障害・求職者雇用支援機構（人材養成（厚生労働省所管）），都市再生機構（UR都市機構・旧地域整備公団の合併．資金提供（国土交通省所管）），国際観光振興機構（旧国際観光振興会．観光紹介（国土交通省所管））等がある．そのほか，文化芸術の分野は営利性より公益性が強いため民法上の法人も多く活動している．

4.1.2　国立の博物館・美術館

博物館や美術館は，歴史資料・芸術資料・民族資料・自然科学資料等を収集・展示・調査研究するために設けられており，厳密にいえば美術館も博物館に含まれる（博物館法）．東京都・京都市・奈良市・福岡県太宰府市に博物館が，美術館は東京都・京都市に近代美術館，東京都に国立西洋美術館・国立新美術館・国立映画アーカイブ，大阪市に国際美術館が置かれている．展示数・施設規模でももっとも大規模である東京国立博物館においても職員定員は109人で，そのうち研究業務・学芸業務に当たる学芸部の定員は59名であり，全体の54％と半数に過ぎない．職員数は海外のメトロポリタン博物館や大英博物館など有力博物館に比べ少ない．国立美術館においても，キューレーターに当たる職員は研究者との兼任で十分な人員は割かれていない．大英博物館の2020年度の常勤職員数は976人でキューレーターの職務を行っている人員は，414人（全職員数の約42％）である．

国立博物館・美術館も独立行政法人であり，その業務範囲はそれぞれ「独立行政法人国立文化財機構法[2)]」「独立行政法人国立美術館法」に規定されている．国立科学博物館についてはその展示内容や設置の経緯が他の博物館と異なっているので，別に「独立行政法人国立科学博物館法」に基づいている．実際の詳細な業務については法律に基づき方法書が制定されているので，国立博物館・美術館の事業内容を精査するには，法律のみならず方法書も参考にする必要がある．以上の法律・方法書に規定されているそれぞれの館の事業内容等につき表示しておく（**表4-1**）．

法律で見る限り国立博物館と国立美術館の業務内容について若干の相違が存在するが，実際は博物館と美術館の業務面での相違はほとんどない．博物館は国際文化交流の観点から展示会の開催が法的に認められている一方，美術館にはその規定がない．同様に行政法人国立科学博物館についても，国際交流の推進のための展覧会開催規定は法レベルでは定められていない．日本の有形文化財を多数所蔵する国立博物館に対しては，文化財を通じた国際交流を積極的に期待していると見られる．国立博物館は日本の歴史・文化に対する理解を深めるため優れた文化財を海外に紹介してきた歴史があり，戦後は国際文化交流を推進するため毎年海外での古美術品展覧会の開催と海外の美術品の展覧実績を評価しているからである．国立博物館は，東京国立博物館・京都国立博物館・奈良国立博物館・九州国立博物館およびその付属施設，国立美術館は国立近代美術館・国立西洋美術館・国立国際美術館・国立新美術館・国立映画アーカイブおよびその付属施設によって構成される．

表 4-1　独立行政法人国立博物館・美術館の概要

名称	独立行政法人国立博物館	独立行政法人国立美術館
目的	有形文化財の収集，保管による公衆への供覧と関連調査・研究，教育・普及事業	美術（映画を言む）作品等の収集，保管によう公衆への供覧と関連調査・研究，教育・普及事業
主たる事務所	東京都	東京都
役員	理事長，理事３名，監事２名	理事長，理事３名，監事２名
役員任期	理事長，理事：４年，監事：２年	理事長，理事：４年，監事：２年
業務内容	１．博物館の設置 ２．有形文化財の収集，保管と公衆への供覧 ３．前号に関連する調査・研究 ４．関連の情報･資料の収集，整理，提供 ５．講演会の開催，出版物の刊行等教育・普及事業 ６．以上の付帯業務 ７．国際文化交流のための展覧会の開催と施設提供	１．博物館の設置 ２．有形文化財の収集，保管と公衆への供覧 ３．前号に関連する調査・研究 ４．関連の情報･資料の収集，整理，提供 ５．講演会の開催，出版物の刊行等教育・普及事業 ６．以上の付帯業務
積立金の処分	中期計画達成後の積立金は，次期中期計画に使用可能．残りは国庫納入	中期計画達成佳の積立金は，次期中期計画に使用可能．残りは国庫納入
その他	重要な有形文化財の処分に一定の歯止め	重要な美術品の処分に一定の歯止め
みなし規定	銃砲刀剣類所持等取締法等では国とみなす	なし

（出典）各法人業務方法書・財務諸表から筆者作成.

表 4-2 には，各博物館・美術館機構のそれぞれの決算を示した．それによれば，2013 年度から 2019 年度にわたる決算を年平均でみると，収入が国立博物館合計で 132 億 7,700 万円，美術館合計で 131 億 5,500 万円，支出が前者では 134 億 2,500 万円，後者が 126 億 4,200 万円と収支がほぼ均衡しているが，若干収入が上回っている．利益分は独立行政法人化のメリットとして主務大臣（文部科学大臣）の承認を得て積み立て，館独自の事業に支出可能である．収入のうち交付金の割合が大きく博物館・美術館とも半分程度であるが，美術館の方が 10 ポイント程度高い．支出面では博物館・美術館とも本来の機能である展示事業に対する支出が大きく，博物館では 18%，美術館では 41%（ただし，2013 から 2015 年度の平均）となっており，美術館の展示経費が支出面での高い割合となっている．博物館・美術館の相違は人件費割合で博物館は支出のおおむね 3 分の 1 程度で高いが，美術館は 10 分の 1 程度である．収入のうち展覧会

表 4-2　国立博物館・美術館の決算推移

美術館　（単位：100 万円）

年度	2013	2014	2015	2016	2017	2018	2019
収入							
運営費交付金	7,546	7,460	7,471	7,501	7,537	7,539	7,392
施設整備費補助金	5,533	3,865	4,118	3,458	2,258	2,518	1,544
展示事業収入	1,198	1,262	1,267	1,576	1,818	1,592	1,437
その他	9	849	966	1,056	840	1,215	1,258
収入計	14,286	13,436	13,822	13,591	12,453	12,864	11,631
支出							
人件費	978	1,068	1,164	1,550	1,527	1,605	1,174
一般管理費	1,113	1,075	1,082	747	774	768	798
展覧事業費	5,346	5,991	5,701	6,386	6,220	8,083	7,730
調査研究事業費	155	158	197				
教育普及事業費	907	975	1,028				
施設整備費	5,533	3,865	4,118	3,458	2,258	2,518	1,544
その他	321	13	1,349	1,587	1,800	767	2,638
支出計	14,032	13,368	13,554	12,141	11,176	12,974	11,246

博物館

年度	2013	2014	2015	2016	2017	2018	2019
収入							
運営費交付金	5,864	6,405	6,620	6,419	6,147	7,177	6,575
施設整備費補助金	6,317	4,660	334	1,190	2,249	4,107	2,830
展示事業収入	1,138	1,019	1,516	1,414	1,805	1,616	1,653
その他	1,818	1,856	2,051	1,247	2,369	2,430	4,112
収入計	15,137	13,940	10,521	10,270	12,570	15,330	15,170
支出計							
人件費	3,615	3,719	4,259	4,316	4,358	4,648	4,877
一般管理費	592	712	1,176	976	612	1,201	1,373
展覧事業費	2,569	2,220	2,083	2,207	2,552	2,594	2,725
調査研究事業費	1,018	1,081	1,340	769	761	731	789
教育普及事業費	62	64	68	164	191	227	237
施設整備費	6,317	4,660	334	1,190	2,249	4,107	2,830
その他	889	1,461	1,495	1,729	1,638	1,883	2,306
支出計	15,062	13,917	10,755	11,351	12,361	15,391	15,137

（注）美術館の欄のうち 2016 年度以降は，財務諸表の区分が変更され，事業費区分が明らかでない．
（出典）表 4-1 と同じ．

に伴う収入は博物館，美術館双方とも 10 分の 1 程度と余り変らない．決算から見ると，博物館は人員が多く，人件費が高いこと，美術館は人員が少ないため人件費が少ないこと，展覧会収支のみみれば美術館は収入に対する支出割合が高く赤字体質であり，博物館では赤字であるものの支出経費の 6 割はチケット収入等でカバーし，主務事業である展示機能を経費的に見れば美術館に比べ健全である．

美術館収入に占める展覧会収入の割合が 10 分の 1 程度であるが，この割合は国立美術館であった 2001 年度以前の 5 年間平均とほとんど変化なく，独立行政法人になっても展示収入の全収入にしめる割合は変化がないことを示している．収入の 90％は運営費交付金・施設整備費補助金[3)]・その他（寄付金等）である．通常の私企業の収支バランスとは大きく異なっている．教育研究施設である国立大学と比べると，全国立大学の収入は約 3 兆 1,964 億円（以下，2018 年度決算）で，交付金が 1 兆 971 億円とその割合は 34.3％である．大学は主な収入として学生納付金（授業料検定料）・病院収入等があり，一律に博物館・美術館と比較することはできないが，交付金の収入に占める割合は国立大学の 2 倍程度と非常に大きくなっている．展示を含む事業収入のさらなる拡大と経費節減が求められる．

世界の博物館の代表といえる大英博物館の収入は，2019・2020 両年の平均で収入が約 1 億 2,062 万ポンド（165 億円），国等からの補助金は 6,413 万ポンド（88 億円，全収入の 53％），原則入場料無料なので展覧会収入はなく，そのほか預貯金株式等資金への投資・ミュージアムショップ等の売上による収入が 1,391 万ポンド（19 億円，12％），残りは遺産・寄付金収入である．特に遺産・寄付金収入が大きく，その割合は全収入の事業収入のうち 35％に当たる．一方支出面では全支出額が 1 億 296 万ポンド（141 億円）で，もっとも額が大きいのは展示品・保存品の修理・保存費用で 5,775 万ポンド（79 億円，56％）で，次いで人件費の 4,007 万ポンド（55 億円，39％），展示費用で 2,130 万ポンド（29 億円，21％）である．

中期計画中の支出面[4)]での推移をみると，支出全体では博物館では年によって相違はあるが，ほぼ 120 億円から 150 億円程度の間を上下している．美術館の支出は最近の 7 年間で約 20％も減少しており，それに見合って収入も減少している．支出の減少の原因は施設設備費の減少にあり，それを除くと収入・支出とも 90 億円から 100 億円程度の間で上下している．

Plan-Do-See の See にあたる評価は，文部科学大臣が示した5年間毎の中期目標および各事業年度の評価が別々に行われる．評価者は法人とは独立して文部科学省に置かれた文部科学省独立行政法人評価委員会文化分化会が行っていたが，2014年に独立行政法人通則法が改正されたため，文部科学大臣が直接行うこととされた．評価は業務実績評価に加え，関連する国の政策評価・行政事業レビューおよび行政評価・監視の結果を活用した評価事業が行われ，評価基準として「ABCの段階的な評価」「定性的評価」の2種類で行われる．

国立博物館の利用者数は，独法化以降急激に増加し最近17年間で2.5倍となっているが，この間博物館数は2館増加しただけであり，また全国レベルの利用者数では25%増に過ぎず，独法化による評価基準の主要な指標が利用者数であることから，評価を考慮した利用者数増加の運営が行われていることがわかる．

4.1.3　国立の舞台芸術劇場

国立の劇場・音楽堂は国の付属施設としては設置されていない．博物館は明治以降国付属施設として置かれてきたが，劇場・音楽堂は戦前も戦後も付置されていない．1959年6月に国立劇場設置のための芸術施設調査研究協議会から答申が出され，第1劇場は2,500人収容で伝統芸能（歌舞伎主体），第2劇場は2,000人収容で現代芸能（当時の用語），第3劇場として能楽堂の800人収容のコンプレックス劇場であった．その後の検討で建築基準法等の関係で1961年2月の最終案では伝統劇・能楽の2劇場となり，現代芸能劇場は今後検討することとなった．歌舞伎等伝統芸能が戦後のGHQの影響やアメリカ文化の浸透により減衰し，大阪では歌舞伎興行劇場が戦前の5劇場から無くなってしまうなど歌舞伎興行者の危機感は大きかった．守田俊郎（八代目坂東三津五郎）の国会参考人答弁（国立劇場法審議）によれば，「大阪発祥の文楽も開演する場所がない反面，当時の大阪には中之島フェスティバルホールを建築し海外音楽家を招聘するなど海外舞台芸術は盛んに行われた」が，「我が国の国劇といえる歌舞伎興行も松竹・東宝がなんとか興業」している次第であった．

国立劇場は1964年8月に起工1961年11月に開場した．劇場開場以前から協議会が文部省外局の文化財保護委員会付置であったため，伝統芸能の保存や活用中心の議論が行われ，現代演劇（新劇）関係者は劇場の設計について関与できず，歌舞伎興行の合間に現代演劇を開演する枠組みであった．千田是也も

「芸術行政を扱う部局が当時文部省になかったので現代演劇について理解がなかったのではないか，伝統劇のみならず演劇全体の問題として考えて欲しい」と同国会で述べているように，当時はオペラ公演も将来的には開演する予定であったことがわかる．そのような演劇人の意見もあって，国立劇場法[5)]の審議過程において「「伝統芸能以外の芸能の振興を図るため，施設その他につき，必要な措置を講ずべきこと」が附帯決議された．オペラ劇場については1972年に文化庁に「第二国立劇場設立準備協議会」が設置され，1992年8月起工1997年10月開場した．ただし行政改革のため国立劇場と同じ経営主体とはなれず，財団法人新国立劇場運営財団が運営に当たっている．新国立劇場はオペラ・バレー・演劇を主として開演，各ジャンル別の研修所を付置しオペラ歌手，バレーダンサー，現代劇俳優を育成している．国立劇場本館以外に能楽堂（1983年，東京），演芸場（1979年，東京），文楽劇場（1984年，大阪），国立劇場おきなわ（2004年，沖縄県浦添）がある．

2003年度と最近の2018年度の利用者数を比べると国立博物館ほどではないが増加している．2004年度から10年間はほぼ70万人程度であったが，2014年度から4年間で20万人弱増加している（図4-1）．経営主体の異なる国立劇場と新国立劇場をみれば国立劇場の利用者数の伸びが大きく，4分の3程度が国立劇場の利用者数で占められている．2003年度から翌年度にかけて大きく利用者数が伸びているいのは特殊法人から独立行政法人化され一層補助金（交付金）も増加したが，利用者数・入場料基準での評価が厳しくなり経営努力を行ったからである．交付金を利用者数で割ると2003年度は1人当たり1万

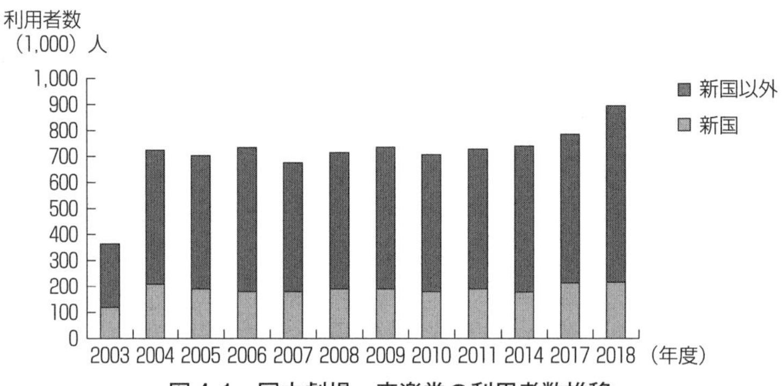

図4-1　国立劇場・音楽堂の利用者数推移

（出典）日本芸術文化振興会業務方法書，新国立劇場各年度年報から筆者作成．

4,500円であったが，2018年では8,200円と2003年度の約6割程度となっている．新国立劇場（オペラハウス）では同じ利用者1人当たりの交付金額は2003年度で2万1,600円，2018年度で1万5,800円となりオペラ関係の経費が高い．交付金は日本芸術文化振興会事業のすべてに渡って交付されるから必ずしも劇場事業のみに使用される訳ではなく，その使途は地方自治体への交付税交付金と同じく裁量行為に基づく．私企業である宝塚劇場・東宝劇場・歌舞伎座への国からの支援がなされていないことを考えればかなり高額ともいえる．

4.2　博物館・美術館の現状と直面する課題

4.2.1　博物館の類型と博物館法

日本では，美術館は博物館の一種で博物館法（1951年公布施行）の適用を受ける．美術館については「美術品の美術館における公開の促進に関する法律」（以下，「美術館公開法」という．1998年公布施行）においては，美術館を「博物館法第2条第1項に規定する博物館又は同法第29条の規定により博物館に相当する施設として指定された施設のうち，美術品の公開および保管を行うもの」としている．文部科学省「社会教育調査」では美術館を美術博物館の名称で規定され「主として美術に関する資料を収集・保管・展示する施設」とされている．社会教育調査と先の美術館公開法による定義と違うところは社会教育調査には「収集」が含まれていることであり，美術館公開法では館独自の収蔵品を持たず展示だけ行うレンタル美術品展示美術館に含まれると理解されている．しかし，社会教育調査では収蔵品を持たない美術館も事実上調査対象となっている．美術館については，ユネスコの定義では“places where objects are exhibited and conserved”となっていることから，最低限収蔵・展示の機能をもつのが通常で，国立新美術館のように収蔵品をもたない美術館は展示施設に過ぎない．

博物館法の目的において社会教育法を受けていることから，社会教育施設（公民館，図書館，博物館）の一種であり教育施設の機能を有する[6]．社会教育法（1949年公布）・博物館法が公布施行される1951年以前から設置されていた国立博物館，国立科学博物館，その後文部省設置法により設置された国立西洋美術館（1959年設置開館），国立近代美術館（1952年に設置），国立国際美術館（1977年開館），国立映画アーカイブ（2018年に国立近代美術館より独立開館）および国立新美術館（2007年に文化庁所管の（独法）国立美術館が設置）は文化施設といわれ，博物館法第29条による「博物館に相当する施設」といわれる．

文部省編纂（1972）『学制百年史』・旧文部省設置法（1949年公布施行当時）・旧国立博物館官制（1947年公布施行）によれば，「国立博物館は，美術品および歴史資料を収集，保存して公衆の観覧に供し，あわせてこれに関連する調査研究および事業を行う機関」と定義され，社会教育施設とは理解されていなかったことがわかる．同書によれば当初私立博物館は少なく，ほとんど社会教育施設として教育委員会が設置したものがほとんどで，社会教育が「戦前の学校教育の補充的役割[7)]」から「成人に対するさまざまな学習意欲の刺激と学習機会の確保」とされたが，「博物館は，財政難のために活動が著しく沈滞し，二十五年の第二次米国教育使節団の報告書でも，文部省がその窮状を検討するよう勧告する状態」（『学制百年史』）であった．この状態下では，社会教育施設として出発した博物館と収蔵施設として認識されていた国立博物館とを同じ概念でまとめる考えはなかったようである．文部省（1948）『文化観覧施設一覧』によれば，1945年の終戦時で211館存在し，美術館が7分の1でもっとも多い．設置者別では全体の3分の1が私立で次いで公立である．社寺付属の宝物館的施設も7分の1程度あった．現在まで連続する博物館数統計は1954年からあるが，それによれば1954年には198館存在し，『学制百年史』によれば「公立博物館の施設費，設備費などの国庫補助が行われたが，社会が安定するにつれて，博物館の数も暫時増加した」と記載されている．事実，**表4-3**に示すように1954年から1971年の20年足らずにうちに1.74倍に増加している．

博物館（以下，区分する必要があるときを除いて博物館・美術館を「博物館」という）の設置主体別割合は，2018年で**表4-4**の通りである．これをみれば公立（組合立も含む）が全体の61.1%を占め次いで公益法人の24%である．国・独立行政

表4-3　年次別博物館・学芸員数の推移

年度	博物館合計数	総合	科学	歴史	美術	野外	動物園	植物園	動植物園	水族館	職員数	学芸員数	学芸員割合(%)
1954	198	23	31	75	30	0	9	16		14	—	—	—
1955	239	30	32	75	48	4	17	14		19	2,653	244	9.2
1960	273	41	37	68	51	3	27	15		31	3,636	192	5.3
1963	294	43	40	75	56	4	26	19		31	4,221	253	6.0
1968	338	55	43	83	77	4	27	18		31	4,350	279	6.4
1971	345	53	42	93	82	3	31	12		29	4,968	337	6.8
2017	1,286	154	104	470	453	16	34	11	6	38	13,202	4454	33.7

（注）職員数，学芸員数には，兼任・非常勤者数は含めていない．
（出典）文部科学省各年度版「社会教育調査」．

表 4-4　博物館の設置主体別割合（2018 年）

設置主体	登録	割合（%）	相当施設	割合（%）	計	割合（%）
国	0	0.0	0	0.0	0	0.0
独立行政法人	0	0.0	30	8.1	30	2.3
都道府県	123	13.5	46	12.4	169	13.1
市（区）	416	45.5	116	31.2	532	41.4
町	62	6.8	14	3.8	76	5.9
村	4	0.4	2	0.5	6	0.5
組合	1	0.1	1	0.3	2	0.2
地方独立行政法人	0	0.0	0	0.0	0	0.0
一般社団法人・一般財団法人 公益社団法人・公益財団法人	275	30.1	33	8.9	308	24.0
その他	33	3.6	130	34.9	163	12.7
合計	914	100.0	372	100.0	1286	100.0

（出典）文部科学省（2018）「社会教育調査」.

法人立は非常に少ない.（公益財団法人）日本博物館協会が行った『日本の博物館総合調査』（2019）によれば，類似施設まで含めて公立博物館が 67.8%，公益法人立が 18.9%，その他会社立（類似施設まで含むので会社立は含まれる）が 11.1%である．協会調査では公立が若干多く公益法人立が少ないが，類似施設まで含んでいるので相違はある．両調査からいえることは，博物館を設置している主体は大方が地方自治体であることである．したがって，博物館の諸課題は公立の博物館問題といえよう．この問題の 1 つに地方の博物館行政の主管替えがある．

第 9 次地方分権一括法（2019 年 6 月）により，博物館法・「地方教育行政の組織及び運営に関する法律」が改正され，従来の博物館行政が教育委員会から首長部局に変更となった．この改正理由は，博物館を観光客の目玉として地方への観光客誘致を狙って，観光産業育成の視点から首長部局での博物館行政を行おうとした夕張市，北海道，群馬県等からの提案として第 35 回地方分権改革有識者会議・第 88 回提案募集検討専門部会（2018 年 11 月 19 日）で検討されたことに因る．運営面では博物館への予算措置が首長の裁量行為により増減され，恒常的な運営費に事欠く可能性が高くなった．「日本の博物館総合調査」（2019）においても「資料購入予算の減少はますます続いており，しかも再び「予算ゼロ」へと向かっていると推測される」と記載されている．

博物館の種類別態様をみてみると「美術館」は全博物館の 3 分の 1 程度であ

表 4-5　類型別博物館の割合（2018 年）

1	計	総合博物館	科学博物館	歴史博物館	美術博物館	野外博物館	動物園	植物園	動植物園	水族館
合計	1,286	154	104	470	453	16	34	11	6	38
	100.0	12.0	8.1	36.5	35.2	1.2	2.6	0.9	0.5	3.0
登録	914	131	68	331	359	10	5	2	—	8
	100.0	14.3	7.4	36.2	39.3	1.1	0.5	0.2	0.0	0.9
相当施設	372	23	36	139	94	6	29	9	6	30
	100.0	6.2	9.7	37.4	25.3	1.6	7.8	2.4	1.6	8.1

（出典）表 4-4 と同じ.

り，登録博物館に多い（表 4-5）．先ほどの「日本の博物館総合調査」によれば美術館数は全体の 22％となっており，社会教育調査の方が 10 ポイントほど高くなっている．「日本の博物館総合調査」は「類似施設」も含むので収蔵品の価値の高い美術品は，個人立も多い類似施設では所持しにくいため類似施設に美術館が少なくなり合計では美術館が少ない割合になると思われる[8)]．

博物館には野外博物館・動物園・植物園・水族館も含むが，その設置数や全体での割合は少ない上展示品が生物や自然物であり通常の博物館と異なり特殊である．まとめると，博物館はおおむね歴史博物館・総合博物館・科学博物館と美術館に分けられ設置主体は地方自治体であるとしてよい（表 4-6）．そのため，地方自治体が主体となって設置された地域創造（旧自治省の地方文化芸術支援外郭組織[9)]）においても，「地域の公立文化施設を取り巻く状況については，平成 11 年の合併特例法の一部改正に伴う市町村合併[10)]による広域的な枠組みの変化や，平成 15 年の地方自治法の一部改正による指定管理者制度[11)]の導入等により大きく変化した」との認識をもち，公立の文化施設（ホール施設）「美術館」「練習場・創作工房」を取りまく環境変化による運営状態を調査している．

博物館の種類とは別に博物館の質担保のため，博物館を登録博物館・博物館相当施設・博物館類似施設に分けている．博物館法の対象としては，「登録博物館」「博物館相当施設」のみである（表 4-6）．博物館登録制度は，博物館法公布当時博物館数が少ないながらもその質的なレベルがまちまちであったことから，博物館の質的向上を図るためにも必要な制度であった[12)]．

結果として登録制度から外れた質の低い博物館も存在した．当時は登録博物館がいわゆる博物館であった．博物館法の公布当時は博物館を設置しようとする者は，都道府県教育委員会に申請が必要で，教育委員会はその申請内容が法

表 4-6　博物館の設置主体別質保障措置

設置主体	登録	相当	類似
国	0	0	158
独立行政法人	0	30	40
都道府県	123	46	238
市（区）	416	116	2,358
町	62	14	810
村	4	2	136
組合	1	1	0
地方独立行政法人	0	0	0
一般社団法人・一般財団法人 公益社団法人・公益財団法人	275	33	138
その他	33	130	574
合計	914	372	4,452
法令適用	博物館法・美術館公開法・展覧会美術品損害補償法	博物館法・美術館公開法・展覧会美術品損害補償法	なし

（注）美術館公開法・展覧会美術品損害補償法は，文化庁関連の博物館は適用.
（出典）文部科学省（2018）「社会教育調査」，日本博物館協会（2018）「日本の博物館総合調査」による.

の規定する最低基準に合致したとき，登録簿に記載し質を保証したのである．設置者は地方自治体のほか民法上の法人・宗教法人のみであり，前者が公立博物館，後者が私立博物館と呼ばれた．博物館法公布当時から公立博物館でも登録博物館でない博物館も存在したが，その後博物館数も順調に伸びる一方登録博物館以外の博物館も増加し，それらに対する質的保障措置が求められた．1955年の博物館法の改正で「博物館相当施設」を加えたが，設置者を登録要件としなかったため登録博物館は教育委員会設置のみならず個人立でも会社立でも用件さえ整えれば「相当施設」になり得た．その基準は博物館法に基づく文部科学大臣告示により基準を定め，公開期間・学芸員数などをクリアした博物館を申請を待って都道府県教育委員会が登録簿に「登録博物館」として登録する．基準を満たさないようになれば抹消される．「博物館相当施設」は「国・都道府県・指定都市教委が登録館に類する事業を行う施設」として指定した館であり，博物館法の仕組から先の国立博物館以下8館は博物館相当施設となっている．

博物館法上設置主体が教育委員会，宗教法人，一般社団・財団，政令で定め

る法人（日本赤十字社，日本放送協会）が博物館設置主体として限られるので，国立大学法人・私立大学法人が設置する大学付置博物館，国立民族学博物館などの大学共同利用機関は博物館法の「博物館」ではないが，東京大学総合博物館は東京大学総合研究博物館規則によれば，「学術標本を総合的に調査，収集，整理および保存」「学術標本に関する学際的研究」「学術標本を展示公開」が設置目的となっており博物館法の博物館と機能は変わらない．設置主体にかかわらず，国，都道府県・指定都市教育委員会は登録館に類する事業を行う「相当施設」を指定することができる．したがって，博物館には博物館法上の「登録」「相当」の博物館があり，設置主体が博物館上の博物館でなく個人立の博物館でも博物館相当施設になり得る．法規定の設置主体以外の博物館で博物館相当施設でない博物館は，博物館法上の博物館でなく，社会教育調査上では「類似博物館」として調査されている[13]．1987 年度社会教育調査では「博物館と同種の事業を行う施設（登録又は指定を受けていないもの）」が「博物館類似施設」として調査対象となっているが，博物館法の枠外である．

表 4-6 をみれば，現在の質レベル・設置者別の博物館数の傾向が見られるが，この表の欄のうち博物館は博物館法上，登録博物館は地方自治体設置では教育委員会のみである．博物館の質に応じて，博物館法だけでなく展覧会での美術品保障制度（公益的な展覧会のために海外等から借り受けた美術品に損害が生じた場合に，その損害を政府が補償：通常 1,000 億円が限度）を受けられる「展覧会における美術品損害の補償に関する法律」，登録美術品制度に基づく美術品の公開を促進（過去の所有者が美術品の返還を求める係争事件が数多く起こるなどしており，海外からの美術品については，差押え対象とはしない特別の法整備）する「海外の美術品等の我が国における公開の促進に関する法律（海外美術品等公開促進法）」，標本等として用いる物品を輸入又は寄贈された場合，関税免除の「関定率法」などが適用される．相当施設には関税定率法は不適用である．以上の優遇策は博物館法と連動しているため，博物館法上で未規定の類似施設は優遇措置は受けられない．このように，博物館といっても博物館法で規定されるかどうかによって，他の優遇策がコントロールされるので博物館運営者にとっては博物館法の枠組みが重要となる．

4.2.2　博物館および利用者数の需給関係の不均衡

図 4-2 に 1954 年度以降 2018 年度までの博物館（登録博物館と博物館相当施設）

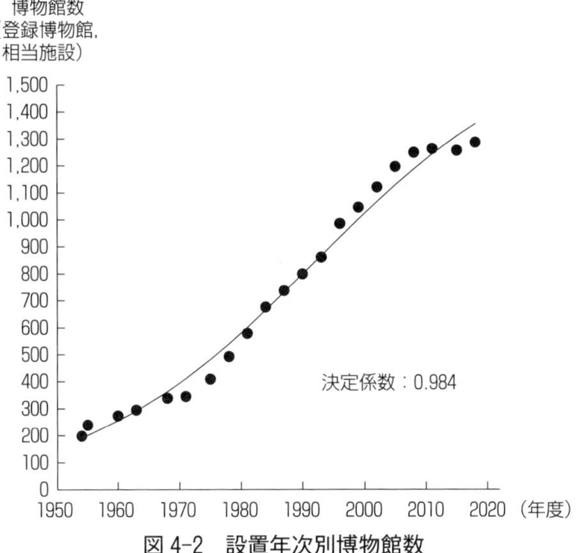

図 4-2 設置年次別博物館数

（出典）文部科学省各年度版「社会教育調査」.

数の推移とその近似曲線を記載した．近似曲線はロジスティック曲線（成長曲線）を用いているが，同曲線の性質上長く時間が経れば一定数に収束する．このロジスティック曲線と博物館の増加傾向との適合度は自由度修正済み決定係数：0.984と非常に一致しており，傾向として一定利用者数に収束しつつある．博物館がすでに飽和状態になっておりこれ以上増加することはほぼないことを示す．このロジスティック曲線から時間が無限に経過した際の限界博物館数を導き出すことができるが，それは1,689館となる．現在1,300館弱であるから，博物館と相当施設の合計数はあと400館弱程度の伸びとなる．博物館利用者数が伸びない中で需要（利用者数）に供給側が制限されていることを示す．博物館（相当施設も含む）の90％以上は公立博物館なので博物館が迎える諸問題は公立博物館の問題といえる．

同じように博物館利用者数の年次別推移を分析すると博物館の設置数と同じく利用者数も頭打ちになっていることがわかる（表4-7）．ロジスティック近似曲線により利用者数の最大限度は1億4,700万人程度である．日本の人口と比べれば年齢を問わずおおむね年間1回程度博物館に来館する計算となる．常識的にみて妥当な推計と思われる．推移をみれば1975年度から1996年度まで予

表 4-7　利用者数の予測値と実績値の比較

(単位：1,000 人)

年度	利用者数	予測値	残差	残渣／予測値 (%)
1955	26,165	32,296	−6,131	−19.0
1960	36,861	38,695	−1,834	−4.7
1963	48,374	42,945	5,429	12.6
1968	58,426	50,688	7,738	15.3
1975	93,657	65,885	27,772	42.2
1978	98,486	71,068	27,418	38.6
1981	116,278	76,250	40,028	52.5
1984	109,167	81,433	27,734	34.1
1987	120,191	86,615	33,576	38.8
1990	130,321	91,798	38,523	42.0
1993	134,335	96,980	37,355	38.5
1996	124,074	102,163	21,911	21.4
1999	113,273	108,601	4,672	4.3
2002	113,977	113,959	18	0.0
2005	117,854	119,085	−1,231	−1.0
2008	124,165	123,947	218	0.2
2011	122,831	128,525	−5,694	−4.4
2015	129,579	134,162	−4,583	−3.4
2018	142,456	138,031	4,425	3.2

(注) 網掛け部分は，通常の年より利用者数が上ぶれしている年代.
(出典) 図 4-2 と同じ.

測値よりかなり上方に実績値が上振れしている．1975 年代は 1970 年から始まった旧国鉄のディスカバー・ジャパンに象徴されるように観光ブームが始まり，その後も国内宿泊者旅行者数も 1980 年代には 25%程度増加したように，引き続き増加傾向であった．当時の政府の観光政策審議会も観光客誘致の民家博物館を提案している．80 年代後半からのバブル経済は地方自治体の財政状況も改善し文化施設も多く建設された．そのため，当該期間を除いた予測値に比べ年にもよるが 20%から 60%くらい上振れしている．とりわけ 1975 年度から 1993 年度までは通常年次の平均 1.5 倍程度利用者が増加している．そのような特殊状況下での年代の利用者を除いた年次との近似曲線を求めれば，決定係数 0.991 と非常に高くなり実績値と合致している．

そこで経済活動と博物館の利用者数は関連があると思われるので，**図 4-3** に名目 GDP と利用者数の関係を示した．この図をみれば GDP と利用者数は相当程度関係があり，その決定係数は 0.974 と GDP で利用者数を説明可能であ

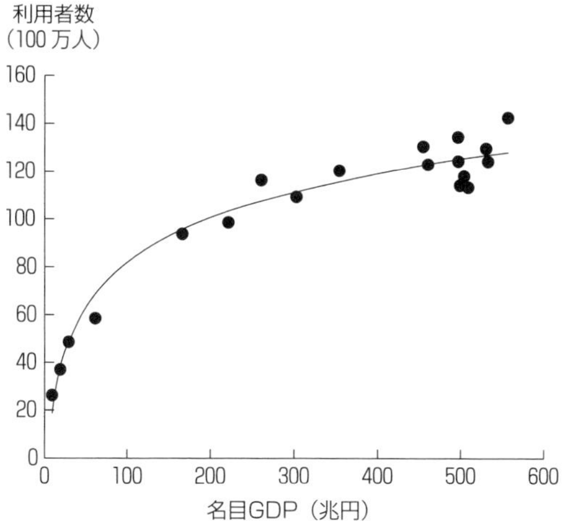

図 4-3 利用者数と名目 GDP の関係

（出典）図 4-2 と同じ．

る．経済がバブル時代でも当てはまっており，経済成長時には自由時間や所得が増加するので，文化芸術活動の一部である博物館への来館者も増加するといえよう．このことは，経済が伸び悩むとき利用者数も伸び悩むことを示している．これは当然なことで，GDP（年間の付加価値総額）をどこに投じるかはそのときどきの国民の選択によるのである．現時点では1990年代より始まった低経済成長時代においては，バブル経済時と違い「余暇時間」の消費が増加せず，日常生活の「時間配分選考」に文化芸術活動が上位に来ない．負の「所得効果」が文化芸術消費行動に現れるのである．

博物館の団体である日本博物館協会が利用者数について「平成16年調査（2004）からほとんど変わっていない」と伸び悩んでいることを『日本の博物館総合調査報告書』（2019）に記載している（**表 4-8**）．経済が低調な時代に利用者数のみ伸びることは，非常に難しい．同報告書では，各博物館の利用者動員策を調査しているが，時系列的にも継続して行われているのが，「広報活動の増強」「特別展・企画展の積極的開催」「普及活動の積極的実施」「学校との連携の強化」（各欄網掛け）であり，これらの方策は70%以上の博物館が行っている伝統的動員策である．しかし，利用者数が伸び悩んでいることは事実で，博物館の動員策が経時的に次第に増加しても，人口と経済状況からの限界も利用者数に影響を与えるので，同種の動員策を各博物館が行っても効果は少ない．そ

表 4-8　博物館の利用者動員策の年次別推移

区分		1997年(N=1,891)	2004年(N=2,030)	2008年(N=2,257)	2013年(N=2,258)	2018年(N=2,314)
取り組み館の割合（%）	1．ある	73.1	78.6	82.5	86.4	79.5
	2．ない	25.8	19.9	13.6	12.2	16.1
取り組み内容（複数回答%）	友の会活動の活発化	17.4	17.0	18.0	18.1	—
	広報活動の増強	71.0	69.7	71.8	76.0	89.7
	学校との連携の強化	45.7	52.6	58.2	60.4	77.8
	各種団体との連携の強化	24.6	23.6	34.8	43.6	54.8
	展示の更新	38.7	37.9	48.5	37.6	—
	特別展・企画展の積極的開催	62.2	62.2	67.6	61.3	79.7
	観光コースへの組み込み	26.3	22.5	30.7	33.5	42.0
	招待券や割引券の発行	30.7	27.5	33.0	35.3	50.4
	普及活動の積極的実施	45.1	48.4	55.8	59.3	80.1
	他館との連携	—	20.5	26.9	36.3	62.9
	年間パスポートの発行	—	—	—	17.1	23.0
	その他	6.9	7.0	8.3	11.8	
	無回答	0.1	2.4	0.8	0.5	—

（出典）日本博物館協会（2018）「日本の博物館総合調査報告書」を一部改変.

こで，各博物館が個々に行っている動員戦略の割合と博物館全体の利用者数の相関から，統計的に優位な動員策を選び，その指数と利用者数の回帰を求めて有効な活用策を検討する．非説明変数を利用者数，説明変数として「特別展・企画展の積極的開催」「招待券や割引券の発行」とすれば決定係数は 0.792 とかなり説明している．VIF：4.8<10 であるから多重共線性は少ない．この利用者に効果のある動員策は 70％以上の博物館がすでに行っており，これ以上行うことはできない．市場供給圧力（過剰供給）の強い現況下では次第に効果が薄れてくる．

現在では，博物館はマーケティング的要素を取り入れた経営となっている．従来の博物館が取り入れている単純なマーケティング戦略は市場が拡大していた時代にアメリカで工夫されたものである．今日のような競争市場で供給過剰でのマーケティング戦略はポーター（Michael Porter）の博物館価値連鎖モデルのように，「食うか食われるか」状態を考慮した戦略でなければいけない．その点から，日本博物館協会が「日本の博物館の運営は依然として厳しく，本調査の結果からは，多くの課題とともに，それぞれの博物館が様々な工夫と努力を行うことで，地域の教育・学術および文化の拠点としての機能が維持されている実態」といった現状認識は，博物館の過剰供給下でのコメントとしては楽観的過ぎといえよう．同協会は博物館の直面する課題を挙げた後，「こうした課題の解決が進まない原因として，財政面の厳しさや職員不足といった経営資源の確保という博物館の経営的課題の解決が進んでいない実態」と述べている．営利企業でも「人材・資本」は十分でないケースも多く，そのため資源の集中化・事業廃止が行われる．博物館は劇場・音楽堂に比べて経営面での指定管理者の割合も小さいため，同じサービス業（展示機能と舞台芸術）でありながら，顧客開拓への取り組みが従前の延長線的な戦略になっている．現在，博物館上継子扱いになっている企業博物館[14]はアミューズメントパーク的な楽しめる博物館として，利用者のリピート率も高くなっていることも大いに参考になる（日外アソシエーツ編集部編（2003）．『新訂 企業博物館事典』．日外アソシエーツ）．

4.2.3　博物館を巡る諸課題

博物館利用者数の伸び悩み以外に文化庁や関係団体・識者で議論されている博物館を取り巻く状況については下記の通り厳しい．以下，博物館を巡る現在直面する諸課題について述べる．

①　博物館法・文化財保護法・地方教育行政の組織及び運営に関する法律上の問題点

質的に優れ全国の博物館の先導的役割を担う国立博物館・科学博物館，大学付置博物館，民族学博物館等の大学共同利用機関博物館[15]が，博物館法の関係で登録博物館になれず，博物館相当施設であること．登録博物館が首長部局移管のため登録からはずれ，登録博物館の質的保障という意味合いが薄れてきている．

歴史的に見れば，博物館法制定作業の1949年頃から社会教育法を根拠とした博物館法立法作業では地方自治体教育委員会行政を考えたため，大学付属博物館は行政対象外となった．さらに，法隆寺金堂壁が消失したことから提案された文化財保護法には，日本博物館協会が反対したにもかかわらず，国立博物館を文化財保護委員会付属機関として位置づける規定があり，社会教育施設として考えられた博物館と文部省での所管が異なることとなった．

② 学芸員の研究資格の欠如

学芸員は博物館法により展示品・収蔵品にかかわる研究を行う業務を含むが，博物館自体が文部科学省の科学研究費申請資格をもつ組織でないケースが多いため，科学研究費申請ができない．その上博物館の経費削減下では研究費が少なくなり，学芸員の研究能力が劣化する．それに反して国立博物館等は科学研究費申請資格を持っており，研究レベルの全国的な遍在が起きている．

③ 劇場法との不均衡

劇場法は舞台芸術を住民に展開する文化施設であるが，博物館は文化財・美術品・植物・動物・自然物など静物・静物を展示する社会教育施設である．法令上文化庁所管の国立博物館等は文化施設として，大学博物館は研究施設として位置づけられている．文化芸術活動を社会に公開する文化施設という視点からは，博物館，劇場・音楽堂も同じものといえる．文化芸術はその作品に時間芸術と空間芸術双方を含むから，前者を展示するのが劇場・音楽堂であり，後者を展示するのが博物館ともいえる．文化芸術という視点から両法の整合性がある方が望ましい．この場合，劇場・音楽堂は社会教育施設ではないので，教育機能は公式的に打ち出すことは難しい．文化庁に博物館行政が移ったのを契機に，文化施設の視点からの整理が必要であろう．その意味で博物館に置かれる資格の必要な学芸員に相当する専門職が劇場・音楽堂へ設置されるべきであると考えられる．

④ 博物館観光資源化と予算

第3期観光立国推進基本計画（2017年3月）において「文化財・歴史的資源・自然等の観光資源としての活用」が提唱されたが，文化観光拠点として地方の博物館を活用する観点から「文化観光推進法」が，2020年5月に施行された．文化庁に博物館行政が移管された2018年度から文化庁が予算補助として行ってきた「博物館クラスター形成支援事業」（合計20.1億円）はこの法律に基づいて衣変えし，2020年度からは「博物館を中核とした文化クラスター推進事業」として実施されている．そのため従来事業の予算組み替えを行い，24.75億円に拡大した．

博物館クラスター形成支援事業創設に当たり，文化庁予算1,070億円の内で

20億円を新規要求することはゼロシーリングに近い現況下では困難であった．そこで新規予算をひねり出すため，国立博物館等の整備費が6.6億円減額（28％減）され，東日本大震災の復旧対策費1.6億円（28％減），劇場・音楽堂等機能強化推進事業1.7億円減額（７％減）となり，国立の博物館の整備費，劇場・音楽堂の機能費補助を全国の博物館の観光拠点化予算に移し替えを行い，さらにほかの予算を少しずつ減らして予算の埋め合わせを行った．国立博物館経費や全国の劇場・音楽堂の経費が潤沢ならば減額・組み替えでもよいが，実際は経費が十分でなく観光客誘致目的で地方博物館を文化観光拠点化する支援制度は政策として妥当か検証が必要である．特に観光産業は経済産業省も認めているように日本産業の中でとりわけ労働生産性に低い産業であり，他産業へのスピルオーバー効果も少なく，コロナ蔓延下で人の移動が制限されている中での観光拠点化は疑問である．

2020年には，文化庁「文化施設を中心とした文化観光の在り方に関する検討会」が「文化資源の観覧等を通じて文化についての理解を深めることを目的とする観光」を「文化観光」と定義し，博物館を観光施設の目玉とするような提言をまとめている．2006年の観光立国推進基本法の趣旨に沿った観光戦略の一貫であるが，社会教育法・博物館法の趣旨，社会教育施設の中立性の担保が観光目的（地域観光産業推進）のためねじ曲げられる懸念がある．同時に第９次地方分権一括法に基づく「地方教育行政の組織及び運営に関する法律」・博物館法等の改正もあり，登録博物館の首長部局への移管替えも可能となっている[16]．

博物館法制定の機運が高まっていた1949年に博物館入場者への入場者課税問題が起きている．その際，博物館は公益的施設として捉えられ，観光娯楽施設から一線を画した．その後課税問題は後々まで尾を引いて，私立博物館から国公立博物館と同じく固定資産税減免要請がおきた．入場税・固定資産税課税を端緒に博物館は単なる観光娯楽施設とは違い，社会教育に寄与する公的な機能をもつ施設だと認識されることになった．一方では，非課税措置されたことを奇貨として，観光型私立博物館が戦後の急速な経済成長による観光ブームもあって多数設置された．運輸省（1957）『観光資源要覧』によれば，1957年で商工物産館，陳列館など観光目的の施設も含め531館（博物館法上の博物館との重なりは不明）もあった．このように，博物館は観光化と結びつきやすい．

4.2.4 博物館の類型別実態

博物館は，美術館・植物園・動物園・水族館を含む非常に概念の広い教育文化施設である．類型によってかなりその態様が異なっている．利用実態については国・公立博物館の外部評価や指定管理者制度においても利用者数の増加が主要な評価項目の1つとなっている．先に述べたように，博物館は現在飽和状態でありまた利用者数も全体では限界が来ており，その中で各博物館が相違工夫して動員をかけている状態である．その状態は1990年代半ばから始まったが，21世紀に入ると国立館では独立行政法人化，公立館では指定管理者制度・地方独立行政法人化が始まり，劇場・音楽堂に比べれば指定管理者制度の割合は劇場・音楽堂55.5%に対して博物館15.8%と約3分の1程度になっているものの評価が行われている館は全体の78.8%となっている．国公立館のみでは，98.4%とほぼ全館が評価を行っている．評価の開始以降と以前とでは博物館の運営・状況も幾分異なることが考えられるので，以下では90年代以降の博物館の類型別に制度改正前後で分けて記述する．

表4-9に類型別期間（1期（1990年代から2000年代はじめ）と2期（2000年代後半から現在まで））別で博物館1館あたりの資源をみれば，もっとも重要な人材面では一般的には増加傾向がある．資本としての展示品・収蔵品も増加しており，博物館の投入資本では2期の方が充実している．独立行政法人化・指定管理者制度，評価制度が投入物（資本）増加に効果あったのかどうかは不明だが，それら制度改正の影響はあったと思われる．基本的に評価制度はinput-output-analysisであるから，よい結果をだせば投入物は増加させる方向に導く．その結果としての利用者数であるが，全体ではほとんど伸びていない．1期と2期を比較すれば利用者数は科学博物館・水族館・動植物園は大きく増加しているが，植物園・総合博物館は大幅に減少している．館あたりの職員数の変化率と利用者数の増減の相関は0.42程度と低いが，講演会・研究会・学級・講座・映写会等の事業参加者数の増減とは相関係数が0.79と高くなっている．展示品・収蔵品の増減と利用者数の増減の関係では，比較的高い相関がある（相関係数0.53）．入館料はUNESCOの1960年勧告では「可能な限り無償とする」旨提言されているが，日本では戦前以降入館料無料の意識は低く，社会教育の普及・文化芸術の鑑賞機会の平等化の視点からは低廉な価格が望ましい．入館料はおおむね減少傾向にあるが水族館のみが増加しており，水族館・動植物園・動物園は1,000円以上の入館料となっている．入館料の増減と職員数，

表 4-9　博物館の類型別期間別実態

類型	期間	館当職員（人）	館当資料数	館当利用者数（1,000人）	館当事業参加者数（1,000人）	事業実施館比	入館料
科学博物館	1	11.2	86,791.9	122.0	4,587.8	73.3%	360
	2	9.0	128,027.3	141.0	6,285.4	85.6%	327
	合計	9.6	116,245.8	135.6	5,800.4	82.1%	339
植物園	1	25.5	57,922.6	179.7	4,477.4	45.2%	855
	2	10.1	51,077.1	122.3	893.0	54.4%	458
	合計	14.5	53,033.0	138.7	1,917.1	51.8%	607
水族館	1	34.6	18,528.4	448.4	945.2	56.8%	1529
	2	29.7	26,373.7	518.7	2,259.8	80.2%	1582
	合計	31.1	24,132.2	498.6	1,884.2	73.5%	1562
総合博物館	1	9.5	103,749.1	74.1	1,836.5	81.5%	151
	2	8.2	154,900.0	58.4	1,647.6	90.2%	317
	合計	8.6	140,285.5	62.9	1,701.6	87.7%	254
動植物園	1	39.1	27,078.3	608.6	378.5	50.0%	1010
	2	42.4	48,202.4	572.1	1,845.9	58.1%	1067
	合計	41.5	42,166.9	582.5	1,426.7	55.8%	1046
動物園	1	43.6	6,259.2	602.7	3,077.3	63.2%	1177
	2	34.0	5,021.6	590.1	4,240.1	78.0%	902
	合計	36.7	5,375.2	593.7	3,907.9	73.8%	1005
美術博物館	1	8.1	10,108.2	73.2	976.8	64.9%	461
	2	6.7	16,085.7	78.0	1,879.4	76.4%	477
	合計	7.1	14,377.8	76.6	1,621.5	73.1%	471
野外博物館	1	10.6	18,934.3	180.6	1,440.5	58.0%	352
	2	12.2	60,271.7	174.0	4,128.7	69.7%	521
	合計	11.7	48,461.0	175.9	3,360.7	66.3%	457
歴史博物館	1	6.4	47,802.5	51.2	1,021.9	67.5%	259
	2	5.2	60,654.3	50.0	1,583.3	77.8%	252
	合計	5.5	56,982.4	50.3	1,422.9	74.8%	255
合計	1	21.0	41,908.3	260.1	2,082.4	62.3%	684
	2	17.5	61,179.3	256.1	2,751.5	74.5%	656
	合計	18.5	55,673.3	257.2	2,560.3	71.0%	666

（注）1998，95 各年の入館料は一部推定してある．そのほかは，文科省「社会教育調査」各年度．
（出典）日本博物館協会（2020）「日本の博物館総合調査」，みずほ総合研（2019）「持続的な博物館経営に関する調査」．

展示品・収蔵品の増減とは0.5程度の相関であり，強い関係は見い出せない．評価制度や指定管理者制度導入が行われているものの大多数の博物館の運営は地方自治体が直轄事業として行っており，定員・予算制度の枠から急激な増減員・予算増減はできないからだろうと思われる．その点で，劇場・音楽堂と比べて運営環境がぬるま湯的といえよう．

博物館の入館料は無料もしくは低廉設定が求められているので，その入館料のみで館運営費をまかなうことは無理であり，博物館類似施設を含めた全館では入館料の全支出に占める割合は20%程度に過ぎない（日本博物館協会（2020）「日本の博物館総合調査」）．劇場・音楽堂ではその割合が大型劇場では約半分，地方劇場では7分の1程度であるから博物館は入館料収入の増加による努力で全事業費をまかなうことは難しい．

その事情もあってか，評価基準のうちoutputは入館料収入より利用者数で測定されるケースが多い．博物館関係者の団体である日本博物館協会も利用者数の状態や増加について関心が高い．利用者数を博物館のoutputとみて，博物館の生産関数を求めてみよう．

4.2.5　博物館の生産関数

博物館はサービス業であり，その生産された付加価値は劇場・音楽堂のように金銭収入で測定すべきであるが，先述したようにUNESCOからの勧告に沿い，入館料は無料か低廉との要求が高い．利用者に提供するサービス内容よりかなり低い金銭価値しか得られない．そこで付加価値を利用者数で測定すればほぼ産出付加価値と見なせるだろう．

各館類型別1館当たりの利用者数の年次別推移を見れば，動植物園が基調として増加傾であるほかは，1995年度から2017年度の23年間にわたり利用者はほぼ一定で利用者数の飽和状態が読み取れる（図4-4）．動物園・植物園も1館当たりの利用者数はほぼ横ばいである．複合型博物館はアミューズメントパーク的構成となっているのが多く，動植物園もその例外でなく人を呼び寄せているのだと思われる．美術館は1館当たりの利用者数はほとんど変化がないが，総美術館数が増加しているので全体の利用者数は増加している．博物館の利用者数の推移から，最近の博物館の娯楽性指向・美術指向が見られる．

次に，博物館への資本への投資面をみると，博物館でのそれは学芸員等の人材と収蔵品・展示品等の事物である．展示館の広さや施設設備も重要な資本で

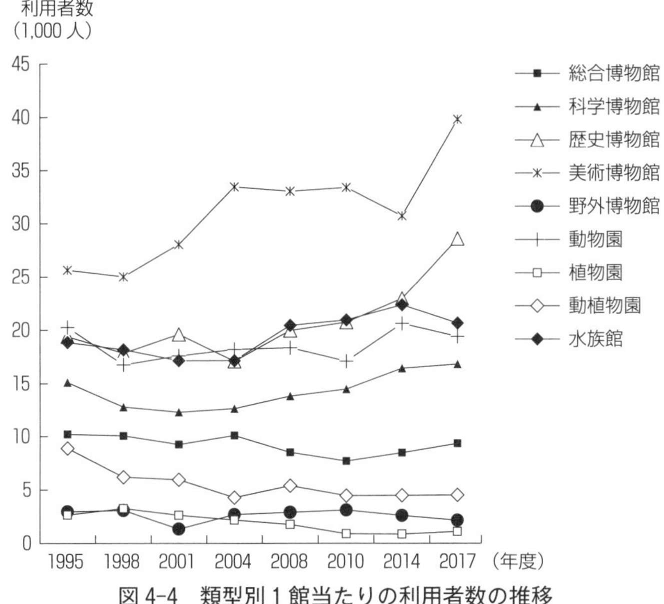

図4-4　類型別1館当たりの利用者数の推移

（出典）図4-2と同じ.

あるが，博物館の財的資本は一義的には収蔵品・展示品である．展示品の質・量によって展覧会の内容が決まり，利用者の多寡が決まるからである．収蔵品・展示品数の年次別推移をみれば歴史博物館・総合博物館・科学博物館が増加傾向，美術館が若干の増加傾向，それ以外の館はほぼ変わらない（**図4-5**）．科学博物館・歴史博物館・総合博物館の展示品・収蔵品数の増加傾向が見られるものの，美術館・動物園は変化無くまた収蔵等の品数も少ない．

博物館のコブ・ダグラス型生産関数（Cobb-Douglas Function）を推定する場合[17]，博物館の類型別に推定することが適当であるが博物館は種々の形態の展示施設の集合体であることを考慮して，「1館当たりの職員数」「同展示品・収蔵品数」「同事業参加数」「入場料」を元にしてクラスター分析を用いて博物館を類型化すれば，動物園，動植物園，水族館（以上グループ2）とそれ以外の博物館（グループ1）に分けられる．

推定式はF検定，ラグランジュ乗数法，ハウスマン検定によって固定効果が存在する固定効果モデルが示唆され，**表4-10**の推定式が得られる．なお，1館当たりの収蔵品・展示品数は生産関数の説明変数としての推定には有意な推

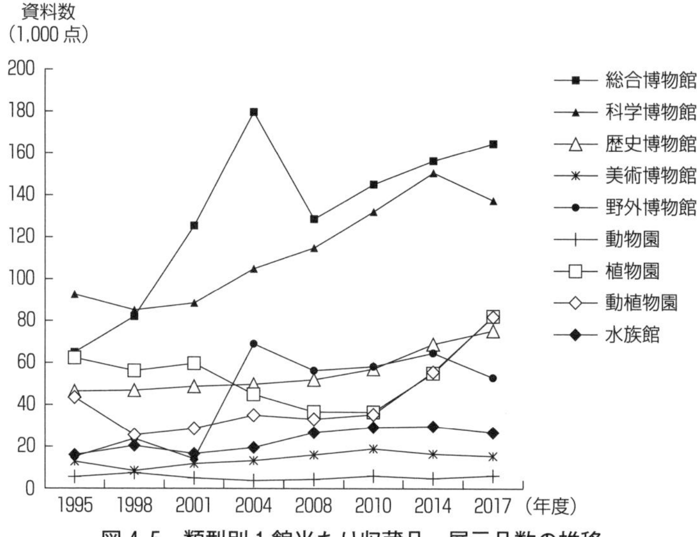

図 4-5　類型別 1 館当たり収蔵品・展示品数の推移

（出典）図 4-2 と同じ.

表 4-10　博物館の類型別の生産関数の状況

説明変数等	利用者数（1,000 人）		
	1	2	全体
α （館当職員数）	0.420 0.081	0.265 0.143	0.396 0.072
β （館当収蔵品・展示品数） （参考）$\alpha+\beta$	有意でない — 0.420	0.236 0.105 0.501	有意でない — 0.396
n	48	24	72
決定係数 $\bar{R}^2$	0.906	0.529	0.974

（注）1．グループ 1 とは，総合博物館，科学博物館，歴史博物館，美術博物館，野外博物館をいう．グループ 2 とは，それ以外の動物園，動植物園，水族館をいう．

2．変数の下の数値は，それぞれの標準誤差.

（出典）筆者作成.

定値が得られず，1 館当たりの職員数のみ生産関数に投入される資本といえる．これはグループ 1 のみで，グループ 2 では収蔵品・展示品はプラスに影響を与えている．グループ 2 の収蔵品・展示品は博物館の性格上動植物など生物が多いので，それらの多寡が利用者数に正効果を与えていることは理解できる．主

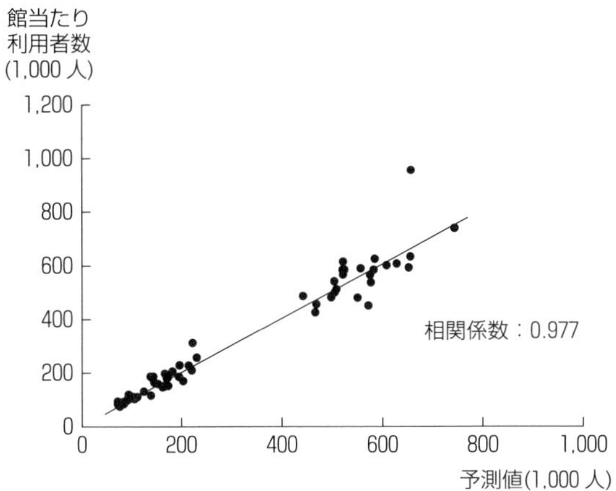

図 4-6　館当たりの利用者数の予測値と実測値の比較
（出典）図 4-2 と同じ.

として屋内型博物館（グループ1）で収蔵品・展示品の多寡が動員力に影響を有意に与えないということは，予想外ともいえよう．グループ2では決定係数が約半分程度であり他の要因が利用者数に影響を与えている可能性が高い．屋内施設博物館では職員数が利用者数に大きく影響を与え，しかも人材のみで利用者数を説明できることは，利用者数増加にとって人材の重要性が改めて認識される．

職員の影響度（労働寄与率 0.42）は，資本有意型の製造業で 0.5 から 0.6 程度，労働集中型のサービス業で 0.96 程度といわれる[18]．（産業全体では 0.5 から 0.6）と比べても低い．グループ1，2とも労働寄与率，資本寄与率の合計が1未満で規模に関して逓減している．グループ1では労働のみ生産に貢献しているので労働に関して収穫逓減となっている．劇場・音楽堂は大型劇場では規模に関して逓増，地方劇場ではほぼ規模に関して一定であったが，博物館では劇場等に比べて規模に関して逓減していることは，大型の博物館は利用者動員に関して決して有利でなく，むしろ小型の博物館の方が有利である（参照 5.2.2）．**図 4-6** は利用者数の予測値と実測値の適合度を示しているが，この図をみてもグラフの左下のグループ（グループ1）と右上のグループ（グループ2）に分かれている．近似直線よりの外れ値は，1995 年度間の動植物園の館当たり利用者数である．

博物館は類型によって展示方法・事業内容が異なるため固定効果モデルが推定されるが，その類型別のY切片はそれぞれの博物館の固定効果で全要素生産

表 4-11　博物館の類型別固定効果・TFP

類型	固定効果		平均値からの差		TFP	
	Group1	Group2	Group1	Group2	Group1	Group2
総合博物館	3.71		−0.32		40.8	
科学博物館	4.39		0.37		80.7	
歴史博物館	3.57		−0.45		35.7	
美術博物館	3.76		−0.27		42.8	
野外博物館	4.53		0.50		92.8	
動物園		5.04		0.32		154.7
植物園	4.20		0.17		66.4	
動植物園		4.56		−0.16		95.4
水族館		4.56		−0.16		95.7
平均	4.03	4.72			56.0	112.2

（出典）筆者作成.

性（TFP）の指数である（表 4-11）．全要素生産性（TFP）は，付加価値額のうち資本投入でも労働投入でも説明できない部分のすべての変化を示すことから，投入要素の質の向上や技術進歩・イノベーションの結果等の合計を表すとされている．グループ 1 とグループ 2 では固定効果が 0.7 程度異なっており，グループ 1 の方が 15%程度低い．このことはグループ 1 がグループ 2 に比べて TFP において 2 倍程度小さいということで，投入要素（労働・資本）面での遅れがあるものと思われる．実際，コロナ蔓延下において動物園・水族館は WEB を含め IT，IoT を活用した展示公開が多かったが，総合博物館・歴史博物館・美術館では利用者数の減少をカバーする展示が遅れた．先述の「日本の博物館総合調査報告書」(2018) においても，動物園・水族館・動植物園では画像公開が多いと記載しているが，制度的な面を除くと「博物館界の今後の問題点」として博物館自体に起因する問題は，「職員の能力開発が不十分」が上位にきており，科学博物館・歴史博物館・美術館に多く職員の質的面での向上が図られていないことが提示されている．そのため IT 関連技術の導入の遅れと併せて TFP が動物園・水族館より低くなっているものと思われる．資本のスピルオーバー面からはネットワークの利用によって他館の資本やノウハウを利活用できるようになり結合生産の原理により TFP は上昇するであろう．博物館では先の調査に見られるように「博物館外との連携・協力が不十分」「国際化が進んでいない」などの連携関係の問題点が人材の能力開発の不十分さと同じくらい博物館運営上の問題点と思われる．

4.3 劇場・音楽堂（文化会館）の実態と変容

4.3.1 劇場・音楽堂（文化会館）のはじめ

劇場・ホールとしてみた文化会館の戦後の史的展開

「劇場，音楽堂等の活性化に関する法律」（以下，単に「劇場法」という）が，2012年6月27日に公布施行されてから，国（文化庁）では「文化会館」を劇場・音楽堂と名称を変えている．従来「文化会館」として調査対象としていた文化施設を「劇場・音楽堂」と再定義しているがその内容は変更されていない[19]．ここでは，劇場音楽堂と名称変更されたものの従来の文化会館であるので，文化会館の機能役割について歴史的な経緯も含めて記述する．なお，「文化会館」，「劇場・音楽堂」の名称については適宜使い分けているが，劇場法施行以降は「劇場・音楽堂」と記載する．

「文化会館」という名称は，日本の公共建築が始まった当初にはなかった概念である．佐藤武雄（1966）．『公会堂建築』．相模書房によると，各種行事や講演会・演説を目的とする「公会堂」が現在の文化会館に繋がっているという．本格的公会堂は大阪市中央公会堂が最初で，岸本栄之助が大阪市に寄付したものである．大阪市中央公会堂は戦前の寄付の典型の1つで，建物を地方自治体に寄付しその運営は自治体に任せる形態である．同様なものに大阪府立図書館がある．設計はコンペ方式で当時の早稲田大学教授岡田新一郎が行っている．開館は1918年11月で最近まで大阪市教育振興公社が運営を行っており，1,710席を持つプロセニアム形式の大ホールを有する施設であった．

戦前の文化会館は用途として講堂的使用が主要目的であって，ホールもできるだけ大きくかつ舞台が収容人員に比して小さいのが特徴である．1970年代の所得の向上・余暇時間の増大などにより地域住民の文化芸術への欲求が高まると，地方自治体の首長が文化会館を設置し始めた．その利用形態も大きく変化し，住民の多様な文化的利用欲求に応えるために種々の形態をもつ無目的ともいえる文化施設を建築せざるを得なかった．「文化会館」という名称の施設は戦前海外に日本文化を広めるため設置されたことはあるが，多目的なホールを備え自由に住民が利用可能な施設としては1952年に設置された「中野区文化会館」が嚆矢である．ここでは当時の音楽事情もあってレコードコンサー

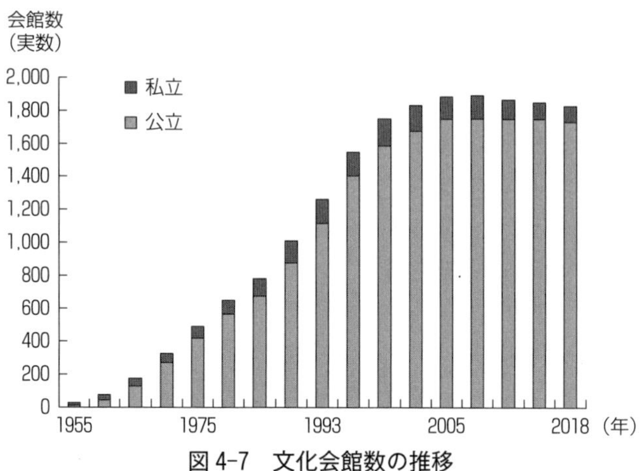

図 4-7　文化会館数の推移

(出典) 文科省 (各年度版)「社会教育調査」によったが，1987 年以前は未調査であるので，守屋 (1995)『全国舞台芸術施設調査』から筆者作成.

ト・展覧会などが開催されていた.

文化会館の設置年度別開館数を**図 4-7** に示す．文化会館数は文部科学省「社会教育調査」によるが 1987 年以前は文化会館に関して調査を行っていないので，守屋秀夫 (1993)「全国舞台芸術施設調査」(筆者も調査担当者) に因った．文化会館数は 1970 年代から 90 年代にかけて著しい増加がみられたが，1990 年代後半になると 1,750 館程度でほぼ一定となった．内訳をみれば私立の文化会館は少なく (国立はない)，95％程度が公立文化会館である．文化会館の運営等諸問題はほとんどが公立の文化会館の問題に帰着する．公立文化会館数の推移を見れば 1990 年代後半まで毎年 30 館から 60 館程度開館していたが，これは現在の文化会館数の 2％から 3％位である．一番伸びが大きかったのは 90 年から 96 年にかけてでバブル経済が崩壊し，税収入が落ち込んだ時期より約 5 年程度時期的に遅れている．これはいったん建設を始めると土地取得や建設に時間がかかるためである.

1955 年代から増加しているのは，1954 年に地方交付税制度が整備され基準財政需要により機械的に国税 (所得税・法人税・酒税・消費税・たばこ税) の一定割合が公布され，税収入が比較的低い自治体でも全国平均並には施設整備できる環境が整ったことが大きい．交付税制度により全国一律にシビルミニマムとしての施設整備が行われた結果，当初は道路・港湾・河川・下水道といった住民生活に密接する公共投資が行われたものの，次第に文化関連公共事業も増加していった．その結果，1960年代からの爆発的文化会館の整備が始まった．その設置数を地域別に分けてみると，東京都では1950年代中頃から増加し始めている反面，四国・九州地方は1960年中頃からの増加が大きい．地方においては差し迫った生活環境整備が行われた後で，文化環境整備が行われたと考えられる．

施設・設備面からの文化会館の歴史

ここで，施設・設備面から，文化会館の歴史を振り返ってみよう．

一般的には，ホールは舞台を正面に据える「プロセニアム」形式と舞台を囲むように観客席を配置する「オープン」形式があるが，日本では歌舞伎劇場の流れを汲み，間口が10間以上あるにもかかわらず，高さが24尺（約7メートル）前後，奥行きが6，7間（約10メートル）のプロセニアム形式が中心として建築されている．同じプロセニアム形式でもヨーロッパ式のプロセニアム形式劇場は縦に長い大きな箱であって，奥行き40メートル，高さは30メートルにも及ぶ．劇場はギリシアのポリスにあった円形劇場を嚆矢とするが，その後大きく2つの流れに分かれた．16世紀から17世紀にかけてオペラが演じられたミラノ・スカラ座に至る形式（プロセニアム）と，シェークスピア劇が演じられた円形バルコニーを持ち平土間に固定舞台を設置したシェークスピア劇場に至るオープン形式とである．

日本では歌舞伎劇場の影響や伝統，さらに講演会が使用目的の大半であったこともあってプロセニアム形式が主流であったが，次第に公演種目に沿うように特化した専用ホールが設置され始める．専用ホールをもつ文化会館は，大阪の「フェスティバルホール（音楽専用，2,800席，朝日ビルディング設置，1958年開館），「大谷ホール（音楽専用，800席，大谷婦人会設置，1961年開館）」，東京の「ヤマハホール（音楽専用，500席，ヤマハ設置，1953年開館）」，「俳優座劇場（演劇専用，300席，俳優座設置，1954年開館）」等であった．その多くは私企業が設置した．公立文化会館で本格的専用ホールを持つ文化会館は，1954年に開館した前川国男が設計した「神奈川県立音楽堂」である．清水裕之は「この建物は当時としては，西洋音楽の上演にまとを絞った専用ホールの先駆的な事例である」と評価している．その後1960年代の終わり頃から，1970年代初頭にかけて地方自治体による文化会館の第2次建設ブームが出現した．立木定彦によるとそれらのホールは2,000席を越えるような巨大ホールであり，使い勝手等の関係から小ホールが付置せられ，1970年代には公立文化会館は大小ホールを有しており大ホールは多目的ホールが主体であったという．専用ホールへの要求から1980年代にはコンサート系の音楽専用ホールが建設され始めた．最近建築されている文化会館は戦前のように，「公会堂」といった名称が付けられることはほとんどない．これは，文化会館の使用目的が，「講演」から「公演」へと変化していることと無縁ではない．

地方自治体が主として設置している関係上，行政の効率化と住民の多様なニーズへの対応から種々の施設の複合化・統合化が行われ，図書館・公民館・美術館・博物館等の文化関連施設が併設され一大文化総合センター的施設も設置され始められた．総合センターの建設は，文化芸術の拠点を創造するといった積極的な施策の推進といった反面，住民の多様な行政需要と行政改革や税収入の低下による財政再建にも応えざるを得ない地方自治体の姿勢も反映されているとみるべきだろう．

4.3.2 地方自治体による設置の機運の高まりと国の支援

設置の進展とこれを取り巻く状況

1950年代後半から60年代にかけて文化会館設置の伸びは大きくなり始めたが，文化芸術活動への住民ニーズが強い大都市部に多く設置された．設置者別の割合をみると1950年代は私立の方がむしろ多かったが，1960年代から公立文化会館の増加数が私立の増加数を超え始め，1970年代には80%を超え1990年代後半には私立は数%になり，その後公立文化会館は95%程度となって安定している．この原因として，① 大都市部住民からの文化欲求が高まり，そのニーズに地方自治体が住民サービスの一環として答えたこと，② その建設の裏付けとなる財政措置（地方交付税制度による文化会館建設のための基準財政需要措置）が1954年に図られ，また建設省・自治省・通商産業省等国によるハード予算措置（電源立地促進対策交付金，防衛施設周辺整備助成補助金，構造改善事業，町並み整備，地域総合整備事業）が，高度経済成長による税収入の伸びの裏付けによって講じられたことが挙げられる．「行政の文化化」運動や地方文化の振興等の動きは1970年代後半であって，文化芸術施設が一定程度整備された後のことであり，施設の有効活用の方法がその文脈で模索されることになった．

1970年代の大平内閣の田園都市構想，知事たちの地域文化推進行政，梅棹忠夫・山崎正和ら文化人の地方文化重視提言ならびに住民からの文化芸術作品鑑賞・自主的活動参加欲求に応える地方自治体の動きに押されるように，文化庁は全国的な視点からそれらを支援することを文化行政の重点課題とするようになった．それは地方自治体の裁量に任せておくと財政状況の豊かな地方自治体ほど文化施設の整備が進み，財政状況のあまりよくない自治体では住民のニーズにこたえることができず，文化水準のシビルミニマムが達成できないのを懸念したからである．1970年代から80年代前半にかけては，住民の文化芸術活動に応える受け皿作りとしての文化施設（主に文化会館）整備が福祉行政と同じように（梅棹忠夫らの提言の影響も大きかったが）シビルミニマム的に考えられた．文化芸術活動の拠点となる文化会館の全国的整備の必要性が高まってきた．

質の高いホール設置への動き

1980年代後半に入ると，文化庁・地方自治体の行政レベルのみならず公演団体である芸術文化団体からも質の高いホールをもつ文化会館の全国的展開が求められた．ここに，利用者・鑑賞者である住民の欲求と公演団体との欲求が合わさり，文化会館建設経費の定額補助制度に専用ホール建設補助を措置するようになった．専用オールの建設単価は高く総務庁の1994年の調査によると補助金による10カ所の文化会館の平均建設費約51.1億円に対し，補助金平均1.1億円とその割合は2.1％に過ぎない．その割合も補助率1％以下が2館（20％）あるなど補助金の意味が希釈化されてきている．1990年代中頃には1,200館を超える文化会館が全国で設置され，当初の目的である人口10万人に1館は整備された．文化庁として今後は文化会館の有効活用を図る政策手段が必要との認識の下，1996年度で建設補助制度を廃止しその資金を地域文化活動への支援金としてハードからソフト支援に制度改革を行った．文化庁長官の私的諮問機関「文化化政策推進会議」でも「「文化の時代」に対処する我が国文化振興の当面の重点方策について」（1991年）で「各地域の実情，ニーズに即したコンサートホール等のジャンル別のホールの整備」を提言していたが，1990年代も半ばになると「文化会館の自主企画事業の共同制作，アート・マネージメント支援等を充実」（同会議（1994年））と文化会館運営の充実に行政目的を変更する．

公立文化施設整備費補助制度に遅れながら文化会館運営を行う人材養成への

支援は，1973 年度の「公立文化施設技術職員研修会」が嚆矢となるが，次第に内容が充実し 1977 年度から「芸術文化行政基礎講座」，1992 年度から「全国公立文化施設アート・マネージメント研修会」が毎年行われてきた．専門家を地域に派遣し文化行政担当者の研修を行う「芸術文化指導者地方派遣制度」も 1988 年度より始まった．地方自治体においても大型文化会館の開館にあわせ，専門家を招聘しその指導の下，国に準じた研修会を行った．

たとえば群馬県・茨城県・愛知県・大阪府・富山県等においては，県下の公立文化会館を運営する人材の養成の観点から，アート・マネージメント等運営ソフトの研修や舞台技術の修得研修が行われていた．全国の公立文化会館の連携を図るため組織された全国公立文化施設協会（1961 年に任意団体として発足し 1995 年に法人化し，現在約 1,300 施設が加盟している．）では，傘下施設職員の研修として年 1 回各地持ち回りで連携事業の企画方法・使用料・使用許諾等の事務・専門家による技術指導等を内容とする県研究会を開催し，約 600 から 800 名が参加している．

立地環境とその偏在性

文化会館は当初公会堂から発足し，1980 年代から専用的使用が可能な専用ホールを持つ文化会館が多く設置され始めたことを述べた．その文化会館のホール機能の性格は，それが設置される地域によってかなり異なっている．文化会館は公会堂の時代から大都市部（東京都区部，大阪，名古屋，京都）で設置され始め，地方への建設へと波及していった．大都市部では住民の文化活動への欲求とそれに応えられるだけの地方自治体の財政的余裕があったので施設は高機能なものとなっている．地方では住民の文化芸術への欲求は比較的低く（これは，所得や労働時間の短縮化と相関がある「所得効果」），地方自治体も文化会館建設が劣位に置かれ多機能的ホールをもつ文化会館が多い．その中には，文化芸術行政が首長の裁量行為であることから，政治的決定として「地域から文化を海外に発信する」という目的から，必要以上の豪華な施設を建設している自治体もある．

ホールの形態に着目すれば，多目的ホール，特定のジャンルの公演を行う専用ホール，戦前の公会堂の流れをくむ講堂形態のホールとそれらを合わせる複合型の文化会館に分類できよう．**図 4-8** に地域別の文化会館の性格別現状を示した．これをみると，都市部と地方部（都市部以外の地域）では，文化会館の機

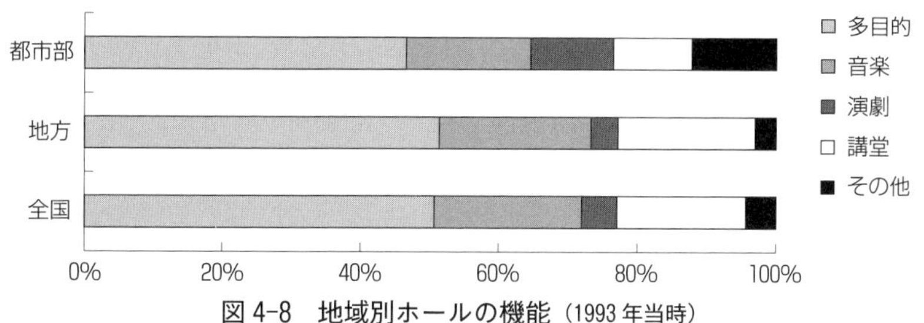

図 4-8　地域別ホールの機能（1993年当時）

（注）「都市部」とは人口50万人以上か県庁所在地，「地方」とはそれ以外の市町．
（出典）守屋秀夫（1993）「全国舞台芸術施設調査」から筆者作成．

能別割合が異なっている．全国的には，「多目的ホールを持つ会館」が52%であり，次いで音楽専用（音楽多目的を含む．）22%，講堂タイプ19%，演劇専用（演劇多目的を含む．）5%と続く．地域別では，その順位は変化がないものの都市部では専用ホールの割合が高く31%で地方の27%を4ポイント上回っている．その反面，講堂タイプが地方では5館に1館存在するものの，都市部ではそれが10館に1館と半分の割合である．文化会館の設置が都市部から進んできた流れと一致し，地方における住民の文化への欲求の高まりが進むにつれ，講堂的タイプ→多目的文化会館→専用ホールタイプと整備が進み，都市部との均衡が図られるようになったと思われる．

21世紀になってから，AI，IoT，CGなどコンピュータ技術，映像・音声技術の著しい進歩によって従来の多目的ホールが過去の専用ホールと機能的には相違がないほどになり多目的ホールの利用柔軟性から多目的ホールが再評価されている．文化会館利用者の個々の活動に機能的に対応し，祝祭スペースとして文化会館を柔軟的に使用する新しい形態の文化会館も整備されつつある．2012年の「劇場，音楽堂等の活性化に関する法律」が施行される以前から，文化会館は多様なホール施設設備と能力の多様な職員を抱えていたのである．文化会館がもっとも多く設置されていた1990年代後半には，現在課題となっている文化会館の運営方針・設置目的や職員の運営能力について文化会館関係者や利用者の文化芸術団体から諸提言が出された．文化庁の文化政策推進会議で専用ホールの整備といった施設面の充実から会館運営へと文化開館行政の政策目標変更が議論され，行政・文化芸術団体双方とも，文化会館数が飽和状態になってから一挙に運営問題が政策課題として浮上した．

全国的な種々多様な文化会館の共存はその運営のマニュアル化を困難とし，

文化会館職員への研修制度を細分化した．実際現在まで行われている研修をみれば，文化庁・全国公立文化施設協会・市町村・市町村文化団体・大学・企業（トヨタ自動車）など多岐にまたがっているが，その内容は初等レベル（アートマネージメントの入門講義）から高度プログラム（オペラ開演の実施方策）まで，参加者数も数百人規模から数十人，期間も1日から1週間程度まで多種多様である．劇場法の「劇場・音楽堂等機能強化推進事業」には，各劇場・音楽堂がアートマネージメント教育機能を持つことが応募条件とされているケースもあり実際に文化会館での研修数は多い[20]．問題点として，日本では文化庁も認めるようにアートマネージメントの概念が欧米由来のため関係者の理解が異なり，そのことが研修内容に影響を与え，大学のように経営学面から理論的に教える機関もある一方，実地サイドの動員方法・広告・税務処理など実務中心のプログラムもある．

機能に即した運営法の模索

文化会館施設面の更新整備は必然的に高機能化を促すから，機能を十分に引き出す運営方法が模索されなければならない．施設建設の当初から利用する芸術団体等を想定し設計している文化会館もあるが，芸術団体等が滞在し利用・講演するアーティスト・イン・レジデンス型の文化会館では企画段階から当該団体が参画し，設備の制約から団体活動が規制されないようなコンセプトで建設されている事例もある．質の高い公演数の増加は観客の増加を引き起こし，作品の多様化と観客のレベルアップを促す．それがまた新しい文化創造の動きを加速させ，当該地域全体の文化環境の集積や改善に繋がる目的で整備された総合型文化施設も多い．1990年代中頃から新国立劇場をはじめとして2,000席を有するような大ホールを含む文化総合拠点というべき大型文化施設が一部の地域で設置された[21]．新国立劇場は国の機関としては設置されていないが，独立行政法人日本芸術文化振興会のオペラ劇場として東京初台に置かれ，それ以外のジャンルとして歌舞伎・能楽・文楽・琉球舞踊を実演し保存する施設が東京・大阪・博多・那覇に設置されている（参照4.1.3）．

それら大型劇場では大ホールを音楽かオペラ専用に，中ホールを演劇専用に小ホールを室内楽や実験演劇専用に機能分化している例も多い．劇場・音楽堂の運営に当たっている団体の多くが地方自治体出資の公益法人であり，財政的には地方自治体からの助成に頼っているところが大半である．大ホールを使用するような大型公演は数年先を見通した計画が必要であり，単年度主義の予算制度の中では運営に支障を来している．公演規模を先に考慮したホールの建設が考えられなければならない時代が到来したのである．

4.3.3　劇場・音楽堂の現況（劇場法施行下での現状と課題）

以下，現在の日本の劇場・音楽堂についての状況について検討する．現在，「劇場，音楽堂等の活性化に関する法律」が施行され，日本の劇場・音楽堂はこの法令に沿った目標が求められている．劇場・音楽堂の実態を定量的に把握することは，劇場法の目標が達成されているのかを評価するため重要である．日本の劇場・音楽堂でも優れた活動を行っていると思われる施設を選択して，劇場政策の視点から定量的把握を行った．特に日本の舞台芸術を演ずる先導的劇場・音楽堂を把握することは今後の劇場・音楽堂の在り方を検討・予測するために重要であるが，国・劇場関係団体も行っていないので筆者が独自にアンケート設計を行って実施したものである．

調査の内容

①　調査対象

調査対象とする劇場は，公演内容が質的レベルで高い評価を得ている劇場を対象（以下，「大型劇場」という）と地域レベル（都道府県または数県のブロック単位）で評価得ている劇場（以下，「地方劇場」という）を調査対象としている．文化庁・日本芸術文化振興会・地域創造からの経年的な助成金を受けている劇場から，大型劇場 20 カ所と地方劇場 70 カ所の合わせて 90 カ所選定した．大型劇場は，「劇場，音楽堂等の活性化に関する法律」に基づく助成事業対象となった最上ランクの劇場であり，地方劇場は助成対象劇場であるが，地域住民の演劇・音楽などの実演芸術の鑑賞の場となっているいわば「地域住民向け劇場」的性格をもつ劇場である．地方劇場は，大型劇場のように全国的視野にいれた実演芸術が演じられている劇場とは性格を異にしている．劇場の地域的分布も考え，大都市・地方都市に所在する劇場から，舞台芸術専門家複数のコメントを参考にして 70 カ所を選定した．卓越した劇場として認定している劇場（大型劇場）と地方において他の劇場の模範的活動を行っている劇場（地方劇場）との比較を行う．調査期間は 2020 年 2 月から 4 月であり，対象とした事業活動・施設および職員数は，コロナ蔓延以前の劇場・音楽堂の活動が従前通り行われている2015年度から2017年度の3カ年の事業年度（毎年4月から翌年3月まで）である．優れた機能をもつ劇場は絶対数として首都圏など人口密集地に多いため，大型劇場の70%以上が東京・阪神・名古屋圏に所在している反面，地方劇場は人口100万人以下の地方にも6箇所所在しほぼ全国的に分散している．

② 劇場の人的・物的状況

劇場では，開催事業が施設面・人的面によって大きく制約される．したがって，施設面・人的面で劇場全体の機能遂行能力が規定されるといえる．まず，調査対象劇場の人的・施設的な面をみると**表4-12**，**表4-13**の通りである．調査対象期間である2015年度から2017年度の職員数・座席数の単純年平均値を記載している．劇場のinputである施設・職員数は短期間ではほとんど変化しないが，outputである実施事業数は変化することがある．しかし運営のための予算は短期間では増減しないのが実態なので，実施可能な事業数も大幅に変化しないが，各指標を単純に平均することにより，測定値の統計的安定化が図れる．人的資本に対してはフィッシャー的な資本概念である「生産・消費のプロセスにおいて必要とされるような稀少資源のストックを広く資本」として考え，芸術的・技術的な知識，経営・管理能力なども劇場の人材に固定していると考える．

表4-12　調査対象劇場の規模別職員種別の職員数

規模		芸術監督	事業職員	舞台職員	管理職員	その他	合計職員数
大型	平均値	1.40	23.40	8.95	14.90	8.55	57.20
	対象劇場	20	20	20	20	20	20
	標準偏差	1.08	12.54	6.44	14.84	12.35	29.26
地方	平均値	0.71	8.23	4.36	8.29	3.79	25.37
	対象劇場	70	72	72	72	72	72
	標準偏差	0.88	5.81	4.33	6.64	9.64	16.34
合計	平均値	0.87	11.60	5.38	9.76	4.84	32.44
	対象劇場	90	90	90	90	90	90
	標準偏差	0.97	10.03	5.23	9.49	10.47	23.90

（注）(1)「芸術監督」：劇場の公演事業について最終的に責任をもち主体的に事業企画をする．「事業職員」：公演事業等につき，芸術監督を助け事業実施・公演マネージメントを行う．「舞台職員」：舞台公演の技術的な面で責任をもち，公演中は公演者を助ける．「管理職員」：劇場・音楽ホールの管理部門の任につく．「その他」：育児保育など直接公演事業に関係しない職員．

（出典）Edagawa（2020）．

表 4-13　調査対象劇場の座席数の分布

座席数	大型		地方		全体	
500 席未満	2	10.0%	13	18.6%	15	16.3%
500 席〃　750 席〃	2	10.0%	7	10.0%	9	10.9%
750 席〃 1,000 席〃	1	5.0%	9	12.9%	10	10.9%
1,000 席〃 1,250 席〃	2	10.0%	8	11.4%	10	10.9%
1,250 席〃 1,500 席〃	3	15.0%	10	14.3%	13	14.1%
1,500 席〃 1,750 席〃	1	5.0%	4	5.7%	5	6.5%
1,750 席〃 2,000 席〃	5	25.0%	12	17.1%	17	18.5%
2,000 席以上	4	20.0%	7	10.0%	11	12.0%
計	20	100.0%	70	100.0%	90	100.0%
平均	1469.4		1157.2		1225.0	

（注）調査対象劇場は，表 4-12 の注と同じで，2015 年度から 2017 年度の単純平均を示す．
（出典）表 4-12 と同じ．

人材のうち質の高い実演芸術を行うための芸術監督数は，大型劇場では平均 1.40 人（ジャンル別に 1 人ずつ設置のケースも多い），地方劇場では平均 0.71 人，両者併せた平均では 0.87 人である．大型・地方劇場とも標準偏差が大きく，変動係数が大きくなっている．芸術監督を助ける事業職員・舞台職員は，大型劇場ではそれぞれ 23.40 人，8.95 人であり，地方劇場では同じく 8.23 人，4.36 人なっている．職員数の合計では大型劇場・地方劇場の格差は 30 人を超え経営に当たる管理職員数でも大型劇場が 6 人ほど多く，事業実施・経営両面での人的資源に恵まれている．

全国規模での劇場の職員数（2018 年で 6.90 人，「社会教育調査」）と比較すると，調査対象の劇場（大型劇場・地方劇場）はその類型によらず相当程度人的資源が充実していることがみられる．小規模なホールをもつ小劇場でも開催事業内容（たとえば，単なる「買い公演」か「劇場の自主公演」かによって）に応じて人手のかかるものがあるから，一般的には劇場の座席数（規模）と職員数とは比例しない．調査対象劇場は人的資源に恵まれていることからホールを貸し出す性格の「貸し館」運営でなく，自ら企画する自主企画事業を積極的に行える．

劇場のもう 1 つの資源として，人的資源以外にホールの座席数・舞台装置など施設設備面がある．施設面では音響・舞台機構など技術的な面も重要であるのだが，座席数を設備面の代表値として取り上げたい．大型劇場・地方劇場を合わせた全劇場の 36.7％は 1,500 席以上の施設をもっているが，特に大型劇場ではその割合が 50％と大型化が進んでいる．因みに文部科学省（2018）「社会教育調査」によれば全国規模での劇場の客席数は平均816.5席で，1,500席以上の大型劇場は8.0%に過ぎない．大型ホールをもつということは座席の遊休部分（空席）を可能な限り減少させれば（有効に物的資源を活用），利用者を多く呼び込むことが可能となる．営利企業ではモノ・サービスの生産の過程で多くの物的資産の組み合わせが必要であり，労働と資本は必ずしも代替的でないので常に遊休部分が残る．劇場ではホール機能が利用者数の増加に貢献する唯一の物的資源ともいえ，それを労働力で完全に代替することはできず，ホールの有効活用（座席数の可能な限りの満席）は，利用者の増加に特に重要である．優れた芸術監督の指導による人気の高い公演の招聘や実施など劇場に対する管理者の優れた経営能力で，劇場がもつ座席数を満杯にすることができる．固定座席数に利用者が確保されないと経済的には機会損失となる．

③　利用者数の状況

表4-14に劇場種別の全体の年間利用者利用者数と事業毎の利用者数の3年間平均利用者数を示す．「事業」とはある一定の目的のために一連のまとまったプログラムをいう．たとえば，「質の高い芸術鑑賞機会を利用者に与える」という目的のために，「イギリスの劇団招聘シェークスピア劇」「東京交響楽団モーツアルト交響曲」「海外招聘ダンス公演」などである．大型劇場・地方劇場の合計での主催事業の年間平均利用者数は，330万人で3年間を通じてほとんど変化がない．社会教育調査によると2017年度で1,921万人が全国の利用者数であるが調査対象の大型劇場・地方劇場が全国劇場数の5%程度を占める

表4-14　劇場の規模別事業の性格別劇場当たりの利用者数（3年間平均）

規模		総事業数	総利用者数（人）	主催事業数	主催事業利用者数（人）
大型劇場	平均値	318.1	314114.1	73.1	76353.7
	劇場数	20.0	20.0	20.0	20.0
	標準偏差	179.5	193367.9	54.9	86763.1
地方劇場	平均値	399.5	189114.1	37.0	25268.7
	劇場数	70.0	70.0	70.0	70.0
	標準偏差	654.8	139945.7	28.2	20330.1
合計	平均値	381.4	216891.9	45.0	36620.9
	劇場数	90.0	90.0	90.0	90.0
	標準偏差	584.2	161642.0	38.8	49243.7

（注）「主催事業数」とは，劇場自らが企画して実施した事業数で，「総事業数」とはホールの賃貸など劇場自らが実施した事業ではない事業数

（出典）表4-12と同じ．

に過ぎないが，主催事業における利用者数の17%程度を占めている．利用者の立場からみれば大型劇場・地方劇場で舞台芸術を鑑賞していることがわかる．全国レベルでは主催事業の年間総利用者数は1劇場当たり1.2万人程度であり，大型劇場の利用者数の16%，地方劇場のそれの47%程度である．全国の全劇場の合計利用者数は2015年度から2017年度の3カ年にかけて，劇場数が増加したこともあり6.0%増加しているが，大型劇場・地方劇場の全利用者数は全国の劇場利用者数に比べて，1.7%減少している．

④　劇場の財務状況

・収入面

人的・物的資源を有効に活用するためには，適切な時宜を得た投資が必要である．その投資は運営経費・施設の整備に充当されるのが通常だが，ここでは運営にかかわるフロー経費（収支）を扱う．毎年の事業経費・人件費・管理費が該当する．管理費には施設整備費（資産の減価のための整備費（維持管理費））を含む．**表4-15**にその状況を示す．

大型劇場・地方劇場の本来の機能である公演活動である事業収入は2015年度から2017年度の3カ年でも変化が少なく，劇場あたり年平均で大型劇場は3.30億円，地方劇場では0.49億円，大型劇場・地方劇場を併せた場合の平均

表4-15　劇場の種類別収入の種類別内訳

（単位：億円）

年		大型			地方			全体		
		事業収入	補助金	合計収入	事業収入	補助金	合計収入	事業収入	補助金	合計収入
2015	平均値	3.20	2.33	12.59	0.43	0.37	3.50	1.04	0.81	5.52
	劇場数	20.00	20.00	20.00	70.00	70.00	70.00	90.00	90.00	90.00
	標準偏差	3.30	2.60	7.53	0.32	0.60	2.55	1.94	1.55	5.62
2016	平均値	3.36	2.24	12.66	0.52	0.48	3.66	1.15	0.87	5.66
	劇場数	20.00	20.00	20.00	70.00	70.00	70.00	90.00	90.00	90.00
	標準偏差	4.04	2.52	7.52	0.51	0.84	2.76	2.25	1.56	5.67
2017	平均値	3.34	1.84	12.70	0.52	0.44	3.63	1.15	0.75	5.64
	劇場数	20.00	20.00	20.00	70.00	70.00	70.00	90.00	90.00	90.00
	標準偏差	3.45	1.76	7.83	0.81	0.70	2.92	2.11	1.18	5.75
3年間平均	平均値	3.30	2.14	12.65	0.49	0.43	3.60	1.11	0.81	5.61
	劇場数	20.00	20.00	20.00	70.00	70.00	70.00	90.00	90.00	90.00
	標準偏差	3.55	2.30	7.50	0.58	0.72	2.66	2.10	1.44	5.66

（注）事業収入と補助金を合計しても合計収入にはならない．そのほか付帯事業等の関連事業収入がある．
（出典）表4-12と同じ．

は1.11億円である．3年間の平均では大型劇場と地方劇場の事業収入差は2.81億円であり，6.7倍の開きがある．一方で関連・付帯事業を含めた合計収入面では，3年間平均額で大型劇場が12.65億円，地方劇場が3.60億円，両劇場を併せた全劇場の平均では5.61億円となっており，大型劇場と地方劇場の差額は9.05億円で3.51倍の格差である．3年間の平均比較で収入の内訳をみると，大型劇場では地方劇場に比べ事業収入が合計収入に占める割合が大きい（26.1%対13.6%）．補助金収入も前者が2.14億円，後者は0.43億円と5.0倍の開きがある（**表4-15**，**表4-16**）．

費目別収入の合計収入に占める割合から大型劇場と地方劇場の事業形態の特徴を比較すれば事業収入の割合が特に大きく相違し，大型劇場は収入面でも公演事業など劇場本来の機能を果たしている反面，地方劇場は公演事業も収入の面からは十分でない傾向がある．劇場本来の機能であるホールを活用した公演事業が大型劇場では合計収入面で26.1%，補助金が16.9%と事業収入と補助金額を引いた関連・付帯事業収入が合計収入の半分以上となっている．地方劇場ではその事業収入割合も合計収入の7分の1程度で非常に少なく，事業収入と補助金を除外した関連・付帯事業などで劇場収入を賄わざるを得ない状況となっている．

ホールの大きさには限界があるのでそれを限界まで使用して事業を行ったとしても単価（チケット料金）が安い公演などでは事業収入は増加せず，事業収入以外の関連・付帯事業を増やすことによって全体の収入を増加せざるを得ない．事業収入が合計収入に占める割合が低いことは，地方劇場では立地する地域の経済社会状況や利用者の嗜好などから低廉な入場料しか得られないことを示している．企業経営に例えると本来事業での売上高が伸びず，関連・付帯事業での売上高で企業全体の売上高を増加させていることに相当するといえる．

・支出面

大型劇場・地方劇場の本来の機能である公演活動である事業支出は大型劇場・地方劇場とも2015年度から2017年度の3カ年でもあまり変化がなく，劇場あたり3年間平均額で大型劇場は6.74億円，地方劇場では1.47億円，大型・地方併せた場合の平均は2.45億円である（**表4-16**）．大型劇場と地方劇場の事業支出の差額は，3カ年平均額で5.27億円であり，4.58倍の格差がある．事業支出が少ないということは演奏家・芸術団体への謝金・舞台費用などにかける経費が少なく，公演内容の質が低いとも考えられる．劇場運営にとって重

表 4-16　劇場の種類別支出の種類別内訳

（単位：億円）

年		大型			地方			全体		
		事業支出	人件費	合計支出	事業支出	人件費	合計支出	事業支出	人件費	合計支出
2015	平均値	6.96	2.66	12.72	1.17	0.91	3.69	2.45	1.30	5.69
	劇場数	20.00	20.00	20.00	70.00	70.00	70.00	90.00	90.00	90.00
	標準偏差	4.62	1.38	7.57	1.06	0.66	2.77	3.36	1.13	5.69
2016	平均値	6.71	2.57	12.68	1.35	0.94	3.83	2.54	1.30	5.80
	劇場数	20.00	20.00	20.00	70.00	70.00	70.00	90.00	90.00	90.00
	標準偏差	5.05	1.45	7.51	1.49	0.66	2.98	3.49	1.12	5.71
2017	平均値	6.56	2.79	12.72	1.15	0.95	3.85	2.35	1.36	5.82
	劇場数	20.00	20.00	20.00	70.00	70.00	70.00	90.00	90.00	90.00
	標準偏差	4.84	1.64	7.48	1.08	0.69	2.99	3.32	1.24	5.71
3年間平均	平均値	6.74	2.67	12.71	1.47	0.94	4.11	2.45	1.32	5.77
	劇場数	20.00	20.00	20.00	70.00	70.00	70.00	270.00	270.00	270.00
	標準偏差	4.76	1.47	7.39	2.09	0.66	3.47	3.38	1.16	5.68

（注）事業支出と人件費を合わせても合計支出にはならない．管理費等その他支出がある．
（出典）表 4-12 と同じ．

要な人的資源への投資である人件費では大型劇場は3年間平均で2.67億円，地方劇場は0.94億円と1.73億円の差額である．合計支出面では，3年間の平均額で大型劇場が12.71億円，地方劇場が4.11億円その差額は8.60億円で，3.09倍の格差がある．支出の内訳をみると，大型劇場は地方劇場に比べ事業支出が合計支出に占める割合が大きい（53.0%対35.8%）．逆に，人件費は大型劇場が地方劇場より支出全体に占める割合が小さくなっている（21.0%対22.9%）もののその差は小さい．収入面も考慮して人件費当たりの事業収入（人件費単位当たりの収入額）を比較すれば，大型劇場では1.24，地方劇場では0.52と大型劇場の方が事業収入に対する人件費割合値が2倍以上となっている．大型劇場では地方劇場に比べて人的効率性がよい．

3カ年平均の事業の収支差をみれば大型劇場では事業収入3.30億円に対して事業支出6.74億円と支出から収入を引いた事業収支差は3.44億円となっており，劇場本来のホール活用の公演事業では事業支出の約半分しか収入がない（**表 4-15，表 4-16**）．地方劇場では事業収支差は0.98億円と大型劇場に比べて小さいが，事業収入額も小さいので事業支出額の3分の1しか収入がない．関連・付帯事業も加えた合計の収支面では，大型劇場・地方劇場とも収支差はほとんどなく均衡している．大型劇場・地方劇場とも劇場の設置・運営が分離されており，地方自治体が設置を行い運営は非営利団体に委託されているケースが多く，設置者の地方自治体から運営団体に委託費用も多い．そのような委託費用とホールの芸術団体への貸出徴収料や関連・付帯事業収入が収支差の赤字分を補っている．関連・付帯事業とは人件費以外の一般管理費（施設・設備管理費），カフェ・レストラン事業や駐車場管理・アウトリーチ事業（ホールを使用しない外部出張型の実演公演）などである．集客の見込めない人口が少ない地域に所在する地方劇場では，地域住民の芸術鑑賞機会の確保といった観点から設置者の地方自治体からの委託費用が大きくなっており，地方自治体の公費で劇場運営を行っているといってよい．

以上の分析から，支出面からみても大型劇場では劇場本来の活動である公演事業が劇場活動の主体となっている一方，地方劇場では事業にあまり経費を使用しない公演事業が実施されている傾向が伺える．

劇場法の目標とその逆作用

劇場法およびそれに基づく「劇場，音楽堂等の事業の活性化のための取り組みに関する指針（2013年文部科学省告示第60号）」では，劇場・音楽堂のもっとも重要な機能は「利用者等のニーズ等を勘案した質の高い事業の実施」であり，結果として利用者数の増加目標が求められる．そのため，大型劇場・地方劇場で国全体の利用者を囲い込んでいる状況である．第5章で詳細に記述するが大型劇場は生産関数が収穫逓増型であって，規模が大規模になるほど利用者を規模の増加以上に獲得する傾向がある．図4-9をみていただきたい．この図は横軸を劇場の規模（職員数で代表），縦軸を座席1席当たりの年間劇場収入（公演収入と関連収入の合計）を示し，近似曲線も記載した．劇場規模によって座席当たりの収入が一定（近似曲線が横軸に平行）ならば，劇場の規模と収入とは関係ない（規模に対して中立）．描かれている近似曲線は単純増加関数であり，劇場が大規模になるほど座席当たりの収入は増加している．劇場規模が大規模になれば座席の収入面での有効活用がより一層可能となっていることを表す．職員数が少ない劇場で大規模な劇場に相当する座席当たりの収入を得ている劇場も多々あるが，これらの劇場が公演の内容が利用者のニーズに合致して高い入場料を得られる劇場といえる．公演の質が高いかどうかは別として，劇場法や「劇場，音楽堂等の事業の活性化のための取り組みに関する指針」の主要な目標である「利用者等のニーズ等に対応した事業」に合致しているといえよう．

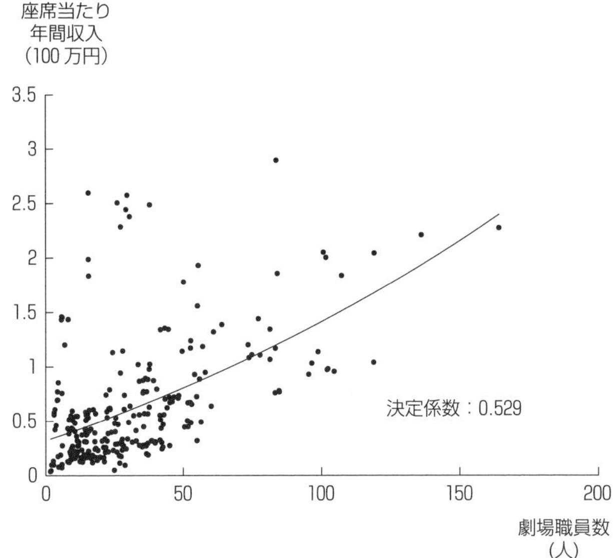

図 4-9　劇場の規模別座席当たりの年間収入

（出典）表 4-12 と同じ.

少ない職員数で収入を効率よく上げている劇場である．効率よく収入を得ている劇場は近似曲線より上部に存在し，曲線より下部に存在する劇場は平均以下の効率の悪い劇場といえる．小型の劇場（主に地方劇場）はその偏在が大きいが，大規模な劇場（主に大劇場）ではほぼ近似曲線近くに散らばっている．近似曲線から外れている小型の劇場が多い理由は，劇場人員数のみでは座席あたりの年間収入を決定できないからで，人員数以外の立地場所の社会的経済的文化的要因が年間収入に影響を及ぼしているのだろう．劇場は一度設置されると設置された場所に利用者も規定されてしまう．効率のよい劇場と悪い劇場は小型劇場（主に地方劇場）に多く，大規模な劇場は劇場規模が拡大するほど収入効率がよくなる．大規模な劇場は立地が首都圏・近畿圏・名古屋圏等大都市部に立地するため，所得階層・人口階層などの社会経済的要因が利用者数・公演の質に影響を与えているのだろう．

大規模な劇場が地域に存在するだけで独占的に舞台芸術市場を独占することになり，劇場側としては入場料の価格独占が可能であり，経営にプラスとなる．そのため，優れた演劇・コンサートをより多く開演することができ，能力のあるスタッフも雇用できる．劇場・音楽堂にとってはよいことずくめだが，他の劇場・音楽堂の経営を圧迫する可能性が高い．

住民の舞台芸術への嗜好が多様化する現在にあって独占的舞台芸術を提供することは地域住民にとってよいことか，もう一度吟味すべきである．劇場がバブル経済の影響もあって，1990 年代中頃までに 1,800 近く整備されたが運営が不十分で，貸し館的利用が行われた．そのような貸し館状態から劇場を舞台芸術を生み出す施設として位置づけるため，劇場法は舞台芸術関係者・文化庁・文化芸術に関心のある議員たちによって立案された．劇場法によって，創造性のある劇場を作り出すために年間 30 億円程度の補助金を劇場・音楽堂に給付している．

優れた舞台芸術が可能な舞台・装置と質の高い能力のある運営者・管理者が存在する劇場・音楽堂に対して多額の補助金が交付された結果，舞台芸術市場を独占する劇場・音楽堂が出現している．舞台芸術市場の独占化は特定の舞台芸術を国民に提供することとなり，劇場法のもう 1 つの目標である多用な舞台芸術の展開とは相反することとなった．

注

1）独立行政法人通則法（第 2 条第 1 項）では，「国民生活および社会経済の安定等の公共上の見地から確実に実施されることが必要な事務および事業であって，国が自ら主体となって直接に実施する必要のないもののうち，民間の主体にゆだねた場合には必ずしも実施されないおそれがあるもの又は一の主体に独占して行わせることが必要であるものを効率的かつ効果的に行わせることを目的として，この法律および個別法の定めるところにより設立される法人」とされている．

2）2007 年に文化財研究所と合併して，独立行政法人国立博物館法が，機構法に改正された．

3）運営費交付金・施設整備費補助金の割合は，博物館：53.1%，31.4%，美術館：41.1%，50.0%である．

4）支出額と収入額は一致させている．

5）1966 年に公布施行された国立劇場法の目的は，「伝統芸能以外の芸能の振興を図るため国立劇場は，主として日本古来の伝統的な芸能の公開，伝承者の養成，調査研究等を行い，その保存および振興を図り，もつて文化の向上に寄与すること」とされた．

6）1886 年に文部省の官制（所掌事務）に「通俗教育」が含まれ，その後大正年間（1921 年）に社会教育と名称変更したが，東京博物館（現国立科学博物館）官制に「東京博物館は……社会教育上必要ナル物品ヲ募集陳列シテ公衆ノ観覧ニ供スル所トナス」

とあり，すでに戦前に博物館を社会教育施設として認識していた（文部省（1972).『文部省百年史』).

7）戦前の社会教育は「通俗教育」と呼ばれていたが，臨時教育会議（1917年から1919年に置かれた内閣総理大臣の諮詢に応じて教育に関する重要事項を調査審議した機関）の答申に基づき，通俗教育・図書館および博物館・青年団体およびその他に関する事務を司る新しい課を設け，1921年には「通俗教育」を「社会教育」とした.

8）社会教育調査による2018年の博物館の類型別割合では，「総合」7.1%，「科学」7.9%，「歴史」64.2%，「美術」13.8%，「野外」2％，「動物園」1.3%，「植物園」2.3%，「動植物園」0.4%，「水族館」1％と圧倒的に歴史博物館が多い．特に私立の博物館では歴史展示品が多い.

9）「地域における芸術文化振興のための施策のあり方――美しく心豊かなふるさとづくりをめざして」（地域文化の振興に関する調査研究会（1994））による提言を元に1994年に全国知事会・全国市長会・全国町村会・関係団体等により設立された．機能として，公立文化施設の増加に伴い事業面での支援を目的とした．なお，支援金のほとんどは総務省補助金・地方自治体からの出資金利子などである．2021年度事業費は約13億円でそのうち文化芸術活動への補助金は約半分の6.6億円である．最近20年間では事業予算は変化ないが，補助金が1億円程度増加している．日本芸術文化振興会基金の助成額は2020年度で9.2億円.

10）1999年（平成11年）に公布された地方分権の推進を図るための関係法律の整備等に関する法律（地方分権一括法）のこと（平成の大合併).

11）「指定管理者制度」とは，地方自治体が設置する「公の施設」について，その管理運営を法人その他の団体で地方公共団体が指定するものに委任することである（地方自治法第244条の2).

12）博物館法（1951年公布当時）第10条の規定による．同条に因れば「地方公共団体又は民法第34条の法人若しくは宗教法人が博物館を設置しようとするときは，当該博物館の所在する都道府県の教育委員会に備える博物館登録原簿に登録を受けるものとする.」となっていた.

13）博物館と同種の事業を行う施設のうち，次の施設である.

① 動物園および植物園については，おおよそ1,320 m^2 以上の土地がある施設.

② 水族館については展示用水槽が4個以上で，かつ水槽面積の合計が360 m^2 以上である施設.

③ ①および②以外の施設については，建物がおおよそ132 m^2 以上の延面積を有する施設.

なお，「野外博物館」については土地がおおよそ132 m^2 以上の延面積を有する施設」と読み替えることとする.

14）企業博物館の定義は日本では研究者によって多様であるが，「企業が設立主体である」ことは一致している．展示品・収蔵品が設立企業の製品・商品を中心として自社の社史的視点から一般公衆に展示かつ体験学習を行い，自社の理解を社会に求めるための施設といえる．参考：諸岡博熊（1989）．『企業博物館時代』．創元社，日外アソシエーツ編集部編（2003）．『企業博物館事典』．日外アソシエーツ．

15）国立大学法人法は国立大学法人を独立行政法人とみなして準用する規定があるため，博物館法の規定により登録博物館にはなれない．このため国立大学博物館についても国立博物館と同様，博物館法の登録博物館の対象にすることに対して議論がある．

16）2009 年 4 月から福井県立恐竜博物館は教育委員会文化課から知事部局観光営業部ブランド営業課に移管された．その後「福井県観光新戦略」（2015）によって恐竜博物館は福井県観光戦略の目玉と位置付けられている．

17）サービス業へのコブ・ダグラス型生産関数の推定方法については，第 5 章を参照．

18）三菱総合研究所の 1991 年から 2013 年までの日本全産業におけるコブ・ダグラス型生産関数での推計結果による．

19）地方公共団体，独立行政法人および公益法人・営利法人等が設置する劇場，音楽堂等（劇場，市民会館，文化センター等）で，音楽，演劇，舞踊等主として舞台芸術のための固定席数 300 席以上のホールを持つ施設であり，従来の文化会館と同じ定義である．劇場法が公布されて以降「文化会館」を「劇場音楽堂等」に名称変更した．公益社団法人全国公立文化施設協会が所属施設対象に行っている施設調査では 100 席以上のホールを持つ施設としているので，300 席以下の劇場・音楽堂も含まれる．

20）2019 年には全公私立劇場の 25.9％が人材養成プログラムとしてアート・マネージメント研修を行ったという（全国公立文化施設協会（2019）．『劇場・音楽堂等の活動状況に関する調査報告書』．

21）1990 年開館：東京芸術劇場，1990 年開館：水戸芸術館，1992 年開館：愛知芸術劇場，1993 年開館：北九州市立響ホール，1994 年開館：彩の国さいたま芸術劇場，1995 年開館：静岡県舞台芸術センター，1997 年開館：すみだトリフォニーホール，1998 年開館：滋賀県立芸術劇場びわ湖ホール，1998 年開館：りゅーとぴあ新潟市民芸術文化会館，2002 年開館：可児市文化芸術振興財団可児市文化創造センター，2003 年開館：せたがや文化財団世田谷パブリックシアター，2003 年開館：北九州芸術劇場，2004 年：ミューザ川崎シンフォニーホール，2005 年開館：兵庫県立芸術文化センター，2011 年開館：神奈川芸術劇場（KAAT）：2014 年リニューアル開館：神奈川県立県民ホール．

参考文献

[1] Edagawa, A. (2020). Situation of key theaters and music halls in Japan and their evaluation using production function, *International Journal of Economics, Commerce and Management,* 8(4).

[2] 岩田暁（1983）．『経済分析のための統計的手法』．東洋経済新報社．

[3] 北村行信（2005）．『パネル・データの分析』．岩波書店．

[4] 小西葉子・西山慶彦（2009）．「セグメントデータを用いたサービス産業の生産性の

計測」『経済論叢』，185(2).

［5］教育基本法研究会（2007).『逐条解説　改正教育基本法』．第一法規.

［6］松浦寿幸・早川和伸・加藤雅俊（2007).「ミクロデータによる生産性分析の研究動向」．*PDP RIETI Policy Discussion Paper Series*, 8(7).

［7］文部省（1972).『文部省百年史』.

［8］森田恒之・伊藤寿朗（1978).『博物館概論』．学苑社．(1978).

［9］守屋秀夫（1993).「全国舞台芸術施設調査」.

［10］NEA. (2021). *AGENCY FINANCIAL REPORT FISCAL YEAR 2020.*

［11］根木昭・枝川明敬・垣内恵美子・笹井宏益（1997).『文化会館通論』．晃洋書房.

［12］日外アソシエーツ編集部編（2003).『新訂企業博物館事典』．日外アソシエーツ.

［13］日本博物館協会（2019).『日本の博物館総合調査報告書』.

［14］日本博物館協会編（2017).『ユネスコ勧告集 2015 年』.

［15］Peteraf, M. (1993). The Cornerstones of Competitive Advantage: A Resource-based View, *Strategic Management Journal*, 14.

［16］Romer, P. M. (1986). Increasing Returns and Long-run Growth, *Journal of Political Economy*, 94(5).

［17］佐藤武雄（1966).『公会堂建築』．相模書房.

［18］椎名仙卓（2010).『近代日本と博物館――戦争と文化財保護』．雄山閣.

［19］清水裕之（1999).『21 世紀の地域劇場――パブリックシアターの理念，空間，組織，運営への提案』．鹿島出版.

［20］周防節雄・若松美黄（2003).『文部科学省科研費報告　芸術・文化政策立案のための統計指標の開発と体系化に関する研究報告書』.

［21］Teece et al. (1997). Dynamic Capabilities and Strategic Management, *Strategic Management Journal*, 18(7).

［22］Throsby, D. (1994). The Production and Consumption of the Arts: A View of Cultural Economics, *Journal of EconomicLiterature*, 1 (XXXII).

［23］全国大学博物館学講座協議会西日本部会編（2012).『新時代の博物館学』．芙蓉書房出版.

［24］全国公立文化施設協会（2019).『劇場・音楽堂等の活動状況に関する調査報告書』.

第 5 章
文化芸術と経済活動

文化芸術活動を経済の立場から分析しようとする場合，文化芸術活動を一般の財として扱ってよいかどうかは疑問の点がある．人間は特に，趣味・好みの長年の経験による特定の文化芸術鑑賞・活動を選ぶ傾向（嗜好の蓄積効果）があるので，購入時の商品から得られる満足度と価格で購入を決定すると仮定する「経済人仮説」が成り立たないともいわれる．日本においては 21 世紀に入ってから都市開発・地域振興の 1 手段として，文化芸術活動や作品創作が注目されはじめ，文化芸術振興基本法の文化芸術基本法への改正に伴う文化芸術と経済・地域政策との融合は，従来の文化政策を修正させることになった．

本章では，文化芸術活動を経済学で扱う一般の財として扱い，文化芸術活動を産業面からみて地域に対する経済的有効性を検討する．そのため，基本的な産業連関分析・生産関数を通じて芸術家を経済主体としての芸術作品生産者として扱うことで，一般の生産者と異なる特徴を浮彫にする．さらに，文化芸術作品が一般財として扱えないところに起因する芸術家特有の経済的二重構造について触れる．

5.1 経済波及モデルと適用問題

5.1.1 地域文化振興による地域への経済波及効果

経済的側面からみれば，文化芸術活動は芸術作品の生産と流通（実演芸術では公演）であるから，特に実演芸術はその公演地である地域経済に経済効果が波及する．この波及効果は地域社会全体に拡散して波及することから受益者自体の特定が困難であり，道路・河川・港湾等の公共財を公的機関が整備するように，公的な助成や公的機関が供給すべきであるといわれることもある．その視点から公的機関が文化芸術活動をすべて供給するケースもあるが，文化芸術の鑑賞者は鑑賞による便益を幾分なりとも得ているので，経済的に完全な公共財というわけにはいかない．公共財とは無料で公的に提供されるサービスの 1 つで，その経費が税金で支払われている点に特徴がある．したがって，個々人が受け取る便益と費用負担者との直接の関係はない．水道利用料金のように使用料に応じて負担する場合は，サービス提供者が公的機関であっても公共財とはいわない．

たとえば，劇団四季のミュージカル等の商業演劇は，各鑑賞者の鑑賞量（サービス消費量）に応じた対価を支払っている．経済学的に公共財というのは，「排除不可能性」「競合性」がないことといわれる．誰でも利用できかつ利用者がいてもほかの利用は妨げられないということである．「競合性」がないということは提供財が同時に多数によって消費され，その財への競争がないということである．実演芸術では多くの鑑賞者が同時に同じ場所で鑑賞するが，チケットを購入することによって他人を排除可能であるし，業者側にとっても排除のための経費は少ない．さらに美術面では，美術品は普通１個であるから，その美術品に対する支配は個人が可能であり普通の物品販売となんら変わることがない．以上のことから，文化芸術活動を公共財として扱うことによって，政府機関が公的供給の根拠にすることは難しい．

文化芸術活動の１つとして，万国博覧会やイベントを考えてみよう．これらイベントは，チケットを購入することによって利用可能であり，かつ他人を排除可能であるから公共財の概念には当てはまらない．しかし，そのイベントの経済効果は広く開催地に及ぶ．そこで，地方自治体は地域活性化のためイベント開催に熱心で，そのための開催経費の負担を担い自ら開催者となることが多い．この理由はイベントが公共財だから政府機関が供給するという考えではない．イベントへの観光客誘致とイベント開催に伴う投資による地域経済への波及効果と地域活性化，観光客による他地域への地域プロモーション効果を地方自治体がねらっているからである．開催のための経費と得られた経済効果との比較考量で，前者より後者が多ければ費用便益効果があったことになる．この点において，私的企業の利益確保と何ら変わらない．

したがって，多くの国・地方自治体は自らの地で万国博覧会のようなイベント開催を望む．竹下登内閣（1987～1989 年）当時の１億円創生事業では，各地で地域イベントやお祭りが開催された．

多くの地方自治体では，地域文化振興を住民への文化芸術活動の水準向上のみならず，地域振興の一手段として考えている．その一例として富山県旧利賀村を取上げたい．同村は 2004 年 11 月に周辺町村と合併し，現在南砺市となっているが，人口が終戦直後には4,000人であったのが高度経済成長期を通じて1,000人程度に減少した．たまたまある劇団が練習場に村内施設を使用していることに村長が着目し[1)]，過疎対策の一環として交流人口（公演鑑賞者）を呼び込み観光資源とした[2)]．それのみならず，利賀の国際演劇祭が村の知名度を向上させイメージ作りに役立っている．

大分県の「一村一文化運動」は，それぞれの市町村に伝わる芸能を中心に，産物振興（「一村一品運動」）に替わるものとして，ソフト事業による市町村の地域振興策として行われた．これは，1990年代半ばまでに制定された多くの地域振興法（国土総合開発法，山村振興法，過疎法，離島振興法，地方拠点都市法），総合保養地法（リゾート法），多極分散法等57の法律と広域市町村計画等18計画によるところが大きいが，近年の傾向としては「地域開発」から「地域振興」「過疎化対策」「観光立地」への発想転換が見られる．

特に，1988年度から行われた「ふるさと創生」事業は，地方自治体にいろいろな振興策を競い合わせ優れたアイデアを全国レベルでモデル化させ，地域財政措置につながった．各地方自治体に1億円ずつ地方公付税を基準財政需要額に上乗せ措置し，「ふるさと創生」事業に使用させたが，この優れたところはその使途が特定されなかったところにある．その事業内容をみれば，従来の国の開発思想には見られなかった地域イメージづくり，文化芸術振興，観光，人材育成等のハード事業でないソフト事業が多かった．

文化芸術活動が地域経済に波及する効果については，十分研究検討されていなかったが，施設面の波及効果については，古くは大阪府吹田市にある国立民族学博物館の研究（総合研究開発機構（1979）「国立民族博物館をモデルにした文化施設の経済効果」）がある．それによれば，建設費（1975年から1977年にかけて建設され，総経費は75.77億円）は当時のF-15戦闘機ライセンス生産分1機相当といわれ，産業連関分析により大阪府内の生産額を25.2億円誘発したことが知られている．この生産誘発額は，同額の道路，公園，住宅建設と比べても遜色がなかった．ソフト面での文化芸術の経済効果については，文化経済研究会（1997）による東京都を対象としたケースがある．生産誘発効果（対象団体が活動することにより，対象産業以外の産業生産の増加）が，「劇場」では1.88倍，劇団等「興行団」では1.82倍，「美術館」では1.59倍，「ビデオ・映画制作」では2.04倍となっている．また，それらの施設を利用した演劇等を鑑賞するために来訪する人達の消費による誘発効果も1.66倍程度になった．

イベントの経済的波及効果として，2005年に開催された「愛知万博」を例にとろう．愛知万博は，愛知県瀬戸市，長久手町において開催された正式名称「2005年日本国際博覧会」と呼ばれ2005年3月25日から9月25日まで開催された．開催期間における2,205万人の来訪者の消費支出として，来訪者の飲食，買物，観光，交通，宿泊等及び主催者の会場設営，印刷製本，飲食，宿泊，交通，機材レンタル等の直接経費は併せて6,910億円（旅費・宿泊等の直接効果は4,588億円，運営者運営関連費は1,917億円（日本国際博覧会協会，UFJ総研調べ））であった．さらに，建設費として直接会場建設費に限れば建設額4,860億円を含むハード整備は1兆1,771億円となった．この直接投資と直接投資から波及する生産誘発効果は2兆7,973億円となり，全国で16万人余の雇用を創出し，愛知県を中心とする中部圏ではその3分の2の生産誘発額があった．建設費を除くと，直接効果の70%が博覧会運営期間中の消費活動による経済波及効果であり，間接効果では「消費」の68%がもっとも多い．また，1985年度に開催された「つくば科学技術博覧会」においても来場者による直接消費の割合が全体の直接経費の78%と大きく，ハード整備経費よりソフト関連消費が大きくなっている．2015年度における横浜アリーナにおけるイベントと来客による経済波及効果をみれば，直接効果269億円，波及効果140億円であり誘発効果は1.52倍となっている．

また，愛知万博では環境問題から会場が見直されたようにハード整備は制限を受けることが多く，整備費用が当初より小さくなることもあり，現在ではイベントの開催による来訪者の消費活動による波及効果を地域活性化につなげることが重要となっている．このように，ソフト事業・ハード事業とも地域経済に及ぼす効果は大きいものがあるが，ソフト事業による波及効果が最近では注目されている．さらにイベントの開催によるよいイメージつくりは，地方自治体の情報発信面での認知度を高め，「排除不可能」な便益ともいえる地域ブランド効果がある．

日本イベント産業振興会・経済産業省による推計（『2019年イベント消費規模推計報告書』）では，自治体・観光協会等公的団体が主催・協力したイベントはコロナ感染症が蔓延する前の2019年度でイベントの全体消費規模金額が17兆4,890億円（前年比100.8%），イベント会場内での消費金額で3兆3,623億円と推定されている．うち，文化イベントは2兆3,845億円である．なお現在では，コロナ感染症蔓延下のためイベント開催は相当減少していることは考えられる．

これは，直接投資・消費額のみの推計であるが，実際は開催地への波及効果がありそれによる誘発効果を含めると，イベントの効果は地域にとって大きい．

ハード整備はせずにソフト事業のみの例として，「ラ・フォル・ジュルネ・オ・ジャポン」の経済波及効果について述べよう．ラ・フォル・ジュルネ・オ・ジャポンは，2005 年開催以来，2019 年まで 15 年間に渡ってゴールデン・ウィーク中に丸の内ほか全国数カ所の会場で開催されているが，当初は東京会場のみであった．2005 年の第 1 回開催では 32 万人余の来場者があり，1,500 人を超える音楽家が演奏を行った．その経済効果をみると全体で 41 億円（直接効果 22 億円，波及効果 19 億円）であった．その内訳としてイベント運営直接経費は約 6 億円にのぼったが，そのうち入場者の消費活動による経費が直接経費の 80％程度と高くなっている．誘発効果は，1.74 倍であり先の文化経済研究会による試算と同じ程度である．さらに消費税，都税，事業税等で 2.6 億円程度の税収入があった．

このようなイベントの経済波及効果は，経済学的には「産業連関分析（input-output analysis）」で算出するが，建設等のハード整備に比べサービス業での統計調査の把握度や調査密度から誤差が製造業等に比べ大きくなることがあり，その点消費行動等のサービス産業面にかかわるところの波及効果については十分注意してデータを取り扱う必要がある．

5.1.2　経済波及効果の理論的基礎（地域経済波及モデル）

イベント等の地域社会への経済的な波及効果測定は，先述したように通常産業連関分析で行われる．ここではその分析モデルを使用して，文化芸術活動の地域経済への波及について述べていくことにする．

ただし，完全な経済波及効果というのは複雑で捉えにくく，かつ実際の測定は時間と費用がかかるのが通常である．そのため，イベントの経済波及効果を含む 1 また複数の産業の活動等が全体経済に及ぼす影響モデルを構築し，別の地域にも同種のモデルが適用可能として地域間の比較を行う（具体的には，係数のみをそれぞれの適用地域に合わせたモデルを使用する）．「ラ・フォル・ジュルネ・オ・ジャポン」の事例をみても東京における文化芸術産業の他地域への波及効果については同様の仮定を自明なこととして用いている．

レオンティエフ（Wassily Leontief）により開発された産業連関分析は，各産業の算出額は生産する産業以外の他の産業の中間財及び最終消費者（家計，産業部門）による消費額との合計額に一致するとした仮定の下に行われる（在庫が発生しない前提）．これを地域の文化芸術活動の経済効果として計算するときには，産業は時間的にみれば文化イベントと相違し永続性があるものの，瞬時的には産業算出物とイベント産出物とは同種のものとして扱う．言葉をかえていえば，イベントが１日間開催すれば１日間商品を生産する産業をイベント産業として考える．

また，以下の仮定をおく．産業連関表の構成の仮定として，① 各生産される製品・サービスは，同種のものは１つの産業から生産される（企業の区別．ブランドの区別はしない），② 各産業が投入する量（原材料費）が２倍になれば生産高も２倍となるという比例法則を考え，工場など生産現場の規模に関する逓増や逓減の法則は当てはまらない（規模に関して一定[3]），③ それぞれの産業は独立に製造・提供してもまた同時にそれを行っても生産高は同一である仮定（企業同士の無形・有形の影響はないと仮定する．つまり外部経済[4]が存在しない）を加える．

経済活動は外部経済や規模の経済性が存在しているが，波及効果測定のような短期間では問題が生ずるほどでないとして無視していると考えてよい．したがって，産業連関分析を用いて，やや長期的な波及効果を調べるときは産業構造が変化するので，各係数を変化させるように関連表自体に時間的変化が反映するようにモデルを作る．これを動学的モデルという．ここでは，非常に単純に静学的モデルを考えているが，通常は数年程度の期間では産業構造は変化しないと考えてよい．

5.1.3　産業連関モデルによる計算と産業連関表

以上の仮定の下，以下の計算が可能となる．

一番簡単な事例として，３種の産業が存在する地域を考えよう．その１つに先ほどの文化芸術産業（１日間のイベントでもよい．産業といっているが名前は何でもよいのである）も含んで考えることができる．

各産業は，同種の企業から成り立ち，各産業間ではそれぞれ違った製品・サービスを生産している．また，各産業は自ら産業や他部門の産業からそれら産業が生産した製品・サービスを購入して，新たな製品・サービスを製造する．それを最終的には消費者（経済学では家計という）が購入して消費する．

a_{ij}（ただし，$i=1, 2, 3$，$j=1, 2, 3$）を，i 産業の生産物を１円分だけの価値を生産するための必要とする j 産業から購入する生産物の価値とする．つまり，材料費である．たとえば，産業1は，産業1，産業2，産業3が生産した生産物を材料に使用して製品を生産する．そのとき，生産物を材料費と同額で売ることはない．材料を加工して付加価値を高めたので，価格を高めて他生産部門や最終消費者（家計部門という）に売るので，価格で測った生産高には材料費と付加価値額が含まれる．付加価値額には，生産者利益分（営業余剰），機械等資本消耗分，雇用者所得，間接税（生産額に税を加え，それだけ分の価値を政府に支払っている）に分かれる．

以上のように考え，海外からの輸入や輸出がないと仮定すると，産業連関表の横軸[5)]でみれば，この軸は製品の需給均衡を示すから生産額＝需要額として

x_i（産業iの生産額＝需要額）$=\sum a_{ij}x_j+y_i$（i産業生産物のうち消費者購入分）

となる．この第1項は中間需要といって，企業が生産に必要な材料費である．製品を生産するには材料のみならず機械設備を使用するが，その長期にわたる機械等の資本の使用額（資本投資）は，粗付加価値額の中の「資本減耗引当」で処理する．また，最終部門（y_i）は，消費財（原材料として投入されない製品で，1年未満で消費されるもの）と資本（原材料等として投入されない製品で，原則として1年以上で消費される物）に分かれる．したがって，費用で資本摩耗分は考慮するので資本投入分は含まれていない．商業のように他人の商品をやりとりするだけで，自ら生産しない企業（産業部門）はいわゆるマージン（margin＝販売額－仕入れ額）を生産額と見なしている．運輸業も同様である．

また，市場で取引されない商品・サービスも生産活動に貢献するなら，その同じような商品・サービスが市場で取引されたとして市場価格を考える．市場で同じ種類の商品・サービスの擬制的価格の積み上げを当該商品・サービスを生産している部門に生産額として計上する．市場で取引されない商品を所持して経済的メリットを受けている部門には産出先として擬制的に計上する（帰属計算を行うという）．例として，持ち家（家を借りれば家賃がかかる），農家等の自家消費（野菜等を購入すれば経費がかかる）などがある．政府部門（国，地方自治体）のサービス生産高は，使用した商品・サービスの全額と公務員など職員の給与全額を生産額とし，さらに民間と合わせるため建物等の減価償却費を生産額に含める．建物等を使用して，政府サービスを提供したからサービス価格に建物等の消耗分は含まれる．

すべての係数a_{ij}が既知であるなら，x_iを導き出すことができる．いま，図5-1に示すような各産業間の取引があり，最終消費が産業ごとに11億円，

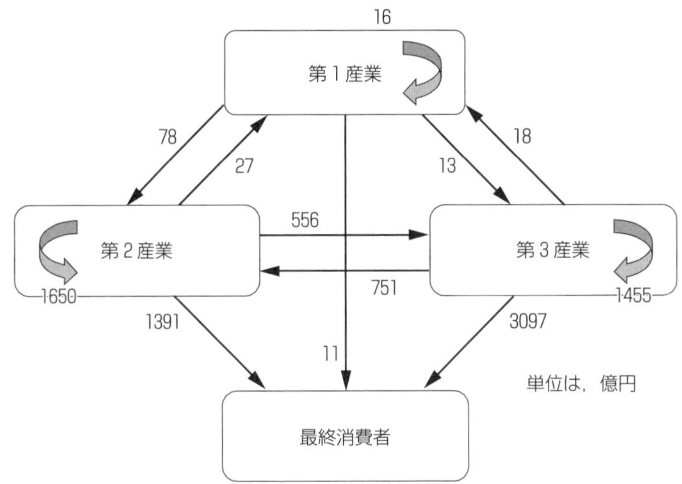

図 5-1　各産業部門間の商品のやりとり

（出典）筆者作成.

1,391 億円，3,097 億円としよう.

図 5-1 に示した各産業間と各産業に属する家計（各産業から消費者へ流入する量）のやり取りをまとめると**表 5-1** のようになる．縦軸（列：費用構成，投入構造：Input）に沿って読むと，各部門（この場合は，産業１，２，３）がその商品・サービスを提供するために要した経費の構成及び投入の様子がわかる．第１産業では，第１産業から 16 億円，第２産業から 27 億円，第３産業から 18 億円

表 5-1　各産業間の連関表

	産業部門（中間需要：材料として使用部分）			家計（最終需要）	総生産（算出）
	産業１	産業２	産業３		
産業１	16	79	13	11	119
産業２	27	1650	556	1391	3624
産業３	18	751	1455	3097	5321
付加価値額	58	1144	3297		
生産額（投入）	119	3624	5321		

（注）１．各産業及び家計間のやり取りの数値の単位は億円.
　　　２．本表には「輸出・輸入」は考えていない.

（出典）筆者作成.

といった中間投入（材料やサービス）を受け，58億円の付加価値（雇用者による所得や営業による余剰と機械設備の摩耗分である償却引当）を生み出し119億円分の生産を行う．

他部門の産業も同じように考える．横軸（行：販路先，算出構造，Output）に沿って読むと，第1産業では，第1産業に16億円，第2産業に79億円，第3産業に13億円売り，家計に11億円分の商品やサービスを最終商品として販売提供し，総生産高が119億円であることを示している．すなわち，第1産業の販路先あるいは生産物の配分構成を示している．当然，産業部門ごとの生産高はそれぞれ一致しなければならない．

産業連関表に示す生産額は量でなく金額で示すことが自明とされているが，それは各部門に共通に使用できる評価基準として，金銭評価がもっとも適切であることによる．金銭評価の場合，生産者価格で表示し商品販路に携わる商業・流通業についてはその経費（マージン）を一括して「商業・流通部門」に計上する方法と，マージンを含めた購入価格表示を行い生産部門の「商業・流通」経費として一括計上する方法がある[6]．経済取引の実体を見るためには後者の購入価格表示が便利であるが，波及効果分析では前者の生産価格表示が適切である．この理由として購入価格にマージンが含まれていると，流通部門毎のマージン率の相違が表示価格に反映され，マージン率が変化するだけで波及効果に影響が計算上出るようなことになりかねないからである．その価格は，実際に支払った価格（ダンピング等で極端に廉価の場合や当該地区に劇場が少ないので賃貸料が高騰する場合もある）でなく平均的な価格で示す．

縦軸はある生産物を得るために必要な投入量の割合であるし[7]，横軸は生産物の配分構成であるので，産業連関表は投入産出表（Input-Output Table）とも呼ばれる．産業連関表を活用すると経済全体の産出の予測だけでなく，生産部門間の構造と経済循環及び経済活動の波及効果が測定できる．産業連関表の利点として，消費，投資，輸出などの最終生産物市場と各産業の生産とを結びつけることができる点にある．各産業が消費等の増減によってどの程度の生産が誘発されるか，といった問題や各産業が消費等の最終需要市場にどの程度依存しているかが判明する．

レオンティエフによる産業連関表は1936年に発表され，1944年に実際にアメリカの全国レベルの経済活動に合わせた表が作成された．日本においても，1955年に第1回産業連関表の発表があってから5年毎に発表されている．その表のもととなる統計の精度や統計の方法が異なるため縦横の総計が一致しないことが多く，精度の高い部門から生産額の推計と各部門への配分を行いながら，係数推計作業を行うので時間がかかり5年毎の発表となっている．

以下の項にて文化芸術産業の波及効果を例示するが，特に文化芸術産業というものは，サービス提供が中心であり，製造業と異なり本格的な統計調査が時系列的に行われたのは最近になってからで，それも精度が他部門に比べるとあまりよいものとはいえない．したがって，製造業に比べ波及効果についてもやや雑なことを前提としなければならない．先ほどの国立民族学博物館の経済波及効果測定においても，建物としての建設整備に関わる波及効果のみであって，観客の来館による消費活動や鑑賞行動による波及効果を測定しているわけではない．

5.1.4　文化芸術部門への応用

商品やサービスの取引を示している産業連関表を芸術部門に応用するなら，芸術団体がチケット販売を通じて芸術活動というサービスを消費者に提供しているといえる．この場合，劇団→鑑賞者といった単純な直接販売（劇団が直営している劇場での窓口販売や通信販売（インターネット販売））のほか，劇団→チケット販売代理店→鑑賞者といったように複雑な販路もあり得る．産業連関表では，直接販売方式は単純に提供者（劇団）から鑑賞者が直接購入するように考え，代理店等販売経路を使用した購入（間接販売）は商業部門からチケットを劇団が委託販売させた場合のマージン代（通常はチケット代金の20%から40%）を鑑賞者が購入する（反対にチケット販売代理店は各マージンの合計額を生産する）と考える．

また，劇団が自前の劇場を所有している場合と劇場を賃貸している場合では，前者の場合には劇団は経費がかからないが，後者は賃貸料がかかる（劇場を経営する会社・団体が劇団に劇場空間を貸すサービス提供を行っている）．これを市場で同一に評価するためには，実質的に効用が発生していてそれを享受していることを考え，帰属計算を便宜的に行い市場での評価額（この場合同レベルの劇場を賃貸している賃貸額）を生産額に含め劇場所持の劇団の経費として計上する．

現在では独立行政法人となったが，以前の国立博物館のように国が直接整備している施設の場合には国という特殊性から賃貸料＝利潤相当分を計上する必要がないので，原則として減価償却費相当分だけが帰属経費[8]となる．なお，地方自治体は経費的には国以上に博物館，美術館，劇場，ホール等の文化施設を直接整備しているが，それも国と同じように考える．2003年7月には，地方の文化施設の運営団体を地方独立行政法人[9]に行わせる法律（地方独立行政法人法）が公布された．それにより順次公立の文化施設が地方独立法人化されているが，独立行政法人となった文化施設は，産業連関表において通常の私立の文化施設と同じ欄に記載されこととなる．

もう一度，**図 5-1** に示した各産業別の投入産出式を記載する．

x_i（産業iの生産額）$=\sum_{j=1}^{3} a_{ij}x_j + y_i$（$i$産業生産物のうち消費者購入分）

ここで，x_i は，i 部門の産業の投入（中間需要）と最終消費関係を示す式であることから，これが多数の生産部門（この例示では，1，2，3の3部門）に分かれるので，

$$x_i=\begin{bmatrix} x_1 \\ x_2 \\ x_3 \end{bmatrix} \qquad A=\begin{bmatrix} a_{11} & a_{12} & a_{13} \\ a_{21} & a_{22} & a_{23} \\ a_{31} & a_{32} & a_{33} \end{bmatrix} \qquad a_{ij}=\frac{x_{ij}}{x_i}$$

のように，記載すれば便利である．

さて，以上のように記載すると投入産出式は下記のように行列式で示せる．

$$\vec{x}=A\vec{x}+\vec{y} \qquad A=[a_{ij}]$$

Aが投入係数行列である．

$$\vec{x}=A\vec{x}+\vec{y} \text{ となるので，} \vec{y}=[I-A]\vec{x}$$

したがって，$\vec{x}=[I-A]^{-1}\vec{y}$ である．Iは単位行列

このようにして，各産業と家計が構成要員とした経済系の各構成員間の商品・サービスの流入と流出が判明すれば，各構成員の算出量が求められる．

投入係数を先ほどの例示にて簡単に求めてみよう．

$a_{ij}=\dfrac{x_{ij}}{x_i}$ であるので，

$a_{11}=\dfrac{16}{119}=0.1345$，$a_{12}=\dfrac{79}{3624}=0.02180$，$a_{13}=\dfrac{13}{5321}=0.002443$

$a_{21}=\dfrac{27}{119}=0.2269$，$a_{22}=\dfrac{1650}{3624}=0.4553$，$a_{23}=\dfrac{556}{5321}=0.1045$

$a_{31}=\dfrac{18}{119}=0.1513$，$a_{32}=\dfrac{751}{3624}=0.2072$，$a_{33}=\dfrac{1454}{5321}=0.2732$

以上を整理して，投入係数を行列にしたものが投入係数行列である．

それを表として記載すると

表 5-2　投入係数行列

	産業 1	産業 2	産業 3
産業 1	0.1345	0.0218	0.002443
産業 2	0.2269	0.4553	0.1045
産業 3	0.1513	0.2072	0.2733

この行列の縦（列）は各産業の各原材料投入単位を示し，産業技術構造（生産に必要な有効技術の構造）を示している．

今度は，逆に $[I-A]$ 行列と総生産高を掛け合わせると，家計の各産業から流入する額が求められる．

$[I-A]$ 行列　　　　　生産額　家計の消費額

$$\begin{bmatrix} 0.8655 & -0.0218 & 0.002443 \\ -0.2269 & 0.5447 & -0.1045 \\ -0.1513 & -0.2072 & 0.7267 \end{bmatrix} \times \begin{bmatrix} 119 \\ 3624 \\ 5321 \end{bmatrix} = \begin{bmatrix} 10.992 \\ 1390.9 \\ 3097.9 \end{bmatrix}$$

さて，投入係数が判明していると，消費者（家計）への必要投入量を算出するのに必要な各産業部門別の産出量を計算することができる．たとえば，各産業から消費者は，ある期間（1年間でも1日でもよい）内に第1産業からは，11億円，第2産業からは1,391億円，第3産業からは，3,097億円ずつ消費しているとする．

そうすると，今度は，先の最終消費額に，$[I-A]$ の逆行列を掛ければよいのだから，$[I-A]$ の逆行列は，$\begin{bmatrix} 1.1708 & 0.051152 & 0.01129 \\ 0.56539 & 1.9668 & 0.2847 \\ 0.40497 & 0.57144 & 1.4596 \end{bmatrix}$ となるので，これに家計の最終消費額をかけると，各産業部門の必要な産出額が計算できる．

各産業の消費している消費額 $\begin{bmatrix} 11 \\ 1391 \\ 3097 \end{bmatrix}$ に掛けると

各産業の算出額は，第1産業が119.0億円，第2産業が3,623.9億円，第3産業が5,319.8億円の生産が必要であり，計算誤差を含めると先の各産業部門別の生産額と一致している．数学的にはすべての行列の逆行列は存在するとは保証できないが，産業連関分析では存在すると暗黙に仮定している．下記のソローの条件が成り立つときは逆行列が存在する.

$$x_{ij}=\sum_{i=1}^{n}a_{ij}<1 \qquad (i=1,\ 2,\ 3\cdots\cdots n)$$

仮に，文化芸術産業から消費者が必要とする需要額（例として，オペラに対する需要を考える）が想定できれば，それらに必要なオペラ産業等関連産業の生産高が計算できる．需要額が１回につき１万円のチケットを年間５回購入するとすれば１人につき５万円の需要があり，そういった消費者（鑑賞者）が首都圏に10万人いれば年間のオペラ消費額は10億円である．この10億円を首都圏の産業連関表に代入すれば，オペラに関わる産業の生産高が計算される．これより実際の生産高が多すぎればそれは過剰生産であり，需要を満たす以上の水準でオペラ団等関連団体が存在していることにもなる．

注目すべき点は，産業連関表では，商品・サービスを各産業が製造することにより，当該地域での付加価値が計算できる点である．先に述べたように，付加価値額は生産者利益分（営業余剰），機械等資本消耗分，雇用者所得，間接税に分かれる．つまり，企業の利益と賃金上昇や労働確保につながる．今，先の例でこの付加価値額を計算してみよう．

念のため，**表5-1**事例の産業連関表を再度記載する．

この付加価値額の欄をさらに詳細に記載すると，

$v_{ij}=\dfrac{V_{ij}}{x_i}$ とし，V_{ij} は，**表5-3**の各付加価値額であるとする．

$$V=\begin{bmatrix} v_{11} & v_{12} & v_{13} \\ v_{21} & v_{22} & v_{23} \end{bmatrix} \text{とおけば} \ V=\begin{bmatrix} 0.3554 & 0.07975 & 0.2250 \\ 0.1276 & 0.2358 & 0.3946 \end{bmatrix}$$

表5-1　各産業間の連関表（再掲）

	産業部門（中間需要：材料として使用部分）			家計（最終需要）	総生産（算出）
	産業１	産業２	産業３		
産業１	16	79	13	11	119
産業２	27	1650	556	1391	3624
産業３	18	751	1455	3097	5321
付加価値額	58	1144	3297		
生産額（投入）	119	3624	5321		

（注）１．各産業及び家計間のやり取りの数値の単位は億円.
　　　２．本表には「輸出・輸入」は考えていない.
（出典）筆者作成.

表 5-3　付加価値額の連関表

	産業部門		
	産業1	産業2	産業3
付加価値額（上段：企業利益等，下段：雇用者所得）	43	289	1197
	15	854	2100
生産額（投入）	119	3623	5321

（出典）筆者作成．

このV行列の第1行は企業利益等を，第2行は雇用者所得を示す係数である．これを計算して，$V=\begin{bmatrix}0.3554 & 0.07975 & 0.2250\\0.1276 & 0.2358 & 0.3946\end{bmatrix}$となる．

次に，各産業別の生産額を $X=\begin{bmatrix}119 & 0 & 0\\0 & 3624 & 0\\0 & 0 & 5321\end{bmatrix}$ とおけば，

$V\cdot X$ は，$\begin{bmatrix}42.29 & 289.01 & 1197.23\\15.18 & 854.54 & 2099.67\end{bmatrix}$ となる．それぞれ，左から，第1産業，第2産業，第3産業となるが，上段は企業利益等，下段は雇用者所得である．計算誤差内で実際の値（表5-3）と合っている．

産業連関モデルは，投入係数が時間的に変化しないならば，いつの時点でも適用可能である．投入係数は系を構成している産業部門と家計間の投入・算出量が一定であること，構成産業が増減しないこと等の静的な制限が存在する．ところが，実際には経済の流動化や産業の盛衰により，静的な経済構造は事実上存在しない．

しかし，測定する期間を短期間に限ればほぼ静的な系と見なせるので，投入係数一定と仮定しても消費者の需要に対する各産業の算出量や各産業間の波及効果についての計算に大きい影響は与えない．その場合，投入係数自体を時間的な変数と見なし，より精密な分析を行うことが可能である．愛知万博やラ・フォル・ジュルネ・オ・ジャポンなど短期間に開催されるイベントあるいはコンサート，演劇の経済波及効果を測定するためには十分な手法である．

5.1.5 産業連関モデルの文化芸術への適用による他地域波及効果

東京都の文化芸術活動の波及効果の事例

高度経済成長以降，人々は物質的豊かさだけでなく精神的な面も含めた「豊かさ」を求めるようになってきている．こうした志向を反映して，文化芸術事業，文化施設に対する投資や支出が増加し，これが新たな需要を惹起し，都市における経済活動の活性化，地域振興という観点からも多大な貢献をすることが注目され始めた．文化芸術には，創造し提供する供給者とそれを鑑賞，享受する需要者が存在するが，文化芸術を産業として捉えるあるいは個人または家計の消費行動として捉えるという試みは，観光立国が唱えられてから観光庁・経済産業省等が行い始めている．この文化経済活動に産業連関表を導入する試みとして，文化庁の委託を受けて文化経済研究会（筆者も構成員）が東京都文化芸術分析用産業連関表により東京都の文化芸術産業の経済波及効果を算出したのが嚆矢といわれている．この文化経済研究会の試算した数値に関しては山田他[10)]が紹介している．

ここでは，東京都における文化芸術支出の経済波及効果を通じて，文化芸術産業の地域内における高い経済波及効果と他地域への波及効果またはその可能性を指摘して，国や地方自治体の支援の充実を期待したいと思う．先の文化経済研究会では東京都とニューヨークとニュージャージー大都市圏の文化芸術産業の経済波及効果比較を行った．

以下，ここではその文化経済研究会の資料を参考にしながら，文化芸術産業の経済波及効果について改めて計算した東京都を例として述べる．東京都の資料の出所たる「特定サービス産業実態調査（経済産業省）」の調査項目が2005年度に大きく変更され，業種変更と都道府県別の調査発表が行われなくなったため，その後の同種の波及効果研究は困難となっている．また，同調査の最後である2018年調査では劇場・劇団も同じカテゴリーに含まれ，さらにニューヨークとの比較を行った1992年とは違った産業分類となっていること，県別データが入手不可能なことから，文化に関する産業は，下記のとおり「興行場・興行団」「公園，遊園地・テーマパーク」「映画館」「デザイン業」とする．以下，すべて2018年時点の「特定サービス産業実態調査（経済産業省）」による．なお，現在は同調査も廃止され，「経済構造実態調査（総務省・経済産業省）」に2019年度より切り替わったが，執筆時点では県別調査の公表は行われていない．

「東京都産業連関表」(2015 年) を基に，文化芸術に関連の深い産業を詳細に表した文化芸術分析用産業連関表を作成した．部門数は 214 部門 (東京都地域 107 部門，その他地域 107 部門[11]) である．生産誘発効果を推計するモデルを以下のとおり示す．

$X=AX+F+E-M$
X…生産額行列
A…投入係数行列
F…最終需要行列
E…輸出行列
M…輸入行列

次に，輸入は地域内の需要に比例するものとし，$M=\overline{M}(A^{*}X+F^{*})$ とする．

$\overline{M}$…輸入係数対角行列
A^{*}…投入と産出が同一地域である投入係数行列
F^{*}…投入と産出が同一地域である最終需要行列

したがって，$X=AX+F+E-\overline{M}(A^{*}X+F^{*})$ となり，これを X について整理すると，I を単位行列として，

$(I-A+\overline{M}A^{*})X=F+E-\overline{M}F^{*}$

X について解いて，$X=(I-A+\overline{M}A^{*})^{-1}(F+E-\overline{M}F^{*})$

投入の変化により同一地域内にある最終需要が ΔF^{*} 分増加し，そのとき生産額が ΔX 分増加したとする．なお，$(I-\overline{M})$ 行列の各行列成分は，1 から輸入係数を引いた値を対角成分とする行列 (国内自給率行列) である．これを用いると生産増加分は，

$\Delta X=(I-A+\overline{M}A^{*})^{-1}(I-\overline{M})\Delta F^{*}$ だけ生産額が上昇する．

分析対象としたサービスの輸入はすべて特殊貿易および直接購入とする．ビジネス客による海外 (ここでは東京に来訪した) での財・サービス購入を「特殊貿易」，観光客による海外での財・サービス購入を「直接購入」という．これらは，地域内の商品・サービスの需要 AF^{*} によって決まるが，上記に見るとおり，その $(I-A+\overline{M}A^{*})^{-1}$ 倍だけの生産が誘発される．この産業連関表をま

表 5-4　東京都産業連関表（2015 年）

	中間需要		最終需要		輸出	輸入
	東京都地域	その他地域	東京都地域	その他地域		
東京都地域	57.0	47.1	68.8	15.8	10.3	−9.9
その他地域	24.7	423.1	12.4	466.6	76.5	−92.3
粗付加価値	107.4	440.8				
生産額	189.1	911.0				

（注）四捨五入の関係で，行列合計が若干一致しない．
（出典）筆者作成．

とめて，**表 5-4** にその構造を示した．

文化芸術関連 4 部門の経済波及効果の実際

各部門の現状

・興行場・興行団

「興行場，興行団劇場」とは，日本標準産業分類に掲げる中分類 802――興行場，興行団に属する業務を主業として営む事業所（国・地方自治体等から施設の運営等を包括的に代行している指定管理者制度利用の事業所を含む）であって，劇場・興行場・劇団・楽団・舞踊団・演芸・スポーツ等興行団を含む．

興行団は，東京都に 1,132 事業所存在し全国の 52.9％を占めている．従業者数は，1 万 2,509 人（対全国シェア 51.8％）である．東京都における興行団の収入額は，4,739 億 3,500 万円（うち，演劇等での収入：4,132 億 5,400 万円）であり，これに対応する支出額は，4,350 億 2,200 万円である．

・公園，遊園地・テーマパーク

「公園，遊園地・テーマパーク」とは，日本標準産業分類に掲げる中分類 805――公園，遊園地に含まれる施設で，自然景観，遊戯，文化，歴史，科学などに関する特定のテーマに基づき施設全体の環境づくりを行い娯楽を提供している施設をいい，地方自治体によって設立され運営されている博物館・美術館を含まない．

東京都の公園，遊園地・テーマパークの事業所数は 146 事業所であり，従業者数は 2,308 人である．対全国シェアを見ると，事業所数では 14.3％に対し従業員数では 8.3％となっていて東京都の事業所規模が小さい．千葉県・大阪府などでは営利的大型テーマパークが存在するので，従業員数・収支額とも大きくなっている．収入額は，318億3,500万円であり，それに対する支出額は304億3,600万円となっている．

・映画館

「映画館」とは，日本標準産業分類に掲げる中分類801に該当する事業所で東京都の映画館の事業所数は66事業所（スクリーン数：340）あり，全国の12.9%を占める．また，従業員数は3,676人であり対全国シェアは17.8%である．収入額は，559億8,900万円（対全国シェア19.1%）であり，それに対する支出額は483億6,400万円（対全国シェア18.7%）である．対全国シェアからみれば，事業所数に比べ収支金額が東京都は若干大きいので，経済的に規模の大きい映画館が立地している．

・デザイン業

「デザイン業」とは，日本標準産業分類に掲げる中分類726に該当する事業所で東京都のデザイン業の事業所数は2,608事業所あり，全国の35.8%を占める．また，従業員数は1万3,114人であり，対全国シェアは43.0%である．収入額は1,665億3,000万円（対全国シェア50.5%）であり，それに対する支出額は1,558億6,200万円（対全国シェア51.3%）である．デザイン業は東京に事業所数の3分の1が存在するだけでなく，収支面から見ると全国の過半数を占め，経済的集中度が高いことが解る．

・教養・技能教授業

「教養・技能教授業」とは日本標準産業分類に掲げる中分類824――教養・技能教授業に含まれる施設で，音楽，書道，生花・茶道，そろばん，外国語，スポーツ・健康，その他の教養・技能（囲碁，編物，着物着付，料理，美術，工芸，教養講座，舞踏（日本舞踊，タップダンス；フラダンスなど），ダンス，ジャズダンス，フラワーデザイン，カルチャー）を教授する事業所をいう．

東京都の教授業事業所数は7,380事業所存在し，全国の9.7%を占める．また，従業員数は3万7,049人であり，対全国シェアは，10.0%である．収入額は，1,781億4,900万円（対全国シェア20.7%）であり，それに対する支出額は1,511億3,600万円（対全国シェア20.5%）である．人口が東京都は全人口の10.6%を占めるので，事業所数・従業員数から見てもほぼ平均的な立地状態である．ただし，経済的には全国の20%以上を占めていることから経済的規模の大きい事業所が多い．

前述の文化芸術活動分析用産業連関表を用い，東京都地域における各部門毎

表 5-5　生産誘発効果

（単位：倍）

	興行場・興行団	公園，遊園地・テーマパーク	映画館	デザイン業	教養・技能教授業
生産誘発効果					
東京地域	1.41	1.49	1.47	1.55	1.35
その他地域	0.79	0.33	0.41	0.29	0.37
合計	2.20	1.82	1.88	1.84	1.72

（出典）筆者作成.

の生産誘発効果を求め，**表 5-5** に示す.

各産業の経済波及効果を東京都内とその他地域の域外に分けると，合計では「急興行場・興行団」がもっとも高く，他の産業から抜きんでている．また，「教養・技能教授業」はもっとも低く，他の産業はほぼ一定の 1.8 程度である．域内への波及効果は「デザイン業」が高く，「教養・技能教授業」が低く，他産業はほぼ 1.4 程度である．「デザイン業」は域内で非常に高い生産誘発効果を示す反面，域外には効果を及ぼさず，都内で事業がほぼ完結していることがわかる．また，「公園，遊園地・テーマパーク」「映画館」は，経済効果ではほぼ同じ傾向を見せ，都内の観客・利用者が施設を利用していると思える．「教養・技能教授業」は身近なコミュニティの教育・カルチャーセンターとしての機能から，地元住民による日常生活の延長線上での利用であることが，経済波及効果が域内域外に対して低いことからわかる.

以下，各産業別に詳細に検討する.

・興行場・興行団

東京都の劇場に 1 単位の支出があった場合の波及効果を求めると全国に 2.20 倍の生産誘発効果があり，「公共事業」の誘発係数の 1.8 を超えている．都内に 64.1%，その他地域に 35.9%の生産誘発効果が生じる．この効果を産業別に見ていくと，最も大きいのは，都内の「対個人サービス（0.30 倍）」「商業（0.07 倍）」であり，以下，「対事業所サービス（0.05 倍）」，「校務（0.05 倍）」となっており，この他，事務用品，不動産，電気・ガス・水道の生産を誘発している．域外の「商業（0.09 倍）」「運輸・通信（0.07 倍）」も比較的大きく，興業活動が地域を越えた資源を活用していることがわかる.

・公園，遊園地・テーマパーク

東京都の興行団に1単位の支出が発生すると，全国で1.82倍の生産が誘発され，そのうち，81.9%が都内へ，残りがその他地域へ波及する．これを産業別に見ると，最も波及効果の大きいのは，都内の「対事業所サービス（0.53倍）」であり，ついで，「対個人サービス（0.51倍）」が大きく，都内の「情報サービス（0.19倍）」となっている．元来域外産業への波及は少ないが，それでも「商業（0.04倍）」「情報サービス（0.02倍）」が目立つ程度である．

・映画館

東京都のミュージアムで1単位の支出が発生すると，全国で1.88倍の生産が誘発され，そのうち，78.2%が都内へ波及する．産業別に見ると，「東京都地域の対事業所サービス（0.63倍）」に波及効果が大であり，サービス業への貢献が注目される．次いで，都内の「情報通信（0.09倍）」「商業（0.03倍）」，他地域の「商業（0.04倍）」であるが，都内の「飲食料品（0.01倍）」も波及効果があり，映画館での飲食が影響しているのではないかと思われる．他地域では，「情報通信（0.03）倍」「運輸・郵便（0.02倍）」が目立つ．

・デザイン業

東京都への波及効果の大きいデザイン業では，「対事業所サービス（1.22倍）」が大きく，デザイン業が事業所からの受託・委託によって成り立つ産業であることがわかる．しかし，他地域の同種の産業への波及効果はほとんどなく，都内の事業所からの受託・委託によってほとんどの仕事が成り立っている特徴がある．つまり，デザイン業は東京一局集中型の産業で，産業集中が効率化を与える典型的な産業である．東京のような種々のデザインに関わる産業が立地しているからデザイン業が成り立つ面もあり，デザイン業を地方に誘致することはきわめて困難ともいえる．他産業への波及では，都内の「情報・通信（0.04倍）」への波及効果が見られる程度である．

・教養・技能教授業

計測した文化産業の中で，もっとも波及効果の低い産業であり，78.5%が都内への波及である．「対個人サービス（0.51倍）」が大きく，それ以外では都内の「対事業所サービス（0.08倍）」「情報通信（0.04倍）」「商業（0.03倍）」が目立つ程度であり，他地域では，ほとんど0.1倍以下で波及効果のある産業は存在しない．

5.1.6 文化芸術に対する消費行動の経済波及効果

21 世紀に入ってから公立文化施設の地方独立行政法人化による利益追求型組織への編成をはじめ，管理者指定制度による公立文化施設の民間事業者への経営委託が始まった．先進国との比較においても商業ベースでの文化芸術産業が文化芸術産業全体の中で占める割合の高さ，コロナ蔓延下でのインターネット活用の伸びなどを考えると，他地域への東京都の文化芸術活動の経済波及効果が一定程度あることから，特に商業ベースの文化芸術産業による経済活性化に期待するところは大きいといえる．個々人による文化芸術創造事業に期待したいものである．

従来，先進諸外国に比べ経済活動に占める割合が低いと見られていた NPO 活動はアメリカには及ばないもののヨーロッパ諸国とでは遜色ないことも最近の調査で知られている[12]．民間非営利活動による文化芸術活動の活性化とそれによる経済波及効果も東京都の文化政策の選択肢に含めるべきでないかと思われる．

たとえば，滞在型の創作を支援する「アーティスト・イン・レジデンス」活動に NPO が活躍している．アーツ・イン・イニシアティヴ・トーキョウ［AIT］は美術館学芸員が組織している集団であるが，スェーデンの政府文化機関と提携し，隅田川のアトリエにスェーデンからの写真家を招聘する事業や美術学生に作品を画商や学芸員にプレゼンテーションする手法を教授する事業を行っている．また，「関西フィルハーモニー管弦楽団」「札幌室内歌劇場」「人形浄瑠璃文楽座」など文化芸術活動の NPO も目立つようになってきた．

いずれにせよ，東京都においても，文化芸術産業は域内の第三次産業に，高い生産誘発効果を示している．地方自治体としても文化芸術産業を発達させることは，都市型の地域活性化方策の 1 つとして有意義であるという認識の下，低コストの民間非営利活動を支援しつつ，それを商業ベースの文化芸術活動と連携させていくことが重要である．日本の地域振興方策は基盤整備を重視する傾向が強く，文化芸術関連についても文化施設等の整備に対する助成を中心に行われてきたが，このように非営利団体と営利企業の連携や都市型の産業連関効果を高め，誘導していく施策展開が目指される時期に来ていると言えよう．

波及効果分析には都市における人々の消費行動パターンの分析が必要となるが，所得が上昇すれば豊かさに対する要求は強まり文化芸術関連の消費は増加する．また，その傾向が強まれば人々の文化芸術に対する選択肢も広がり，より質の高い文化芸術関連の財およびサービスの提供を期待するようになる．東京においてはビデオ製作・映画といった比較的安価に手に入る文化芸術関連財・サービス産業規模が大きく，その消費と来訪者の関連消費の規模が大きい．

産業連関分析の文化芸術活動への適用例を述べたが，この事例は東京における文化芸術産業および文化芸術目的の東京への来訪者の消費の生産誘発効果を把握し，都市における経済活性化および地域振興方策の方向性の可能性を示している．

以上の分析から，東京においても NPO 等の民間非営利活動を支援とその活用，商業ベースの活動とのスムーズな連携を誘導していければ，従来の文化施設整備などの公共投資・補助金等によるインフラ整備を中心とした経済活性化方策の転換の1つのシナリオとして有効である．文化芸術活動に産業連関分析を加えることによって，施策の方向性も得られるようになることに注目すべきである．

5.1.7　文化芸術活動の全国レベルでの経済波及効果

地域の文化活動規模の推定

地域における文化活動の目的として，21 世紀に入ってからは地域住民個々の文化水準の向上だけでなく地域社会全体への効果，特に経済面での波及効果が取り上げられている．一方で文化芸術活動の経済的な側面からの研究は，その活動内容の実態の把握が困難なため経済学における分析は行われず，一過性であるイベントが観光産業の観点から効果測定が行われてきた．そこで，ここまでは政府が発表している統計を使用して東京の文化産業そのものの他地域への経済波及効果を含んだ事例を紹介した．本項では実際に調査を行った地域文化芸術活動の経済的波及効果を算定するほか社会的効果について分析し，今後の地域文化活動の在り方の1つを提示したい．

さて，日本全体の文化活動の経済規模は，開催経費だけでも少なく見積もって約1兆円規模であり，産業規模では鉱業に匹敵する．また波及する経済規模も加えると開催経費のみで 3.7 兆円程度となる．経済波及効果のみならず，文化芸術活動は地域の創造的な活動を底支えし，新企業の創造や発生を促す効果が見いだされている．地域文化芸術活動が有意義に地域社会に効果を与えるためには，地域住民が自らの考えで行動できそれを支える環境整備が必要であろう．

日本における文化芸術活動のうち一般の住民が参加する地域密着型的な文化

芸術活動（もちろん観光目的もあり，域外の住民も来訪することもある）の経済的な規模については，正確なところは把握できない．そこで，以下の方法により類推する．まず，文化芸術活動についてその生産者（主催者）側からの把握である．もう１つは消費者（参加者）側からの把握である．一般的に地域における文化芸術活動は，入場料が低廉かまたは無料であることが多いので，一般に使用される「家計消費生活調査」によっては把握することができない．すなわち，無料の活動に参加しても統計上出てこない．そこで，もう一方の生産者の方から経済規模を類推する．筆者の調査[13]によると，調査対象の文化芸術活動の収入のうち平均12%程度が市町村等からの補助金である．

文化芸術関係経費の6,970億円のうち国からの補助金は387億円（5.5%）で残りは，地方自治体独自予算である（文化庁（2018）「地方における文化行政の状況について」）．残額の6,583億円のうち都道府県・市町村が文化団体・文化活動へ補助を行い，また直轄事業を行っている（事業委任を含む）．6,583億円のうちどの程度が文化芸術活動・文化芸術団体への補助金か，同調査からは把握できないが，一部の地方公共団体の予算書から分析すると約20%程度が補助金として文化芸術活動へ支出されている．そこで，6,583億円のうち20%が文化芸術活動への補助金とすれば全国で1,300億円強が文化芸術活動への補助金と類推できるが，それと国からの補助金を足し合わせさらに文化芸術活動への平均補助率12%で割ると，全国規模の文化活動事業規模が１兆4,200億円と推定できる．日本イベント産業振興協会「2019年イベント消費規模推計報告書」によれば，コロナ蔓延以前の2019年の文化イベント（祭り，伝統行事，自然観賞，美術鑑賞，舞台芸術鑑賞，パレード）の事業規模が鑑賞者の消費額を含め２兆3,845億円と類推されているので，先ほどの推計額１兆4,200億円は文化芸術活動事業規模として妥当といえる．これが，文化芸術活動費の直接消費額といってよい．さらに，観客が来訪することによって関連消費が行われ消費支出額が算出できる．この２つによって誘発された経済効果が直接経済効果である．

先ほど紹介した筆者の調査により直接消費額を算出し，文化芸術活動経費の内訳を下記に記載する．文化芸術活動経費は１年の消費額であり，会場の建設投資はない．さらに，その内訳の詳細を見ると以下の通りである．

直接経費（投資）支出の産業連関表部門への配分とモデル構築

次に表5-6に表示されている直接経費（投資）支出を，産業連関表に組み替

表 5-6 補助金別文化活動の経費支出の内訳

（単位：千円）

助成		支出総額	公演経費	旅費	滞在費	創作費	企画宣伝費	会場設営費	謝金	事務費	その他
なし	平均値	19,367	5,706	1,000	793	1,341	1,968	1,594	1,381	1,050	10,735
	度数	27	27	27	27	26	27	27	26	27	25
	標準偏差	18,100	6,669	1,873	1,451	1,261	1,683	2,659	2,250	1,199	14,330
あり	平均値	8,006	6,565	906	23	2,298	324	471	2,907	397	752
	度数	122	121	122	123	121	123	123	122	123	118
	標準偏差	13,765	6,730	1,089	197	2,360	979	1,077	2,429	744	5,025
合計	平均値	14,780	6,408	1,073	304	2,180	1,157	1,170	2,245	799	6,023
	度数	149	148	149	150	147	150	150	148	150	143
	標準偏差	16,472	6,956	1,803	937	3,504	1,682	2,423	3,327	1,545	10,563

（出典）枝川明敬（2020）「最近の日本の文化芸術活動における補助金の役割」『地域学研究』50(1).

える．産業連関表の各部門に振り分けられた支出金額は，均衡算出モデルで計算するための生産者価格表示の産業連関表に対応していない．商業マージン・運輸マージンを含む購入価格者表示である．そこで，本来ならマージン部分を取り出し，「運輸」「商業」部門に振り分ける必要があるが，その内訳は「ケッタリング代」「印刷」費程度であるから，全体からみて無視できると仮定する．

以下のモデルは，言うまでもなく文化芸術活動開催による直接経費による波及効果である．5.1.5 項で紹介した東京都の文化産業の他地域への波及効果には，2次効果（波及効果による得られた所得増加による消費効果）は含まれていない．しかしここでは所得増加による消費効果を含める．1次効果によって生じた誘発額のうち所得によって生ずる消費による生産誘発効果（第2次間接波及効果）

表 5-7 各費目の内訳

費目	内訳
「旅費」「滞在費」	出演者，講演者の移動・滞在にかかる経費
「創作費」	文芸費（原作料，著作料，翻訳料，演出料，企画等）
「企画宣伝費」	公演，講演，シンポジウム等事業の企画，宣伝広報
「会場設営」	会場賃貸，舞台装置，楽器賃貸，運搬，録画，録音
「謝金」	出演者，公演者にかかる出演料，講演料
「公演経費」	チケット販売手数料，稽古費用，アルバイト代，ケッタリング代，接待費，ヘヤー・かつら
「事務費」	通信，会議費，資料代，補助団体への交通費，印刷
「その他」	雑費，以上のいずれの項目にも該当しない経費

（出典）表 5-6 と同じ．

を含めて計算する．どこまで波及するかは，一般には第２次間接波及効果までなのでそれに従う．

$$\Delta X_1=(I-(I-M)A)^{-1}(I-M)\Delta F$$

$$\Delta X_2=(I-(I-M)A)^{-1}(I-M)ckw\Delta X_1$$

$$\Delta X=\Delta X_1+\Delta X_2$$

（注）　ΔX_1：全国レベルでの生産誘発額（直接効果＋第１次波及効果）
ΔX_2：全国レベルでの生産誘発額（第２次効果）
ΔX：合計生産誘発効果
ΔF：最終需要増加額
w：雇用者所得率（行ベクトル）
c：民間消費支出構成比（列ベクトル）
k：消費転換係数（平均消費性向，スカラー）

以下の仮定をおく．

ここでは，M(輸入ベクトル)$=0$ とする．全国レベルでは，それぞれの地域間の商品・サービスの移入・移出は打ち消し合うこと，地域の文化芸術活動に関する輸入材はなく，輸出財もないとする．厳密に言えば，オペラ公演のための衣装とか音響設備，テープ，CD，LD などの音響関係の備品・設備を当該文化活動のために輸入することもあろうが，非常にまれとみて無視できるとする．

以上の仮定により，

$X_1=(I-A)^{-1}\Delta F$，$\Delta X_2=(I-A)^{-1}ckw\Delta X_1$，$\Delta X=\Delta X_1+\Delta X_2$

と簡単になる．

なお，$(I-A)^{-1}$ はレオンティエフ逆行列である．

文化芸術活動関連消費支出額

文化芸術活動に参加する観客等の消費支出が考えられる．ここで，筆者の調査[14]から全国規模での文化芸術活動への参加者数等を類推する．「文化に関する世論調査（内閣府）」(2016) 内閣府によれば，18 歳以上人口の 13.8%が１年間に１回以上は文化芸術活動に参加しているので，これは 1,485 万人に当たるが，延べ参加回数は積算できない．筆者の調査から参加人数は対数正規分布を示し平均は 3,328 人である．詳細な分布を見ると参加者数が 5,000 人以下が全体の 65%となっている．日本イベント産業振興協会の調査「国内イベント市場規模推計結果」によれば，毎年2万6,000件程度の文化イベントが開催されている．そこでイベント数と参加人数平均を乗じると8,652万人の延べ参加人数となる．この文化イベントには文化芸術活動以上に幅広く概念が捉えられているが，全国での参加人数1,485万人で割れば延べ参加回数が5.8回となる．ほぼ適切な値であろう．

この推定値から国民18歳人口当たり0.8回程度（8,652万人／18歳以上人口）は地域の文化イベントに参加していることになるが，妥当な値と考えられる．文化イベント概念が文化活動より広いので，文化芸術活動への延べ参加数は控えめに見積もって0.5回とすれば，延べ参加人口は約5,300万人と推定できる．鑑賞者の消費行動については実態調査が存在しないので，以下のように推定する．

観光庁の「旅行・観光消費動向調査」(2019) 等からみると，地元参加者数は全体のおおよそ3分の2程度であり，残りが地元外参加者である．宿泊費はおおよそ1万円，交通費は宿泊を伴う場合で1万4,600円，日帰りで6,400円，土産ほか買い物代は宿泊を伴う場合で5,000円，日帰りで4,000円，飲食代は宿泊を伴う場合で7,000円，日帰りで2,000円，チケット代その他は宿泊の場合は1万円，日帰りは3,000円程度である．宿泊の有無を問わない単純平均で，全消費に占める各費目の割合は，交通費が35%，宿泊費が35%，飲食費が14%，土産物代が19%，チケット代その他が20%となっている．なお，文化会館（劇場，音楽堂）等で開催されている小規模の地元指向型の文化芸術活動では，県外客による外泊を伴う消費（併せての観光のための消費）はほとんど無いと思われる．文化芸術活動の規模によって鑑賞者層の消費行動を区分することが妥当かについては，次に検討する．

先の筆者の調査により，文化活動への参加者数を1日当たりで見てみると，全体件数の17%は50人以下である．そこで，1日当たり50人程度の文化活動はほぼ地元の参加者であると見なすと，50人までの公演の累積参加者数は全体の参加者数の0.7%程度となる．同様に1日当たり参加者数を100人までとした累積の参加者数は全体の1.4%である．そこで，全体の参加者数の消費行動と小規模の参加者の消費行動と異なっていたとしても全体にはほとんど影響がないと見なされる．したがって，文化芸術活動参加者の消費行動は，「旅行・観光消費動向調査」で示す消費行動を行っていると考える．

以上の仮定に基づき，全国で開催される文化芸術活動の参加者による経済波

表 5-8　文化芸術活動の開催による経済波及効果

（単位：百万円）

	直接			1次			2次			合計（1次＋2次）		
	文化活動	鑑賞者	小計	文化活動	鑑賞者	小計	文化活動	鑑賞者	小計	文化活動	鑑賞者	計
農林漁業	0	0	0	70	353	423	91	115	206	161	468	629
鉱業	0	0	0	4	7	11	0	0	0	4	7	11
飲食料品	0	0	0	73	1,034	1,107	661	837	1,499	734	1,871	2,605
繊維製品	0	0	0	39	47	86	105	132	237	143	179	323
パルプ・紙・木製品	0	0	0	466	386	852	9	12	21	475	398	873
化学製品	0	0	0	164	161	326	60	76	137	225	238	463
石油・石炭製品	0	0	0	219	293	511	121	153	274	340	446	786
プラスチック・ゴム製品	0	0	0	129	176	305	48	61	108	177	236	413
窯業・土石製品	0	0	0	21	37	59	3	4	7	25	41	66
鉄鋼	0	0	0	50	94	144	0	0	0	50	94	144
非鉄金属	0	0	0	17	28	45	4	5	9	22	33	54
金属製品	0	0	0	59	89	148	7	8	15	65	98	163
はん用機械	0	0	0	11	18	30	0	0	1	12	19	30
生産用機械	0	0	0	12	16	29	0	0	0	12	17	29
業務用機械	0	0	0	22	19	42	2	3	5	25	22	47
電子部品	0	0	0	27	24	50	4	5	8	31	28	59
電気機械	0	0	0	12	19	31	75	94	169	87	113	200
情報通信機器	0	0	0	2	3	5	82	104	186	84	107	191
輸送機械	0	0	0	81	341	421	140	178	318	221	519	740
その他の製造工業製品	0	0	0	85	51	136	43	55	98	129	106	234
建設	0	0	0	82	178	260	0	0	0	82	178	260
電力・ガス・熱供給	0	0	0	499	1,106	1,605	164	208	372	664	1,314	1,977
水道	0	0	0	77	174	251	45	57	103	122	231	353
廃棄物処理	0	0	0	178	436	614	7	9	16	185	444	630
商業	0	2,473	2,473	557	3,498	4,055	1,147	1,452	2,599	1,704	4,950	6,654
金融・保険	0	0	0	223	624	847	423	535	958	646	1,159	1,805
不動産	1,295	0	1,295	275	312	587	1,569	1,985	3,554	1,844	2,297	4,141
運輸・郵便	1,043	6,289	7,332	1,871	7,736	9,607	360	455	815	2,231	8,191	10,422
情報通信	418	0	418	1,327	842	2,168	316	399	715	1,642	1,241	2,883
公務	0	0	0	22	34	56	28	35	63	50	69	119
教育・研究	0	0	0	17	54	71	219	277	495	236	331	567
医療・福祉	0	0	0	3	5	8	373	473	846	377	477	854
他に分類されない会員制団体	0	0	0	66	66	132	79	99	178	145	165	310
対事業所サービス	5,365	0	5,365	4,044	1,763	5,807	97	123	219	4,141	1,885	6,027
対個人サービス	5,969	10,422	16,391	10,457	10,694	21,151	992	1,255	2,248	11,449	11,949	23,398
事務用品	109	0	109	226	52	278	0	0	0	226	52	278
分類不明	0	0	0	89	137	226	0	0	1	90	137	227
合計	14,200	19,184	33,384	21,578	30,906	52,484	7,274	9,205	16,479	28,852	40,111	68,963
波及係数	1.00	1.00	1.00	1.52	1.61	1.57	0.51	0.48	0.49	2.03	2.09	2.07

（注）182 分類での波及効果計算を表のスペースの関係上，37 分類に調整．
（出典）筆者作成．

及効果を計算する．波及効果計算には，総務省投入係数表（統合小分類表（182分類））（2015年）を用いたが，**表5-8**ではわかり易くするため，統合大分類表（37分類）にまとめた．参加者による波及効果は，初期の文化芸術活動開催経費（投資）に比べ，第1次誘発効果で文化芸術活動の実施では1.52倍，それに伴う鑑賞者（動員者）分で1.61倍となり，文化芸術活動とそれに伴う鑑賞者分を合わせて1.57倍となる．第2次誘発効果分は文化芸術活動による所得消費効果分で0.51倍，同じく鑑賞者分で0.48倍，双方合わせての誘発効果は0.49倍の効果が見られ，1次・2次誘発効果では2.07倍となる．生産波及効果は東京都の文化産業波及効果事例，「ラ・フォル・ジュルネ・オ・ジャポン」波及効果事例と比べてもほぼ妥当である．ちなみに，第1次の直接誘発効果のみを他産業部門と比較すると，自動車産業がもっとも高く2.56倍，公共事業が1.79倍，宿泊業1.81倍，全産業で1.82倍であり，中間財に物を投入する産業の方が1次の直接波及効果は大きいため，サービス業である文化活動は生産業に比較して，波及効果が小さくなる傾向がある．

5.1.8　経済波及効果以外の効果

社会的（あるいは定性的）効果

社会的波及効果には，文化芸術活動それ自体がもたらす効果と鑑賞者・参加者と地域との交流による効果とがある．一般的には，前者の効果として，開催地が国内外に向けて文化情報を発信させることにより，当該地域のイメージアップや環境整備が行われやすいことが挙げられる．最近では地域住民による核となる文化資源の発掘によって，地域の誇りを作り出す効果も認められている[15),16)]．後者として，文化水準の向上，情報交換などの面でのレベルアップや新たな文化の創出，快適な街づくり（ホスピタリティ面）などが推進されるといわれる．

たとえば，第1回熱狂の日音楽祭「ラ・フォル・ジュルネ・オ・ジャポン」（2005年4月24日から5月1日まで，東京国際フォーラムで開催）の効果として，

1．感動を創造した
2．交流を創造した
3．クラシックで画期的観客動員を達成した

4．クラシック愛好者の裾野を拡大した
5．将来世代への教育効果が期待できる
6．芸術創造の場を提供した

が挙げられる，「ラ・フォル・ジュルネ・オ・ジャポン音楽祭効果分析」（丸紅経済研究所，ラ・フォル・ジュルネ・オ・ジャポン事務局）〈抜粋〉．

「ラ・フォル・ジュルネ・オ・ジャポン」の経済波及効果は，**表5-9**に示す通りである．2020，2021各年はコロナ感染症蔓延防止のため中止された．経

表5-9　ラ・フォル・ジュルネの経緯の状況

開催年度	2005	2006	2007	2008	2009	2010	2011
テーマ	ベートーベン	モーツァルト	国民学派	シューベルト	バッハ	ショパン	後期ロマン派
出演者数	1558	1870	2264	2169	1620	1327	1342
内外国人	462	767	813	730	394	475	128
公演数	209	377	473	529	419	358	274
チケット数	116508	160218	200441	181724	137094	140915	45145
入場者（千）	324	695	1060	1004	711	808	221
外国人割合	29.7%	41.0%	35.9%	33.7%	24.3%	35.8%	9.5%
入場者／公演数（人）	1549	1844	2241	1898	1697	2257	806
出演者／公演数（人）	7.5	5.0	4.8	4.1	3.9	3.7	4.9
経済効果（億円）	41	90	137	157	114	113	50
開催年度	2012	2013	2014	2015	2016	2017	2018
テーマ	ロシア音楽	パリ，至福の時	10回記念祝祭の日	PASSIONS パシオン	la nature ナチュール，自然と音楽	ラ・ダンス舞曲の祭典	モンド・ヌーヴォー新しい世界へ
出演者数	2097	2170	2261	2344	2330	2501	2458
内外国人	703	628	573	518	555	475	468
公演数	351	344	366	471	340	326	451
チケット数	122610	138014	151001	122375	114222	115778	119177
入場者（千）	460	510	612	427	429	422	432
外国人割合	33.5%	28.9%	25.3%	22.1%	23.8%	19.0%	19.0%
入場者／公演数（人）	1311	1483	1672	907	1262	1294	958
出演者／公演数（人）	6.0	6.3	6.2	5.0	6.9	7.7	5.5
経済効果（億円）	81	84	93	106	77	73	102

（出典）丸紅，ラ・フォル・ジュルネ・オ・ジャポン事務局「ラ・フォル・ジュルネ・オ・ジャポン音楽祭効果分析」．

済波及効果としてもっとも高い年は2008年度の157億円であったが，東日本大震災のあった2011年度は50億円に落ち込むものの，その後は約80億円程度で推移している．また，東日本大震災のあった2011年度を除くと，1公演当たりの入場者数は1,500人から2,000人程度で通常のクラシックコンサートに比べ規模が大きい．その割に1公演当たりの出演者数は10人未満で大半は5人前後である．つまり，かなりお手軽に開催可能なコンサートといえよう．

全体の入場者数に占める有料チケット数は最高で約4割程度，概ね3割程度である．特徴の1つとして，一流の演奏家を低料金で鑑賞できることが唱われているが，時間単価で見る限り通常のコンサートより廉価であるとはいえない．また，2014年度には開催経費で開催地と調整ができなかったため鳥栖市での同イベントが中止となった．通常，開催都市の地域振興やにぎわいを作り出すために，開催都市が開催費の一部を負担することになっているが，この事例では思うような経済波及効果が見いだせなかったといわれる．

フランス[17)]の文化芸術活動の経済効果を見ると，247の文化イベントに5億6,700万フラン（当時の日本円で128億円，1つの文化イベントに対して平均5,180万円）が投じられ270万人の観客が鑑賞し，開催地では平均毎年10程度の芸術創作活動・舞台芸術が開演された．効果として地域の産業活性化・雇用創出・アソシアシオン活動に対する価値付与，観光促進などの地域振興を推進する効果がみられるほか，若者を中心として地域社会の統合・連帯・活性化等の社会的効果もあったことが指摘されている．

シンガポール[18)]では国策として観光客誘致を行っているが，シンガポール芸術祭の効果により観光客数は1999年から3倍に増加した．芸術祭を鑑賞するため訪れた観光客が41%存在すること，観光客の17%が芸術祭のために滞在期間を延長しているという結果が出ており，観光客を誘致するうえで芸術祭の効果は少なくない．また，観光客の滞在期間も6日間以上が半数以上占めていることから，地域への経済的な波及効果も存在する．

しかし，日本では文化芸術活動の開催による地域への効果で最も多かったのは，「地域における文化活動の向上」であり，全体の8割以上であった．一方，「定住人口の増加」や「環境面の悪化」は少なく，「（地域の）知名度の上昇」が高く「観光客の増加」「関連施設の整備」は低いのが現状である．これは，文化活動の目的が「地域文化の水準向上」を挙げているためであると思われるし，また数量的な経済波及効果が地元開催者の意識には上っていないことにも原因があろう.

今後の地域文化活動のあり方

従来経済活動と文化芸術活動とは無縁であると思われてきたが，最近文化的な要素を加えた経済発展拠点整備が唱えられ始めている[19)]．スロスビー（David Throsby[20)]）は文化財を経済的価値と文化的な価値を併せ持つ文化資本と定義し，文化資本の蓄積が地域社会の持続的な発展にとって必要不可欠であると指摘している．実際，第四次全国総合開発計画（四全総）に代わって「21 世紀の国土グランドデザイン」に基づく新たな国土形成計画では各地の文化資源に言及されていた[21)]．神野直彦[22)]は，産業が重化学工業から情報産業へ移行しつつあることを見通し，そのような産業は人間そのものの能力が重要であるとの認識からヨーロッパ的な人間の生活の場を創造していく持続可能な都市再生が必要であると述べている．

しかし，一方で数量的な経済波及効果が地元開催者には把握できていないことや文化事業と経済的な活性化との関連が実施主体に十分認識されていないため，効果的な手段が活用できないことも指摘できる．歴史文化資源を活かした地域づくりの実施主体が「都道府県」「市町村」「町会，自治会，地域住民」「NPO，市民活動団体等非営利団体」が中心であり，都道府県・市町村の支援部所も「文化財」「地域振興」「文化振興」「観光」担当が主である．このように，地域の産業を所管している部局や商工会等地域産業や地域経済と関連が深い団体との連携は十分ではない．

フロリダ（Richard L. Florida[23)]）が指摘するように文化的側面が地域の発展に不可欠との認識を地域社会がもち，都市再生，「まちづくり」と関わる重要な要素としての「歴史的文化資源」を公共政策の対象として位置づけ活用するためには，文化関連担当部所のみならず経済関係団体や公的機関以外の自由度の高い非営利団体等の活動も文化活動のステークホルダーとして巻き込む必要があろう．1998 年には，「特定非営利活動促進法（NPO 法）」が制定され，NPO は文化・医療・環境等地域社会と密接に繋がってきた．文化等の活動は純粋経済活動では市場供給されにくい市場をもっているが，NPO は営利会社に替わって，非営利市場での商品・サービス提供を行っている．これは，従来公的な部門が独占してきた非営利部門の民間への解放であり，権力の分配の視点からは分権であり，今後ますます進展して行くであろう「地方分権」との文脈で議論していくことが必要と思われる．

5.2　経済主体としての芸術家

5.2.1　芸術家側からの生産行動

文化芸術を提供する側，すなわち芸術家（団体）側からの供給行動について分析していく．鑑賞者はクラシック音楽とバレーを鑑賞する機会が平等に存在するなら，自らの満足度が最高になるような組み合わせを選択する．それらを提供する生産者たる芸術家はなにを基準に生産（提供）するのだろうか．

これが，一般の企業なら利潤を基準としてそれを最大化するよう行動するのが企業として妥当と考える．まず企業について利潤と生産量の関係を説明し，文化芸術活動への適用と限界について述べる．

企業が生産計画を決定するとき，建物・機械・設備・船舶などハードと技術的要素（知識）・管理組織などのソフトといった一定期間変化しない生産要素が必要である．なお，固定的生産要素を購入することを投資という．それ以外に市場で購入し自由に変化させることができる生産要素がある．固定的生産要素以外に原材料・電力・水・労働などの投入が必要であるが，これは市場において調達可能で変化可能な生産要素である．生産要素と産出物との関係を示す式を生産関数という．一定の産出量を生産するのにいろいろな投入物の組み合わせが存在するが，技術的な制約から組み合わせが無限に存在するわけではない．

固定的要素は資産（ストック）として存在量で計り，生産量・材料等はフローで計る．**図5-2**には，１投入物１産出物の簡単な生産関数を示した．実際には投入物は多種類あるので，１の投入物のみとの関係でその他の投入物が変化しない場合のことを示しているとも考えてよい．生産関数の曲線は，ある投入物で目一杯生産できる量を示した線である．この線より下側の部分（線の内側の部分）は，同じ投入物の量でも曲線で示す生産量より少ない生産量を示す領域で，企業は少ない費用でより多くの生産量を図ろうとするから，生産関数で示す曲線以下の領域での生産はしない．

たとえば国立大学の生産関数を考えると，固定的要素や労働にあてる経費は運営費交付金であるが，その交付金は国立大学法人になって以来効率化係数１％分を毎年削減されている．その削減分は「特別研究経費」（プロジェクト事業費）として，毎年文科省への申請主義交付金となっている．つまり，国立大学

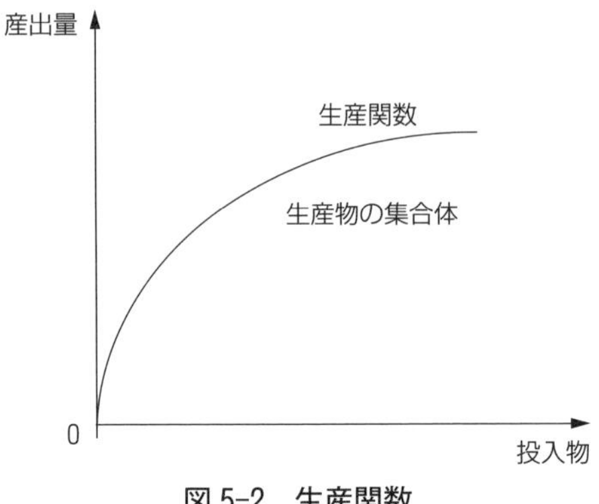

図 5-2　生産関数

（出典）筆者作成.

時代のときには，固定経費として当てられた経費の一部分が可変的経費に振り向けられたのである．結果として，固定経費としての交付金は法人化初期の 2004 年度の 1 兆 2,415 億円が 2020 年度には 1 兆 807 億円となったが，毎年平均 0.9％の減少率に相当数する．一方，可変的要素である外部資金といわれる科学研究費補助金・産学連携による企業からの委託金等のプロジェクト経費は増加している．その 2020 年度と 2004 年度比較では，2.2 倍の増加，毎年 5.4％の増加率である．教育研究を継続的に行えば大学の施設設備などの固定資本が減耗するが，それに当てる修理整備費用は交付金減額によりままならないのが現状である．大学の固定的経費に当たる研究・教学・経営に当たるソフト的生産要素である教職員賃金も減額されており，実際，教員・職員も看護師の医療職員を除くと減少し[24)]，長期的には国立大学の生産量が減少することが予想される．

文化庁等の国，地方自治体や芸術文化振興基金・地域創造等の公的芸術助成機関からの芸術家・文化団体・文化施設への助成も毎年申請主義の可変的要素であって，資本・労働といった固定的要素への投資ではない．このままでは芸術家・文化団体・文化施設の設備・施設・楽器・工房などが助成金交付対象事業による過度の使用によって，減耗することが予想されるが，それらへの投資はない．結果として，補助事業が増加すればするほど生産量は上昇するが，それを生産する固定的要素への投資がないので，最終的に固定要素の減耗によって生産量の減少や質の低下になる．

投入物すべてをある一定率増加させるとき，生産物も増加し始めるが，それが投入物の増加率以上に生産物の増加が見られるとき規模に関して収穫逓増といい，逆に減少する場合を規模に関して収穫逓減という．投入物の増加率と生産物の増加率が同じとき規模に関して不変という．当初経済学では農産物で生産関数を考察したので，土地に肥料や労働力をどんどん投入しても，農産物は投入増加割合以上に増加することは少なかった（土地やせ等）ので，収穫逓減が当然と考えられた．そのため，収穫逓減の法則といわれているが，ほとんどの生産物（工場生産物も含めて）に特徴的な傾向といってよい．

ある投入物のみ増加させ，それ以外の投入物は一定にして生産物が増加する場合，その投入物の増加率より生産物の増加率が少ない場合，限界生産物逓減の法則が成立するという．美術工芸品の製造の事例では，製造に携わる労働者を増加させる一方，製造所現場面積を増加させない場合がこれに当たる．ルネサンス期や日本の平安・鎌倉時代の工房を想像して欲しい．１人より２人，３人と労働者を増加させれば，全体の美術工芸品数は増加するだろうが，狭い場所に労働者がひしめき合うことになり，追加された労働者数に比例した製造数は製造できず．１人当たりの製造数の低下を引き起こすだろう．投入した労働数の増加率以下の割合でしか生産量は増加しない．

通常の作業工程では，労働者１人当たりの利用可能な資本[25)]（機械設備や道具）で生産量は規定されると考えられよう．したがって，規模をいくら増加させようが規模の拡大や減少に関しては，資本集約度に応じた生産量になると考えられる．

$Y=F(L,\ K,\ A)$　　L：労働，K：資本，A：技術（知識）水準

とおいて生産関数を書けば，

$Y=F(L,\ L,\ A)=L\times F(K/L,\ 1,\ A)=L\times f(k)$

k：労働者１人当たりの資本

なお，Aは一定と仮定している．両辺をLで割ると，労働者１人当たりの生産量は，$Y/L=y=f(k)$ となる．

以下，劇場を１個の舞台芸術を生産する組織体として考え，その生産関数を求めて，実例を占めそう．

5.2.2　劇場・音楽堂への生産関数の適用

この生産関数でもっとも使用される関数に，コブ・ダグラス型生産関数（Cobb-Douglas Function）がある．ダグラス（Paul Douglas）は，シカゴ大学教授で

後に上院議員．コブ（Charles Cobbs）はアムハースト大学教授であった．この式は，生産に投入可能な生産要素を指数関数で表したものである．具体的には，$Y=AK^{\alpha}L^{\beta}$ で，$\alpha+\beta=1$ の形をとる．この式の α と β は，それぞれK財とL財に関するウェイト・パラメータである．その値が大きいと生産Yに占める割合が大きくなる．$\alpha+\beta>1$ のときは，生産量は投入物の倍数以上になるので，規模に関して生産逓増，$\alpha+\beta<1$ のときは規模に関して生産逓減となる．

このコブ・ダグラス型生産関数を変形して，両辺をLで除すと左辺は，投入労働者1人当たりの生産となり，右辺は，

$$\frac{Y}{L}=AK^{\alpha}L^{\beta-1}=A\left(\frac{K}{L}\right)^{\alpha} \qquad \text{ただし，}\beta=1-\alpha$$

となって，労働者1人当たりの資本（資本集約度）の関数になる．これは，資本集約度を高めると，その α 乗の効果が労働者1人当たりの生産拡大（生産性）につながるということを意味する．この生産関数で注意すべきことは，労働量と資本で説明できない生産性向上分として資本・労働に独立的な技術水準を入れていることである．実際は，資本の蓄積や資本の形成過程で技術進歩が同時に起こり（製造業では，従来の手作業的製造機械からコンピュータ制御の機械が廉価で出現するとかの例），生産性が上昇する．このように，時間を経るにしたがって，技術進歩が資本に内在していくが，このような傾向を資本に体化した技術進歩という．実際に生産性を分析するときは，これを内在化して分析することは困難である．そこで，資本とは独立して技術水準要素を加え，労働と資本で説明できない労働生産性を技術水準と定義し，その増加率を技術進歩率といっている．

コブ・ダグラス型生産関数は，もともと製造業で示されたものであるが，その後サービス業等製造業以外への適用も増えている．たとえば，金融業への応用として，生産を金利収入，労働要素を人件費，資本を貸し出し残高としている研究例もある．また小売業への応用例では，労働要素を販売従業員数，生産を販売額，資本を売り場面積で代替している．「大阪府自然災害総合防災対策検討（地震被害想定）報告書（2007）」の付属資料に「大阪府の製造業および卸売・小売業の生産関数の推定法」として，コブ・ダグラス型生産関数を示し，「その精度を表す決定係数は1に近い値となっており，良好な推定結果となっている」と記載されている．このように，製造業で使われ始めたコブ・ダグラス型生産関数は，サービス業にも広く応用されて分析の手法とされている．こ

のように，製造業で使われ始めたコブ・ダグラス型生産関数は，サービス業にも広く応用されて生産力・生産性の分析の有力な手法とされている．

以上のことも踏まえ，サービス業の典型である舞台芸術を生産する劇場・音楽堂に生産関数を適用した事例を紹介する．

対象の劇場・音楽堂の状況

調査対象とする劇場・音楽堂（以下，単に「劇場」という）は，公演内容の質的レベルで高い評価を得ている劇場である．その劇場を質・観客層の集域・立地において，全国的視野から評価を得ている劇場（以下，「大型劇場」という）と地域レベル（都道府県または数県のブロック単位）で評価得ている劇場（以下，「地方劇場」という）に分類して調査した（参照第４章4.3.3項，一部重複記載）．劇場の事業内容・公演内容・施設状況・財務関係について可能な限り量的調査を行った．対象劇場は，文化庁・芸術文化振興会・地域創造からの経年的な助成金を受けている劇場である．大型劇場は，「劇場，音楽堂等の活性化に関する法律」に基づく助成事業対象となった最上ランクの劇場である．一方，地方劇場は助成対象劇場であるが，地域住民の演劇・音楽などの実演芸術の鑑賞の場となっているいわば地域劇場的性格をもつ劇場であり，大型劇場のように全国的視野にいれた実演芸術が演じられている劇場とは性格を異にしている．劇場の地域的分布も考え，大都市・地方都市に所在する劇場から，舞台芸術専門家複数のコメントを参考にして70カ所選定した．調査期間は2020年２月から2020年４月であり，対象とした事業活動・施設および職員数は，2015～2017年度の３カ年の事業年度（毎年４月から翌年３月まで）である．選定された劇場の状況は，**表5-10**の通りである．優れた機能をもつ劇場は絶対数として首都圏など人口密集地に多いため，大型劇場の70%以上が東京，阪神，名古屋圏に所在している反面，地方劇場は人口100万人以下の地方にも６カ所所在し，ほぼ全国的に分散している．

人的資本に対しては，フィッシャー的な資本概念である「生産・消費のプロセスにおいて必要とされるような稀少資源のストックを広く資本」として考え，芸術的・技術的な知識，経営・管理能力なども劇場の人材に固定していると考える．

人材のうち，質の高い実演芸術を行うための芸術監督数は，大型劇場では平均1.40人（ジャンル別に１人ずつ設置のケースも多い），地方劇場では平均0.71人，

表 5-10　調査対象劇場の所在県の人口と所在数

人口（万人）	大型劇場数	地方劇場数
＞1000	6	7
＞800	2	8
＞500	6	17
＞300	1	1
＞200	3	14
＞100	2	17
100≧	0	6
合計	20	70

（注）大型劇場の分析結果は，すでに調査発表済み．
（出典）表 4-12 と同じ．

両者併せた平均では 0.87 人である．大型・地方劇場とも標準偏差が大きく，変動係数が大きくなっている．芸術監督を助ける事業職員・舞台職員は，大型劇場ではそれぞれ 23.40 人，8.95 人であり，地方劇場では同じく 8.23 人，4.36 人なっている．職員数の合計では大型劇場・地方劇場の格差は 30 人を超え，経営に当たる管理職員数でも大型劇場が 6 人ほど多く，事業実施・経営両面での人的資源に恵まれている．

劇場のもう 1 つの資源として，人的資源以外にホールの座席数・舞台装置など施設設備面がある．施設面では音響・舞台機構など技術的な面も重要であるのだが，座席数を設備面の代表値として比較したい．

大型劇場・地方劇場を合わせた全劇場の 36.7%は 1,500 席以上の施設をもっているが，特に大型劇場ではその割合が 50%と大型化が進んでいる．大型ホールをもつということは，座席の遊休部分（空席）を可能な限り減少させれば（有効に物的資源を活用），観客を多く呼び込むことが可能となる．営利企業では，モノ・サービスの生産の過程で，多くの物的資産の組み合わせが必要であり，労働と資本は必ずしも代替的でないので常に遊休部分が残る．劇場では，ホール機能が観客数の増加に貢献する唯一の物的資源ともいえ，それを労働力で完全に代替することはできず，ホールの有効活用（座席数の可能な限りの満席）は観客の増加に特に重要である．優れた芸術監督の指導による人気の高い公演の招聘や実施など劇場に対する管理者の優れた経営能力で，劇場がもつ座席数を満杯にすることができる．固定座席数に観客が確保されないと経済的には機会損失となる.

劇場の財務状況

人的・物的資源を有効に活用するためには，適切な時宜を得た投資が必要である．その投資は運営経費・施設の整備に充当されるのが通常だが，ここでは運営にかかわるフロー経費（収支）を扱う．すなわち，毎年の事業経費・人件費・管理費が該当する．管理費には施設整備費（資産の減価のための整備費（維持管理費）を含む.

大型劇場・地方劇場の本来の機能である公演活動である事業収入は，2015～2017年度の3カ年でも変化が少なく，劇場あたり年平均で大型劇場は3.30億円，地方劇場では0.49億円，大型劇場・地方劇場併せた場合の平均は1.11億円である．3年間の平均では大型劇場と地方劇場の事業収入差は2.81億円であり，6.7倍の開きがある．一方で関連・付帯事業を含めた合計収入面では，3年間平均額で大型劇場が12.65億円，地方劇場が3.60億万円，両劇場併せた全劇場の平均では5.61億円となっており，大型劇場と地方劇場の差額は9.05億円で，3.51倍の格差である．3年間の平均比較で収入の内訳をみると，大型劇場では地方劇場に比べ事業収入が合計収入に占める割合が大きい(26.1%対13.6%)．補助金収入も前者が2.14億円，後者は0.43億円と5.0倍の開きがある.

費目別収入の合計収入に占める割合から，大型劇場と地方劇場の事業形態の特徴を比較すれば，事業収入の割合が特に大きく相違し，大型劇場は収入面でも公演事業など劇場本来の機能を果たしている反面，地方劇場は公演事業も収入の面からは十分でない傾向がある．劇場本来の機能であるホールを活用した公演事業が，大型劇場では合計収入面での4分の1（26.1%）程度，補助金が16.9%と事業収入と補助金額を引いた関連・付帯事業収入が合計収入の半分以上となっている．地方劇場では，その事業収入割合も合計収入の7分の1程度で非常に少なく，事業収入と補助金を除外した関連・付帯事業などで劇場収入を賄わざるを得ない状況となっている.

ホールの大きさには限界があるので，それを限界まで使用して事業を行ったとしても単価（チケット料金）が安い公演などでは事業収入は増加せず，事業収入以外の関連・付帯事業を増やすことによって全体の収入を増加せざるを得ない．事業収入が合計収入に占める割合が低いことは，地方劇場では立地する地域の経済社会状況や観客の嗜好などから，低廉な入場料しか得られないことを示している．企業経営に例えると，本来事業での売上高が伸びず，関連・付帯事業での売上高で企業全体の売上高を増加させていることに相当するといえる．

劇場の生産関数モデルと適用

文化行政分野の個々の事業は，事業の実施から測定可能な成果が生じるのに相当の時間を要し，ときとして形而上的な生産物のため，アウトカムを把握するには測定面での技術的な困難もある．特に定量的評価になじまないとも言われる．劇場の運営は，芸術団体の公演の企画と実施および経営的な管理・運営である．ホール施設自体もコンピュータ技術の進展により改善され，多目的ホールが専用ホール並に活用されているため，芸術家（団体）にとってホール機能が彼らの舞台芸術に大きな影響を与えることは少なくなっている．専門的な職員が不在でもIT技術によりホール運用が可能で，劇場の職員と劇場の施設とはある一定の幅で代替的な生産要素となりうる．

以上の考察から，人的資本・資産と物的資本・資産が代替可能なコブ・ダグラス型生産関数を劇場の生産関数として使用することができるものと考えられる．物的資本・資産要素を小売業では小売業の売場面積を，銀行業では金融資産が用いられるが，劇場ではこれを使用座席数（以下，「座席数」という）として考える．資本はストックでなくそこから生じるサービスで測定すべきであり，ここでは，年間を通じた使用座席数で補正した座席数を用いる．労働資本としては換算職員数（個々の劇場の人件費を全劇場の平均賃金で除した人数で，ケインズ（John Maynard Keynes）が「一般理論」（The General Theory of Employment, Interest and Money）で用いている．以下，「職員数」という）を用いる．

今回調査した劇場は，2015年度（毎年4月から翌年3月まで）から2017年度の3年間の現状であるので，同一調査対象を3年間に渡り観察したパネル・データとなっている．劇場毎の生産力に相違が存在するとの仮定の下，時系列方向の変化でなく劇場毎の間の相違を見つけることに重点をおいている．劇場は，位置する地域の社会的地理的状況に運営が左右されることも想定できるので，事業収入や合計収入が劇場の設置されている地域や地域特有の職員の雇用状態によって，影響を受けることも多い．たとえば，都市的地域では人口が過密化している上に交通インフラが充実しているため観客が来場しやすいし，人口過疎の地域ではその逆である．

生産関数の説明変数として各劇場の座席数と職員数を考え，その変数間の相関を示し互いに独立であることが統計上不可欠である．説明変数相互間の多重共線性をみれば，大型劇場で VIF＝1.02，地方劇場で VIF＝1.56 であり，VIF＜10 なら多重共線性はないといわれているので問題はない．座席数・職員数間で多重共線性はないので互いに独立な説明変数として考え，両変数を説明変数として採用する．大型の劇場（ホールが大きい，座席数が多い）ほど職員数が多いと考えられるが，データ面からはホールの大小によって職員数が影響を受けていないといえる．逆にいえばホールの運営のためには，職員数はほとんど関係ないといえる．

先に述べたように，劇場毎のデータ分析には年平均データを採用するので統計的にはビットウィーン推定を用い，非説明変数を事業収入・合計収入として，座席数・職員数を説明変数として，以下のコブ・ダグラス型生産関数が推定された．

$\ln(Y)=\alpha\ln$(使用座席数)$+\beta\ln$(換算職員数)$+\gamma$ とすれば，ここで，Y：事業収入または合計収入

α：資本分配率，β：労働分配率，γ：全生産要素である．

表 5-11 に劇場種類別の合計収入および事業収入の生産関数の説明変数の係

表 5-11　劇場のグループ毎の生産関数の状況

（単位：億円）

説明変数等	合計収入			事業収入		
	大型	地方	合計	大型	地方	合計
α （使用座席数）	0.665 6.58	0.101 1.66	0.168 2.85	0.580 1.88	0.023 0.19	0.041 0.31
β （換算職員数）	0.759 7.51	0.872 12.82	0.921 16.45	0.695 2.26	0.671 4.93	0.095 7.30
β/α	1.141	8.634	5.482	1.198	29.174	2.317
（参考）$\alpha+\beta$	1.424	0.973	1.089	1.275	0.694	0.136
γ	−5.323 6.96	−2.181 6.65	−2.704 8.05	−5.979 2.59	−3.235 4.83	−3.961 5.22
劇場数	20	70	90	20	70	90
$\tilde{R}^2$	0.872	0.820	0.851	0.372	0.367	0.476

（注）変数の下の数値は，それぞれの t 値．
（出典）表 4-12 と同じ．

数を示した．参考までに資本分配率と労働分配率の合計も併せて示した．さらに，各式の残差について正規性をシャピロ・テストによって検定を行ったが，問題なかったので推定式は妥当といえる．

事業収入を目的変数とするケースでは，係数のｔ値からみて統計的に信頼がおけない生産関数式となっている．この理由として，日本の劇場は，舞台やホールのみを使用した事業以外に劇場から外にでた劇場外活動（アウトリーチ事業）も多く，合計収入に占める事業収入が小さく，劇場の職員が舞台活動（事業活動）以外に劇場外活動に従事することが多いことから，事業収入を目的変数とすれば職員数や舞台（ホール）の席数では説明出来ないことからくるものと思われる．合計収入式を目的変数とするケースでは，地方劇場ではその合計が約１となっていて生産技術に関して収穫一定であるが，大型劇場では1.424と１を超えており，収穫逓増であり，座席・職員数が多い大規模劇場ほど収入面で有利に働くといえる．収穫逓増の場合は，劇場間の完全競争は成り立たない．劇場の規模が大きいほど有利であり，大劇場はますます大きくなり，小劇場は駆逐されてしまい，やがては１つの大劇場が支配する独占か，少数の劇場のみが残存する寡占化の状態になってしまう．しかし，物的生産を行い市場が広い生産業と異なり劇場は地域に所在する組織であり，かつ観客はほとんど地域住民である．したがって，生産業とは競合形態が異なるが，大劇場近くに立地する小規模劇場では大劇場と同じ事業形態（演目など）を行うことは経営的に非常に不利で，大型劇場と競合しない劇場自体の固有の活動を行い，必要に応じてニッチ的な事業も必要となってくる．

合計収入式を取り上げてみれば，地方劇場では，説明変数の１である使用座席数の係数（資本分配率）が職員数の係数（労働分配率に）比べ非常に低く，生産要素間の代替の弾力性が高い．また，資本・労働の分配率の合計が概ね１で１次同次であり，資本と労働の限界生産性は資本―労働比率のみに依存し規模に関して一定である．投入物（労働）の増大に伴って，資本・労働相互間の限界代替率は低下する．さらに，分配率同士の代替率の弾力性をみれば，大型劇場では地方劇場ほどの生産要素間の代替の弾力性は高くない．地方劇場では，労働分配率が資本の分配率にくらべ異常とも思えほど大きく合計収入への職員数の貢献が大きく，大都市圏のように人口過密・交通至便といった利点の少ない地方では，劇場の機能は職員に因るところが大きいといえる．その生産関数予測値と実測値の関係を**図5-3**に示す．

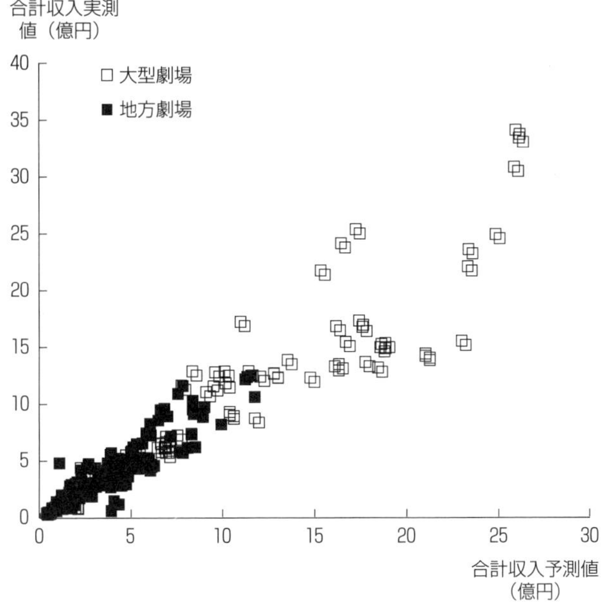

図 5-3　合計収入の予測値と実測値

（出典）表 4-12 と同じ.

事業収入式では，自由度修正済み決定係数が非常に低く，大型劇場・地方劇場とも全体の約 40%程度しか説明していない上に，各説明変数のうち資本にかかわる係数が統計的に有意でない．劇場はホール事業（主に公演）だけでなく関連・付帯事業も重要であり，劇場法には地域住民の芸術鑑賞機会の確保と同じレベルで大学との連携・アートマネージメントの実施・芸術体験学習・訪問公演（アウトリーチ）などが劇場の機能として規定されている．したがって，規模の大きい劇場や地域の中心的劇場ほど，ホール公演以外の事業（事業収入が）拡大し，事業収入と合わせた合計収入も増加する．職員も公演事業のみならず，関連・付帯事業に多く携わっているのが実情である．

以上のことから，座席数や職員数が大きい大劇場では，座席数（資本）と職員数（労働）が同一でも別の作用によって収入の格差が生じているが，地方劇場では資本・労働が同一ならほぼ同じ収入が得られていることがわかる．

劇場の運営に対する生産関数からの提言

大型劇場は規模に関して逓増型生産関数を有し，所在地における独占的劇場となることを示した．大型劇場は優れた舞台装置をもつことにより，それを利用して有名で舞台の質の高い入場料を高くできる芸術家（団体）を招聘することができる．またその演目によって，観客を囲い込い込むなど地方劇場より経営面での有利さをもっている．大型劇場では，そのような優れた舞台装置の活用や芸術家（団体）を招聘できる能力のある人材とかれらのノウハウを所有している．現在の日本では，国・地方自治体や非営利団体からの劇場への運営費補助金は各劇場の競争によっているので，大型劇場が地方劇場に比べて補助金獲得を有利にしている．その有利さは，収入に占める補助金の割合が大型劇場と地方劇場では大型劇場の方が５％ほど高いことで示されている．そのため，地方劇場では補助金以外に関連・付帯事業からの収入に依存せざるを得ず，劇場本来の舞台芸術活動以外のレストラン・駐車場経営，グッズ販売，舞台を利用しないアウトリーチ事業，貸しホール事業など関連・付帯事業で収入を得ざるを得ない状況となっている．

文化施設の生み出す生産物，アウトカムは評価をしがたいのであるが，国・地方自治体など劇場設置者や補助金支出者は，劇場毎の入場者数や収入の多寡によって設置者を評価し，運営費補助や実演芸術活動費補助を行っている．大型劇場では規模に関して逓増型である上，劇場固有の資源である人材と彼らのもつ劇場運営ノウハウ双方を地方劇場に比べ潤沢に所有しており，劇場が大型化すればするほど劇場の生産物に対して大型劇場は地方劇場に対して有利となり，逆に地方劇場は不利となる．つまり，大型劇場は，優れた舞台装置・有能な人材・劇場の立地・多額の予算など希少価値のある資源を保有することから生まれるレントをもつ．バーニー（Jay B. Barney）の VRIO フレームワーク（Barney（2001））では，レントを資源の価値（value），希少性（rareness），模倣可能性（imitabilities），組織（organization）として概念化している．このようなレントを統合して，持続的競争優位を形作るためには，諸資源を統合して運営する能力的アプローチが必要である．それらは劇場運営資源の中でも眼に見えない技術，スキル，運営ノウハウといった「見えざる資産」（invisible assets）であり，形式化（テキスト化）しにくい「暗黙知」である．

一般の製造業では，新技術を有効に活用するためには，それを既存の技術やノウハウと組み合わせ，不断に組織や製造方法を見直す必要があるといわれる．

劇場がもつ資源から発現する生産性は，劇場側が発見してはじめて資源と生産性との繋がりが判明し，そしてその関係が分かることになる．資源のうち利用できる用益を発見・顕在化させたときになって生産性が評価できるようになる．用益の発見・顕在化には劇場の人材の知識や信念が必要であり，発見された用益から得られる生産性も発見・顕在化させる主体（人的資源）の能力に依存するということである．具体的には，劇場の公演の方法，実演者との交渉など無形資産の多い劇場事業では，伝統的な蓄積されたノウハウの蓄積と改善は劇場運営者の能力・運営方針に大きく依存している．特に生産性に繋がるような無形資産の蓄積には時間がかかるに違いない．事業に対する無形資産の蓄積があるからこそ長く公演事業が続けられ，他劇場との競争優位性をもつといえよう．

5.2.3　経済行動から芸術家個人をみる

芸術家も生活をしている以上収入を得なければいけないが，その収入を得る生産物が芸術作品ということであって，一般の企業（個人事業を含む）と経済活動面では何ら変わりはない．通常の生産物と異なり生産する芸術作品が１点で製品の代替性がなく，需要があっても生産数を増加させることができないケースも多い．そのような製品を美術品というが，似た概念に工芸品がある．工芸品は生活に利活用される（機能性（実用性）を持つ）ことが原則であり宗教的な礼拝物（仏像）も工芸品の一種である．また美的価値が含まれる工芸品を美術工芸品と称することもある．工芸品の定義から工芸品は芸術作品と違い，特定の顧客に対して１品ものを製造するケースも希にあるが，同種の製品を複数製造することが一般的である．工芸品は，生活に利活用される目的のため製造されるので，その多くは人間が生活する風俗・土地・文化を反映することが多く，芸術作品のように時間空間を超える作品は非常に少ない．しかし，1960年代から始まったポップアートの出現によって，その区別は欧米では無くなったともいえよう．芸術家を経済主体として生産者（経済学的には「企業」という）とみれば，生産物が芸術作品か工芸品か区別する必要がないが，芸術家が代替性のない１点ものしか生産しないというなら，芸術家の作品製造を経済学的に把握することは難しい．企業は同種の製品を反復的に生産すると擬制されてしまうからである．以下では，芸術家（団体）は類似の芸術作品を多数生産しているケースを想定している．

投入物の代替性が効かない芸術家

ある工房で彫刻家が作品を作成している場合を考えてみよう．その製作にノミのみが必要な工具で，1人の彫刻家が1個の作品を製作するケースを考える．多くの作品を作らせようと1人の彫刻家に2つのノミを与えても製作には利用できないので，2つ目のノミは無駄である．また，2人彫刻家がいてもノミが1個しかないとすると，ノミの利用可能な彫刻家は1人であるから，やはり製造される作品は1つである．このことから，製作数は投入される彫刻家またはノミどちらか確保可能な小さい方に制約される．この場合は，生産関数は下記のように表される．ここで f は生産関数を示し，x_1，x_2 は投入物を示す．

$f(x_1, x_2)=\min(x_1, x_2)$ となる．

このように，ノミと労働力といったように投入物間に代替性がない場合，等量曲線（投入物が複数あって，それらが過不足無く投入されて生産される場合，同じ生産量を示す最大限可能な集合体を示した曲線）は**図 5-4** のようになる．図上の折れ曲がった等量曲線Bは同じく等量曲線Aの倍数となっており，BはAと相似形であり原点に対して破線にそって移動させた線となっている．これをレオンティエフ型生産関数という．投入産出分析に用いた生産関数である．このとき，生産物と投入物間の相互の比率は同じである．生産物と投入物の比率を「投入係数」と呼ぶ[26]．

文化芸術活動に当てはめると，同じ作品を大量に生産する工場型の場合はと

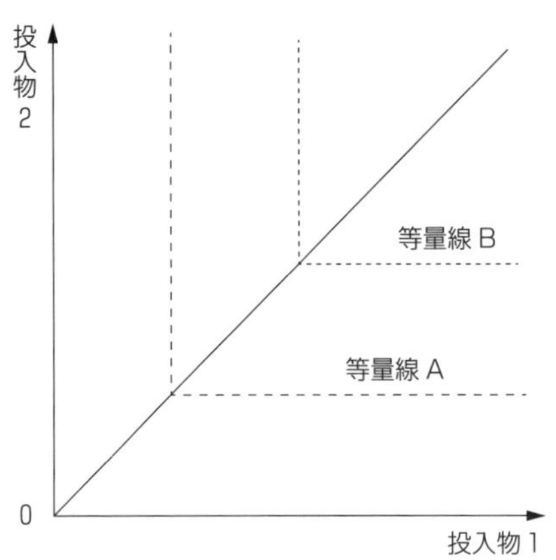

図 5-4　投入物同士に代替性がないケース

（出典）筆者作成．

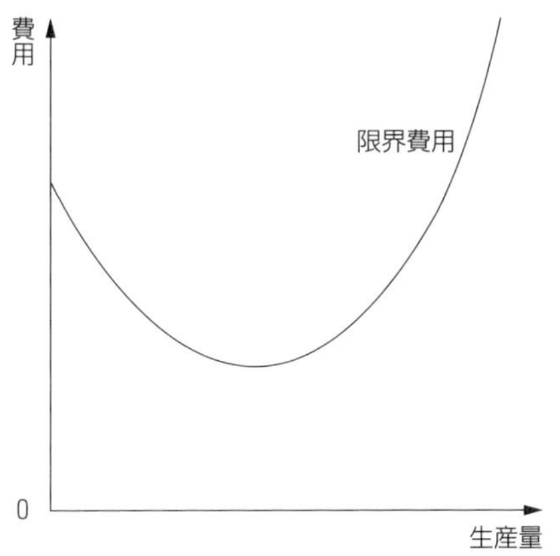

図 5-5　生産量と限界費用の関係

（出典）筆者作成.

もかく，現在では1人の芸術家が1個の芸術作品を生産するのが通常であるから，投入される労働力同士も代替性はない．したがって，1人の製造能力で芸術作品の産出量が決定される場合が多い[27)].

写真芸術，コンピュータ・アート，デジタル音楽などの作品では，創造過程が技術的な道具や機械に依存していることが多く，投入物間での代替性（労働を機械化する）が多くのケースで生じてこよう．制作の段階でコンピュータ等IT 機器が関わるので，技術の進歩で芸術家の労働とIT 機器との代替が可能となってきたからである．

絵画を描くのに従来なら頭の中で発想し，それを自ら鉛筆で画布にスケッチし，それに着色して製作している場合を考える．コンピュータ・グラフィックス用のアプリケーションがあると，肉筆で画布にスケッチしていたことをパソコン画面に出し，それに肉筆で着色するか，あるいはコンピュータ画面上で着色しそれを画布に写し取ることで絵画を完成させることが可能である．この場合，スケッチ画を描き直し修正するところをコンピュータ画面では素早く最終画が作成できる．製作過程にIT 機器を導入するが最終的には肉筆画となるので，かなり手早く製作できる[28)]．建築デザイン設計過程では，すでに多くの設計を支援するアプリケーションの導入が図られている．

投入物が固定のオーケストラ

生産者にとって，一部の投入物が固定されている場合がある．生産者は，好況・不況により当然生産物を増減させようとするが，電力・鉄道といった装置産業では，工場や鉄道設備を短期的に増減させることは不可能なので，機械設備等資本財は短期的には固定的になる．

このとき，生産費用について考えてみよう．総費用をCとおくと，C＝VC＋FC とおくことができる．ここで，VC は固定費用，FC は生産量に応じた可変費用である．これを費用関数という．費用関数とは，生産物が１種類しかないケースの投入物の費用と産出量の関係を示したものである．

ここで，生産量をｘとおくと $MC=\dfrac{\partial VC}{\partial x}$　　MC：限界費用

限界生産量は，生産物が１単位（１円でもよいし，１個でもよい．数え方は任意）増加，減少した際の費用の増減を示す．ある一定量まで生産が増加するにつれて限界費用は減少するが，そこを越えるとまた増加し始める傾向が製造現場では見られる．製品を一定数製造しないとすでに据え付けた機械設備などの固定費用はまかなえないことを意味する．また，一定量の生産量を超えないと収入より費用が大きくなり赤字になるということがわかる．

この文化芸術活動でオーケストラを例に引くと，ある一定規模以上の演奏家を雇用していなければ楽団として機能せず，公演回数が減少したからといって解雇することは困難である．そのため人件費が主な固定費用となる．これは装置産業の施設設備の廃棄以上に人が絡むだけ，経費削減が難しいことを意味しよう．そして，人件費をまかなうためには一定量を超える演奏回数を行わなければいけないし，それ以下では赤字経営となる．オーケストラのように固定費が大きい芸術団体では，大型の公演を繰り返し行わねばならず公演数と経営とが密接しており赤字体質になりやすい．

5.2.4　芸術家の置かれた経済的立場

競争させられる芸術家

ここでは，生産者がどのような動機で生産量を決定するかモデルを使用して説明する．投入物と生産物の価格は与えられていると仮定し，個々の生産者が価格をコントロールできないと考えている市場を想定して商品・サービスのや

りとりを行う（競争市場の仮定）．その場合，生産者は利潤の最大化を目的に生産すると考える[29)]．消費者（文化芸術享受者）が自らの効用を最大に行動することを仮定したように，同じく生産者は利潤を最大化するよう行動すると仮定する．利潤は金銭尺度で外部から観測可能であるが，効用は消費者の心の中での判断であるから測定が困難か不可能であることに両者の違いがある．

利潤（π）とは，収入から費用を引いた額であるので，

$$\pi=\sum_{i=1}^{n}p_iy_i-\sum_{i=1}^{m}w_ix_i$$

p_i：n 種類の生産物（y_i：$i=1$，……n）の価格

w_i：m 種類の生産物（x_i：$i=1$，……m）の価格

式の最初の項は収入であり，２項目は経費である．自己が自己の会社で働いている場合，自己の労働力が生産に投入されているので，労働費が無償ではなく，市場で適正に評価された労働価格（賃金）を費用の一部分として参入することが必要である．特に，芸術家の場合，自らが創作しそれを売る場合が多いが（たとえば画家が画廊に絵画を売却する場合），労働＝創造行為として労働制限がないのが通常だから，その労働力を生産コストに含めないで考える場合が多い．

このような経済的な費用は機会費用と呼ばれる．自分の芸術労働を他芸術家の労働でまかなおうと別の芸術家を雇用すると雇用経費がかかる．他の芸術家の工房に勤務した場合，そこで賃金が支払われるわけであり，雇用機会を考えると自己の工房での他人の雇用機会を奪っているともいえる．労働も含め投入物価格は現在での市場評価での額で評価する．なお，過去に投入した物の価格は現在の市場価格とは相違しているため，現在市場での評価に修正して計算する．

上式を単純化して，１種類のみの製品を生産しているとすると，$\pi=px-wx$ となる．ここで $R=px$ とおき，投入物（材料）１単位当たりの経費（限界経費）を考えると，$\dfrac{dR}{dx}=p+x\dfrac{dp}{dx}$ となる．生産物が完全競争市場にある場合，生産量により価格決定が生産者にはできないため材料単価は所与（市場決定）となり，第２項：$\dfrac{dp}{dx}=0$ となるので，上式は $\dfrac{dR}{dx}=p$ と単純になる．この式は生産量を１単位増加させた場合の収入増加分であり，それを限界収入というが競争下では市場での価格と一致する．

画家が絵画を製作する場合有名な画家であれば独占的に販売可能で，また少数の同じような画風の有名画家が競っている場合は，寡占的な状態に近い．しかし，劇団のように多くの劇団が廉価な公演料で全国各地を回っている状態では，競争的な市場での価格に落ち着く．なお，衛紀生は「「個人商店」なみの劇団経営，一部に根強くある旧態依然とした蛸壺的な演劇人の意識，プロを目指すモチベーションの欠如など，演劇人が取り残されかねない事情がいくらでもある．おそらくこれからの10年間は，それらの課題を抱えている地域演劇の負の部分と，変化する仕組みとのあいだのせめぎ合いの季節ではなかろうか．地域における劇団の淘汰の時代と，全国評価を視野に入れた演劇活動をデザインする時代はもうすでに始まっている．」（日本芸能実演家団体協議会（2001）．『芸能白書2001』．芸団協出版部）と述べたが，すでに多くの劇団が競争的な市場の中に追い込まれている．

式(1)でm種類の投入物の代わりに2種類の投入物（それぞれ投入物の価格と数量は，$w_{1,2}$と$x_{1,2}$と記載する）のみで生産が行われていると仮定しよう．この仮定はあながち無理な仮定ではない．工房で彫刻家たちが「電動ノミ」を使用して彫像を創造する場合を考えてみると，投入物は彫刻家の労働力と電動ノミだけである．生産物を金銭価値で測定した際，材料を変化させて彫像を作成するので，材料費を彫像売価からあらかじめ引いておけば，彫像の付加価値分のみを測定することになり，それは労働・道具（電動ノミ）だけで生産したといいえよう．

その場合，費用Cは，$C=w_1x_1+w_2x_2$となる．これを費用はできるだけ最小化したいので，$\min(C)=C_0=\min(w_1x_1+w_2x_2)$となる．一方このとき生産関数を，$y=f(x_1,\ x_2)$とおけば，最少の制作費用は$w_1$，$w_2$，$f(x_1,\ x_2)$で決まる．これが費用関数である．この式は，$w_1$，$w_2$の価格の投入物があるとき，$y$単位の生産量が製造されることを示す．この費用関数をできるだけ最少にすることを考える．すなわち，y単位製造する場合にもっとも少ない経費を計算する．数学的には，ラグランジュ未定係数法を用いるが，ここでは直感的に図を用いて説明する．$C=w_1x_1+w_2x_2$を変形して，$x_2=C/w_2-(w_1/w_2)x_1$とおく．この式は，傾き$-(w_1/w_2)$と切片C/w_2をもつ直線である．

図5-6には，同じ数量の生産物を生産可能なあらゆる組み合わせを示す生産関数等量曲線と同じ費用がかかる等費用線を書き込んである．この両者が接するところが，費用が最小となる投入物の投入量となる．

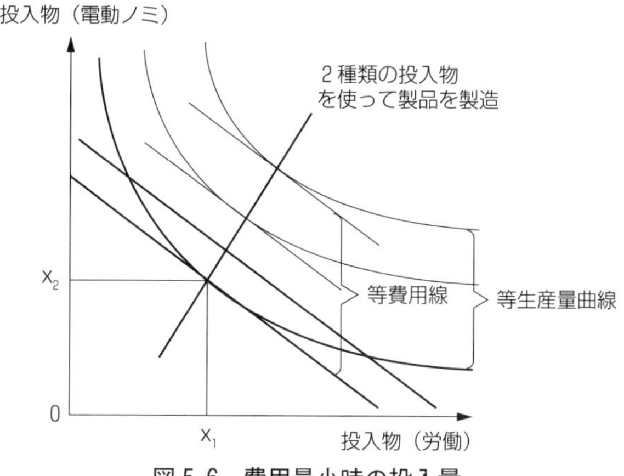

図 5-6　費用最小時の投入量

（出典）筆者作成.

演劇界においては，似たような演劇を行う劇団は多く存在し，複数の劇団が競争市場で競い合っている一方，著名な画家やオペラ劇団の鑑賞者層には，その作品・演目のみを鑑賞する固定層が多い．文化芸術市場では，一般の商品市場と異なりカリスマ性やブランドの確立が多く認められ，そのため，独占，寡占状態の市場が多い．文化芸術活動はその表象された作品に現れるので，鑑賞者は他の作品との相違のところに固有価値を見いだす．芸術作品は人間の創造行為が作り出したものであるので，同じような作品が他人によって製造されることは少ない．一方，写真・映画の発明を嚆矢とする絵像技術・音声技術の発展は，デジタル技術の進展によりバーチャル作品を非常に多く生み出した．そのコピー作品はオリジナル作品と相違がない．オリジナルな作品とコピーされた作品の区別は困難で芸術作品に見いだされる固有価値をコピー作品に発見することは困難である．

そのようなデジタル芸術や映像芸術のようなものを除いて，大量に同種のものが生産される工業品と異なり，芸術作品では全く同じ機能・価値をもつ生産物を作り出すことは不可能である．演劇のようにシナリオや脚本があり，その筋書きに沿って演出家が演出し，俳優が演ずる場合でも厳密にいえば演出の方法や俳優の個性があるので，「昨日の芝居と今日の芝居は違う」ともいえる．演劇を演ずる時間・空間が違えば，作品も異なるということはいえよう．しかし，一般普及向けの演劇では（これはそれのレベルが低いといっているわけではない），劇団間の相違はともかく，時間空間が異なった公演の相違を鑑賞者層が見いだすことは困難であるし，宝塚歌劇・劇団四季のように鑑賞する機会の相違によって，違った演劇を行うことを可能な限り避けている劇団も商業演劇には多い．これは，同じ価格なら同じ商品・サービスを提供し，一定の質の商品・サービスの提供を保障することで，劇団の質を担保しているからである．

芸術作品にも1個の作品に固有価値が内在しているものと，よく観察，鑑賞すれば相違はあるものの，それほど相違が見られない作品もあることが気づかれる．前者は，有名とか著名で芸術家の指名で作品が鑑賞される場合であるが，これは市場経済下での独占，寡占状態に近い．芸術家個人のブランドという固有価値により，価格優位に立っている．一方，後者の場合は，競争市場におかれている企業群と類似する．過当競争で価格競争に陥りやすいといえる．

著名な芸術家の創造行為

独占状態における生産物の価格について考えてみよう．芸術市場では，有名芸術家の作品にあてはまる．代替可能な商品・サービスを提供する企業が存在しない状態を独占という．独占は企業の製造規模や参入障壁が著しく高い場合，特許，ノウハウなどを所持し他社が真似できない状況が存在する場合，一定の企業が原材料を支配している場合など起きやすい．そこでは，商品価格は供給者が支配可能である．

製作費用は最小化されていると仮定すると，

$$\frac{d\pi}{dx}=\left(p+x\frac{dp}{dx}\right)-\left(w+x\frac{dw}{dx}\right)$$

第1項の（　）内は生産量を1単位増加した場合の収入の増加分であり，限界収入と呼び，第2項（　）内は生産量を1単位増加した場合の費用の増加分で限界費用と呼ぶ．制作費用を最小にするには，

$\dfrac{d\pi}{dx}=0$ として，$\left(p+x\dfrac{dp}{dx}\right)-\left(w+x\dfrac{dw}{dx}\right)=0$

すなわち，$\left(p+x\dfrac{dp}{dx}\right)=\left(w+x\dfrac{dw}{dx}\right)$

となる必要がある．限界収入＝限界費用が成り立つ．競争市場にある生産者は，両辺のそれぞれ第2項が生産量により変化することは不可能であるので，それぞれ0とおけば，$p=W$ となる．

独占企業体では，生産量が価格に反映され，需要に応じた生産量を調節するので，左辺第 2 項がマイナスとなる．

ここで，需要の価格弾力性（価格 1 単位（円）に応じた需要単位（個とか））を ε とすれば，

$$MR(\text{限界収入}) = \frac{dR}{dx} = p + x\frac{dp}{dx} = p\left(1 - \frac{1}{\varepsilon}\right)$$

$$\varepsilon = -\frac{\text{需要の変化率}}{\text{価格の変化率}} = -\frac{dx}{dp}\frac{p}{x}$$

となる．$\varepsilon > 0$ であるから，価格は競争下より高くなる．上式は，限界費用が限界収入（MR）に等しいとき，独占利潤が最大になることを意味する．

独占生産者にとって最適な生産量は，限界収入曲線と限界費用曲線の交点上にあり，この生産量を売却可能な価格価格（p_0：独占価格）を付けることができる[30]．価格と供給量を支配できるので，需要価格は供給者価格（平均費用価格），供給量はその価格での需要量となる．需要曲線は供給者の平均収入曲線と一致する．この場合，売上高はその時の生産量と商品価格の積算値であり，平均費用曲線と需要曲線の差額と生産量の積算値が利潤となる．

寡占状態の生産者が存在する場合を文化芸術活動で例示するなら，有名なオーケストラが少数存在し，それらがクラシック公演をほとんど一手に引き受けているといった場合が考えられる．

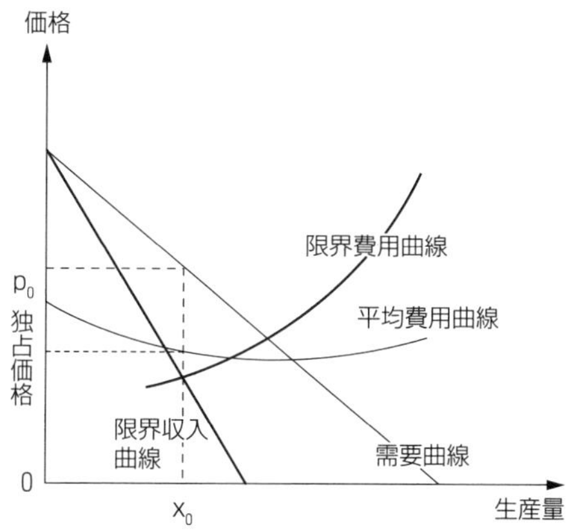

図 5-7　売手独占状態と需要曲線

（出典）筆者作成．

経済的に寡占とは複数の生産者がいる場合で，お互いに価格・製造数などで協調的になっている状態である．1社独占，競争下での多数企業競争と異なり，価格決定面でのリスクが大きくなっているので，カルテルなどを結びやすい．実際的には数社が製造という場合が多い（たとえば，ガラス，石油，ビール等が例示に出される[31)]．酒販でも日本酒の場合は多くの日本酒メーカーが存在し，競争的市場になっている）．世界の大型旅客機の分野では，ボーイングとエアバスの2社がほぼすべてを製造している．寡占企業が存在する市場でもニッチ的企業（隙間企業）は存在するケースが多い．パソコンのOS（Operating-System）でもリナックスのようなニッチが大手になる場合もあるし，多くのフリーOSが存在するが，大手を脅かすことにはなっていない．

さらに，文化芸術活動で重要な競争概念に「独占的競争」がある．独占的競争（字句の通り，独占と競争（市場への出入り自由）が入り交じっている市場）とは，商品差別化以外は競争市場のことである．完全競争の段階から商品の差別化を図り顧客を増やし，市場の一部を独占しようとする．差別化の方法は，店舗立地やデザイン，支払方法，包装などの要素に及ぶ[32)]．また，実際に製品効能が相違しているケースとは異なり，医薬品などの分野においては成分が同じなのにブランドで選ばれるという傾向も見られる．ある生産物が差別化されると，「非価格競争」が価格競争に取って代わる[33)]．非価格競争下では，広告などの販売促進キャンペーンが実施され大金が注ぎ込まれる．

競争市場の場合，生産者は需要に応じた価格設定（受動型）しか可能でないが，独占と同じく寡占状態では生産量が提供する財・サービスの価格に反映される．この場合，寡占企業は1社ではないので独占状態に比較し複雑な行動をとるが，最も簡単なモデルで以下説明する．

生産者がn個存在するとし，$i=1$の場合が対象生産者（オーケストラ）とし，$i=2$からnまでを他社（他のオーケストラ）とおく．

$\sum_{i=1}^{n} x_i$は，全体の需要される総量（講演数）であり，生産量と一致する．その公演1個あたりのチケット平均価格を，pとおくと，生産者1の収入R_1は，$R_1=px_1$となる．そこで，オーケストラ1の限界収入を市場自由化のケースと同じように費用関数を微分して求めると，

$$MR_1(\text{限界収入})=\frac{dR_1}{dx_1}=p+x_1\frac{dp}{dx_1}$$

さらに，仮定よりすべての生産者（オーケストラ）は生産量（公演回数）を同じとすると，$x_1=x_2=\cdots\cdots=x_n$ であり，それは，全体の生産量（総公演回数）を均等に配分した生産量（個々のオーケストラの公演数）と等しい．したがって，

$$x_1=x_2=\cdots\cdots=x_n=\frac{1}{n}\sum_{i=1}^{n}x_i=\frac{x}{n},\quad ここで,\ x=\sum_{i=1}^{n}x_i$$

$$MR_1(限界収入)=\frac{dR_1}{dx_1}=p+x_1\frac{dp}{dx_1}=p+\frac{x}{n}\left(-\frac{1}{\varepsilon}\frac{p}{x}\right)=p\left(1-\frac{1}{n\varepsilon}\right)$$

ただし，$n>1$ なので，MR_1（生産者１（オーケストラ１）の限界収入）は，限界独占収入より低下する．

二重構造の芸術社会

通常，工業品や農産物の生産においては生産規模が大きくなるほど収穫逓増の法則が働くので，生産物１単位（商品１個の価格）が減少する．したがって，独占禁止法やカルテル防止法といった取り締まりがないと，自然に生産者は寡占から独占状態に移行する場合も多い．その状況下では生産者は需要側（消費者側）の需要に関係なく，生産物の価格決定が可能となる．そのため，多くの国では競争市場の確保・安定を目的に，独占状態や寡占状態について消費者保護等の観点から取り締まるのが通常である．

日本の文化芸術市場をみると，演劇を例にとれば一部の有名な劇団が公演の多くを抑え，さらに観客層が厚い首都圏を中心とする都市部を対象に公演している．そして，それ以外の地方都市や町村部においては，巡回公演という形で小規模劇団が公演しているのが実際である．これは，1960 年代に工業生産面において分析された産業の二重構造と類似の状態である．

産業の二重構造とは 1960 年代中頃まで，生産現場で少数の大手と多くの中小企業が共存し，労働条件や生産過程で大きい格差が生じたことをいう[34)]．「経済の二重構造」という言葉が，公式に認知されたのは『昭和 32 年（1957 年）版中小企業白書』（通商産業省）においてであったが，以後この言葉は日本経済の特性を表す代表的な言葉となった．厳密な経済学的定義は別にして，二重構造とはその言葉通り高賃金の大企業と低賃金の中小企業という働く者にとっての事実的待遇格差を表す言葉でもあった．

二重構造発生の要因についてはさまざまな学説や見方があるだろうが，諸外国に比較して日本経済の特徴とされるほど顕著な現象となった背景は，戦後の

表 5-12　興業場・興業団の事業所規模別生産性比較

区　分			4人以下	5人～9人	10人～29人	30人～49人	50人～99人	100人以上	合計または平均
全体	従業所数	(人)	1,300	409	266	69	64	30	2,138
		%	60.8	19.1	12.4	3.2	3.0	1.4	100.0
	従業者数	(人)	3,058	2,698	4,204	2,620	4,224	7,340	24,144
		%	12.7	11.2	17.4	10.9	17.5	30.4	100.0
	興行場，興行団業務の事業従事者数	(人)	6,883	9,466	13,297	9,009	7,757	15,180	61,592
		%	11.2	15.4	21.6	14.6	12.6	24.6	100.0
	年間売上高	(100万円)	54,822	83,426	128,336	112,209	176,611	344,732	900,136
		%	6.1	9.3	14.3	12.5	19.6	38.3	100.0
	興行場，興行団業務の年間売上高	(100万円)	52,473	78,205	117,994	100,298	163,585	266,089	778,644
		%	6.7	10.0	15.2	12.9	21.0	34.2	100.0
従業員1人当たり	年間売上高	(万円)	1,496	3,524	2,519	2,802	3,375	4,982	3,728
		%	40.1	94.5	67.6	75.2	90.5	133.6	100.0
1事業所当たり	授業員数	(人)	2	6	8	18	28	81	11
		%	18.2	54.5	72.7	163.6	254.5	736.4	100.0
	興行場，興行団業務の従業員数	(人)	2	6	19	37	66	242	27
		%	7.4	22.2	70.4	137.0	244.4	896.3	100.0
	全体の売上高	(万円)	3,510	19,884	20,947	50,282	96,137	402,014	42,102
		%	8.3	47.2	49.8	119.4	228.3	954.9	100.0
	興行場，興行団業務の年間売上高	(万円)	3,369	18,398	19,424	43,535	89,981	331,584	36,419
		%	9.3	50.5	53.3	119.5	247.1	910.5	100.0

（注）欄内の下段は，合計または全体平均を 100 とした場合の値．
（出典）経済産業省（2018）「特定サービス業産業実態調査」．

膨大な過剰労働力の存在である．彼らは実質的には潜在失業者として一時的に農村社会などに吸収されたが，中小企業における所得水準を引き下げる労働力の供給圧力として長い間存在し続けたのである．二重構造という言葉があまり聞かれなくなったのは，1960 年代後半からである．60 年代の 10 年間，高度経済成長政策の中で労働に対する需要が高まり[35]，毎年 10％の賃金引き上げが続いた中で大企業と中小企業の賃金格差が急速に縮小していった[36]ことが背景にある（しかし，昨今経済不況とともに労働者の雇用面での待遇で再び現れてきている）．

また 1963 年には「中小企業基本法」が制定され，中小企業の「近代化」を推進することによって二重構造問題を解決しようとする産業政策も取られた．

この経済の二重構造は日本の演劇界に置き直すことができる．一部の恵まれた大規模劇団では 1 回当たり公演経費（1 単位の生産物）がロングラン等により，低価させることが可能であるが，その他の中小・弱小劇団ではそのような規模拡大が難しく，1 回当たりの公演経費の単価は高止まりせざるを得ない．

表 5-12 を見れば，従業員 1 人当たりの売上高（労働生産性）は，事業所規模が小さくなるほど低減し，4 人以下の事業所では全体の平均の 40％程度である．1 事業所当たりの興業等の主体事業の売上高の全体の売上高に占める割合を比較すれば，事業所が大きくなるほどその比が小さくなっており事業所規模が大きくなるほど主体以外の事業によって収入を得ていることがわかる．規模の小さい事業所では人的にも資本的にも余裕がないので，興行以外に割ける（生産関数でいうところの）投入物がなく，多角化が図られず他の事業によって主務を補助することができない．しかも，4 人以下の事業所が全体の事業所の 6 割を占め，生産業と同じように興業面でも二重構造を示している．1 人当たりの年間売上高が 4 人以下では約 1,500 万円程度でこれから人件費を捻出するとすれば従業員所得が非常に少なくならざるを得ない．宝塚歌劇や劇団四季の従業員数は優に 100 人を超えているが，劇団員の所得は他の劇団に比べると非常に高く，オーケストラでも NHK 交響楽団・読売日本交響楽団・東京フィルハーモニー交響楽団など大型オーケストラは平均より給与が高い．

図 5-8 には，日本のプロフェッショナルオーケストラ 25 団体の売上高（主

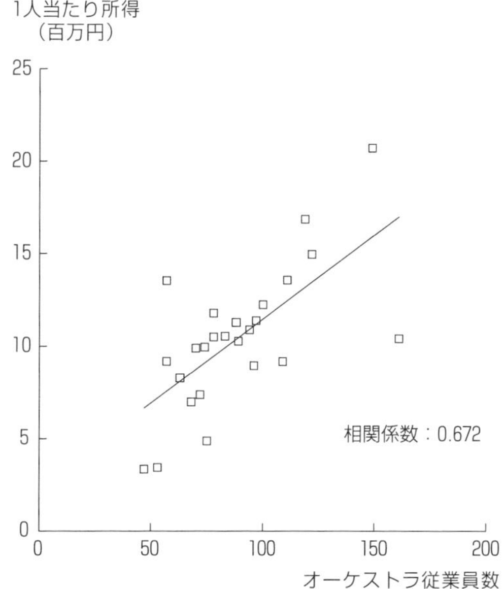

図 5-8　従業員数と 1 人当たりの所得

（出典）日本オーケストラ連盟（2019）「コンサート実績一覧」．

表 5-13　ジャンル別舞台芸術家の年間収入（2019 年）

（単位：万円）

ジャンル	邦楽	伝統演劇	邦舞	洋楽	現代演劇・メディア	洋舞	演芸	演出・制作等	合計	給与所得（2018 年度）
平均	267.2	567.1	384.1	476.3	332.2	385.5	410.7	376.3	400.8	387.9
	68.9	146.2	99.0	122.8	85.6	99.4	105.9	97.0	103.3	100.0
標準偏差	449.8	702.9	588.6	699.8	782.9	1111.1	1099.9	1454.2	626.2	—
変動係数	1.68	1.24	1.53	1.47	2.36	2.88	2.68	3.86	1.56	

（注）平均値の下欄に，民間給与を 100 とした指数を示す．
（出典）日本芸能実演家団体協議会「芸能実演家・スタッフの活動と生活実態調査」，国税庁「民間給与実態統計調査」．

体事業と関連事業を含み，補助金・寄付金を除く）と従業員（オーケストラ団員と管理要員の合計）1 人当たりの売上高の関係を示す．従業員数と 1 人当たりの売上高はほぼ比例しその弾性値は，0.091（百万件／人）である．

生産業での二重構造が演劇界・音楽界を含む日本の文化芸術市場で見られ，それがどの団体に属するかによって実演芸術家の待遇面・労働面の待遇相違となる．

たとえば，「日本の芸術家調査」によれば，舞台芸術家の収入の最大値と最少値の差が大きく，また収入分布の分散が大きい（表 5-13）．変動係数は測定単位によらない数値だが，それをみれば 1 を超え特に「演出・制作」「洋舞」「演芸」が収入の偏りが大きい．通常は変動係数が 1 を超えるとばらつきが非常に大きいと言われるので，舞台芸術家の収入分布は人によって大きいと言わざるを得ない．一般の所得についてみれば，全世帯収入の変動係数は最近 20 年間では一定で 0.95 から 1.0 程度であり，年齢層別ではどの年齢層でも約 0.3 程度であるから舞台芸術家は相当の収入格差が存在し，個人レベルでも二重構造が存在していることがわかる．これは，芸術家が置かれた立場（音楽家だと音楽団所属かソリストか）の相違にもよるところもあろう．変動係数は個人教授の多い「邦楽」やフリーランスが多い上劇団等も小さい．学校勤務等組織に加わっていない「現代演劇・メディア」の芸術家は収入が低い．一方で，オーケストラといった組織化されている団体，学校勤務の多い「洋楽」は一般の給与所得者に比べ収入が多くなっている．

注

1）劇団SCOTは，1976年に東京から富山県利賀村に拠点を移し，合掌造りの民家を改造した劇場を「利賀山房」と名づけて活動を開始した．野外劇場・稽古場・宿舎などを増設した．

2）SCOTの活動は国際的に注目され，1982年には日本で初めての世界演劇祭「利賀フェスティバル」を開催した．そのこともあって利賀村は演劇界の聖地の1つといわれるようになった．

3）ある生産物を生産するのに，必要な投入物の割合は一定ということである．つまり，生産関数において，一番少ない投入物によって生産量が規定されてしまう．この意味することは，生産現場にある生産要素がすべて生産に使用されるとは限らないことである．このような生産関数をレオンティエフ型生産関数といい，コブ・ダグラス型生産関数のように，生産要素間の代替性がない．ある意味生産要素の代替性が効かないということは短期的な経済活動を考えているといえる．

4）外部経済効果とは，企業の生産活動が市場取引を通さず直接的に他企業の生産や消費者の効用水準を低下，高める現象である．筆者の例でいうと，セブン・イレブンが自宅の前に開店したため，駐車場の車による排ガスによる環境悪化や若者達が不用意に集合し，深夜まで騒ぐことによって，安寧な住環境が侵害されたことなどが負の外部経済効果である．

5）簡単にいうとある生産部門がどこに製品を販売したか，その製品が材料（中間財）として使用されたか，最終消費者に渡った商品か，製品の「販路」を示すのが横軸である．

6）通常は連関表の投入係数の安定性を図るため，市場要因で変化しやすい流通マージン（輸送費）を商品・サービスの購入価格から除外して商業部門に一括計上する．生産者は投入財の価格は，投入財を出荷した工場出し価格として投入されるとする．

7）縦軸は製品を生産するのに必要なものを示し，購入先別材料費，使用した機械設備（使用すると摩耗するので資本減耗引当に該当），労働（雇用者所得），企業利潤（営業余剰）が含まれる．

8）公立の文化施設（劇場，音楽堂，美術館）の活用によって，演劇・コンサート，美術展を地方自治体が開催するなら，それは文化施設の建物や機械設備・展示物の摩耗を引き起こす．なお，展示物（美術品）については国税庁基本通達（1980）により取得金額が100万円以上の美術品は償却できない．理由は，そのときどきで価格の変動があるためといわれるが，美術品を使用した節税・脱法行為的脱税が行われたので，それを防止するためとか，あるいは美術品は1点ものであり通常の商品と異なり代替性がないので，いわゆる固有価値を内在する性格をもつので永続性をもち償却（長く使用すれば価値が減ずる）との考えが通用しないからともいわれる．

9）総務省の2019年4月の行政調査では，大学70，公営企業（病院）60，試験研究機関11，博物館1，社会福祉1の合計149が地方独立行政法人である．

10）研究会開催当時（1996）は，総務庁「特定サービス産業調査」等サービス業に関する統計が始まったばかりであり，かなり詳細な劇団等芸術団体の個々の集約データが県別で利用可能であった上に，文化庁の主催研究会の性格上総務庁もデータの利用に積極的であったため，従来からあまり知られていなかった芸術団体の事業規模データを入手することができた．現在，文化庁は政策官庁へと方向を打ち出してはいるが，他の省庁と異なり政策立案にとって重要なデータである集約的芸術団体の事業収入・地方自治体の文化芸術団体への補助金支給額などを入手しておらず文化政策研究の遅れにつながっている．山田浩之・新井益洋・安田秀穂（1998）．「文化支出の経済効果」『文化経済学』．1(2)．

11）東京の文化芸術産業が，日本全体に及ぼす波及効果測定のため，「その他地域」の部門もモデルに入れる．

12）経済企画庁（2000）．『国民生活白書』で，政府として最初の統計の発表（「NPO に関する経済分析調査」）を行った．このときは，NPO の活動を GDP の 3.1%の経済規模だとしている．内閣府（2017）．「特定非営利活動法人に関する実態調査」によれば，認定法人の約 5 倍の非認定法人が存在し全体で 6,437 法人にのぼり，そのうち「健康医療福祉」が占める割合が 4 割，「学術文化芸術」は約 1 割であり，対 GDP 比は 3.3%となっている．

13）枝川明敬（2020）．「最近の日本の文化芸術活動における補助金の役割」『地域学研究』50(1)．全国の文化芸術活動を対象に郵便留置で調査したもの．

14）以下，記載する筆者の各論文は，20 数年にわたり全国レベルでの文化芸術団体の組織・収支・イベント状況などを主に科学研究費補助金を使って調査したものである．枝川明敬（1997）．「全国的に見た文化活動の展開に関する調査分析研究」『地域学研究』，28(1)．枝川明敬（2006）．「補助金，財政支出の視点から見た地域再生を目指す文化体験活動の実態分析」『地域学研究』，36(3)，枝川明敬（2020）．「最近の日本の文化芸術活動における補助金の役割」『地域学研究』，50(1)．

15）文化庁（2014）．「社会課題の解決に貢献する文化芸術活動の事例に関する調査研究」．

16）川島哲郎（1986）．『経済地理学』．朝倉書店．内閣府（2005）．『平成 17 年度版　地域の経済 2005』．文化審議会（2005）．「地域文化で日本を元気にしよう！」．

17）以下，すべてフランス文化省による公式出版物であるが，Bernard の書籍は 1968 年当時（André Malraux が文化大臣）の文化政策全般について述べたもの．現在フランスは地域文化を重要視するが（フランス革命以降，パリと地方との文化格差が大きいことが共通認識となった），地域文化重視への転換は地方文化局（Direction régionale des affaires culturelles：DRAC）が 1977 までに全州に設置されたことが大きい．当初は文化財保護中心で 1980 年代にラング（Jack Mathieu Emile Lang）が文化大臣に就任すると文化予算の全予算比 1 %を達成し，ハイカルチャーのみならずポピュラーカルチャーも重視した．その後都市開発と文化戦略を一体化，1992 年には国土整備に文化を取り込むこととした．Bernard, A. (1968). *Le ministrère des affaires culturelles et la mission culturelle de la collectivité, La documentation Française*. Bodiguel, J. (2000). *L'implanta-*

tion du ministère de la culture en région -*naissance et développement des directions régionales des affaires culturelles, La documentation Française*. Chaudoire, P. (2004). *Culture et politique de la ville, L'aube*.

18）シンガポールは多民族国家のため国民文化の確立を目指しているが，そのためNAC（National Arts Council）が中心となって文化芸術活動に助成を行っている．しかし，国内政治安定の視点から表現の自由は制限を受けており，一部の芸術家に対して発表の機会を与えずまた発表の場所も規制を加えている．Ministry of Information, Communications and the Arts (2004) "The Singapore Sutra art Singapore". National Arts Council. (2006). *Singapore Arts Festival Survey: Audience Survey*.

19）ポーターは企業の競争戦略の専門家であるが，最近は国・地方の競争戦略について述べている．従来より資源（ヒト，モノ，カネ）が競争にとって重要されてきたが，国が国際的に競争優位に立つためには，熟練労働・国内需要・関連企業・企業戦略の４つのダイヤモンド構造が必要とする．また，文化制度もそれを支える重要な背景となる．Porter, M. (1989). *The Competive Advantage of Nations*. London: Palgrave Macmillan.

20）スロスビー（David Throsby）は文化経済学の専門家であるが，芸術作品を経済学的に見た場合，通常の経済財として扱うか特殊な財として扱うかは議論があるところと述べる．Throsby, D. (2001). *Economic and Culture*. Cambridge: Cambridge University. Press.

21）国土総合開発法（現・国土形成計画法）に基づく第5次の中期的な日本の国土総合開発計画で，目標年次は2010年から2015年までであり1998年に閣議決定（橋本内閣）された．副題に「地域の自立の促進と美しい国土の創造」を掲げ，第2章に「文化の創造に関する施策」として，「ゆとりある生活空間の形成」「地域の個性を生かす新しい文化の創造と発信」「国内及び国外からの観光の振興」を掲げている．この計画の特徴は，東京対地方の図式でなく，各地域が連携・相互協力することにより，文化面では「新しい文化と生活様式」を創造するとしていた．2005年に国土総合開発法が全面的に改正され，国土形成計画が総合計画に変わって策定されることになったが，第5次の内容は踏襲された．現在では，第2次国土形成計画（2015年から約10年計画）が策定されている．当該計画には「観光立国」「文化財等の保全・再生・活用」が述べられている．

22）神野は経済的にみて投資効率のよい都市開発・産業投資では人の暮らしやすい都市には再生しないとの考えを持っている．ヨーロッパにおける公共空間再生の運動の源泉は，1990年に出されたECの都市環境緑書（Green Paper on the Urban Environment）に見られる．持続可能な都市を実現するには，「環境」「経済」「社会」の三相をバランスよく統合した政策を展開することを重要視する．神野は地方自治体に財政的裁量を任すべきというが，文化事業は首長の裁量行為であって首長の自由判断で文化政策が行われるのは文化芸術へのアクセスの平等性からいえば望ましくないともいえる．神野直彦(2002).『地域再生の経済学』．中央公論新社．

23) フロリダは,「創造性」を都市の競争間に適用したが経済活動に組み込まれてしまう危険性がある. その観点からランドリー (Charles Landry) はコミュニティアートの視点から都市創造を扱っている (Florida, R. (2002). *The Rise of Creative Class: And How It's Transforming Work, Leisure, Community and Everyday Life*. NewYork: Basic Books. Landry, C. (2008). *The Creative City: A Toolkit for Urban Innovators*. London: Routledge).

24) 2002 年度から 2016 年度の 15 年間にかけて教員全体は総数では増加したものの非常勤等が多くなり, フルタイム換算では 20.5%減少した. その中でも人文社会系教員の減少率が高く 28.8%となっている. 文部科学省 (2018).「大学等におけるフルタイム換算データに関する調査」.

25) 資本集約度という. 労働者 1 人当たりの機械設備等が増加すると労働者 1 人当たりの生産量 (労働生産性) が増加する. 一般的に機械を使用して製造する製造業でよく当てはまる.

26) アクティビティ・アナリシス手法によれば, 生産要素を x_1, x_2 とすれば, その生産集合体をベクトルとして表示し, その集合体を y とすれば, $y=(x_1, x_2)$ と表記する. このとき, 比例性, 可分性, 加法性を仮定している. したがって, $\lambda y=(\lambda x_1, \lambda x_2)$ である. λ: 定数.

27) このような 1 人の芸術家によって 1 個の芸術作品が作られるという製造プロセスは, 19 世紀以降に芸術の固有性といった価値が公に言われ始められた時代以降であって, それ以前の時代 (たとえば, ルネサンス期, ギリシア時代) は特定の芸術家を中心とした工房製作が多かった. そのときは代表する芸術家の名前がブランド名であった. したがって, 弟子間 (従業員) の労働の代替性はあった. 日本では, 平安時代, 鎌倉時代, 室町時代等明治以前に製作された仏像は工房製作が多い. また, 明治以前は現在芸術品といわれる美術品は日常で使用される実用性が重視される工芸品である. ふすま絵も高級武士宅や寺社で日常的に飾られた道具である.

28) 村上隆は, 将来芸術家は本来の精神的労働 (創造活動) に特化し, 機械などで代理できるところは機械に機能分担することもあるといっている. 村上隆 (2006)『芸術起業論』. 幻冬社.

29) 経済学では企業は利益追求と仮定するが, これは仮定より公準 (postulate) である.

30) 独占企業は自社で可能な限りのコスト低下を求めるだけでよく, 他社の状況を考慮しなくてよいので, 独自に価格決定が可能である.

31) 日本市場での例　スマホ OS : AppleiOS, Google Android (以上で, 99%), ビール : キリン, アサヒ, サッポロ, サントリー (以上で, 99%), オペレーティングシステム : Microsoft Windows, Mac OS (以上で, 97%), 携帯電話 : NTT ドコモ, AU, ソフトバンクモバイル (以上で, 75%), 家庭用ゲーム機 : 任天堂, ソニー・コンピュータエンタテインメント (以上で, 61%).

32) 各企業は, 他の企業とは少し異なった製品を販売するので, ある程度まで価格設定が可能であるが，ライバル企業の価格や販売量・製品の質等にある程度影響を受ける．各企業は共謀もできる．

33）1920年までにフォードは大量生産大量販売で黒のT型フォードを生産したが，GMは車の色・大きさ等種類を多くそろえ，価格以外でフォードと競争した．結果1930年代までにGMが市場を支配した．

34）製造業（1955年）では，賃金は1,000人以上の企業を100とすると，29人以下は43.3，生産性は同じく37.0であった（通商産業（1955）．『工業統計表』）．

35）1959年→1970年で完全失業率は，2.3%→1.2%とほぼ半減した．

36）1960年→1970年で，1,000人以上の企業と99人以下の企業の給与の差額は，40.3%から22.3%に減少した．労働省（1960/1970）．『賃金構造基本調査結果報告書』．

参考文献

[1] Barney, J. B. (2001). *Gaining and Sustaining Competitive Advantage* (2nd ed.). Hoboken: Prentice Hall.

[2] Baumol, W. J. & Bowen, W. G. (1968). *Performing Arts: The Economic Dilemma—A Study of Problems Common to Theater, Opera, Music and Dance.* Cambridge, Mass.: M. I. T. Pres.

[3] 文化庁文化審議会（2005）．「地域文化で日本を元気にしよう！」．

[4] 文化庁（2018）．『地方における文化行政の状況について（報告書）』．

[5] Burgelma, R. A. (1983). “A Model of the Interaction of Strategic Behavior, Corporate Context, and the Concept of Strategy,” *The Academy of Management review*, 8(1).

[6] 枝川明敬（2015）．『文化芸術への支援の論理と実際』．東京芸術大学出版会．

[7] 衛紀生（2000）．『地域に生きる劇場』．芸団協出版部．

[8] Eisenhardt, K. M., & Martin, J. A. (2000). Dynamic capabilities: What are they?, *Strategic Management Journal*, 21(10-11).

[9] 塩谷雅弘（2000）．「銀行業におけるコスト効率性の要因に関する実証的研究」『国際公共政策研究』，4(2)．

[10] 日本芸能実演家団体協議会（2001）．『芸能白書2001』．芸団協出版部．

[11] 堀敬一・吉田あつし（1996）．「日本の銀行業の費用効率性」．*Japanese Journal of Financial Economics*, 1(2).

[12] 今井賢一・宇沢弘文・小宮隆太郎・根岸隆・村上泰亮（1971）．『価格理論Ⅰ』．岩波書店．

[13] 川島哲郎（1986）．『経済地理学』．朝倉書店．

[14] Keynes, J. M. (1936). *The General Theory of Employment, Interest and Money.* (PDF version), Kansas city: University. of Missouri.

[15] 北村行信（2005）．『パネル・データの分析』．岩波書店．

[16] 国土交通省（2019）.『旅行・観光消費動向調査報告書』.

[17] 小西葉子・西山慶彦（2009）.「セグメントデータを用いたサービス産業の生産性の計測」『経済論叢』. 185(2).

[18] 岩田暁一（1983）.『経済分析のための統計的手法』. 東洋経済新報社.

[19] 丸紅経済研究所・ラ・フォル・ジュルネ・オ・ジャポン事務局（2004/2019）.『ラ・フォル・ジュルネ・オ・ジャポン音楽祭効果分析報告書』.

[20] 松浦寿幸・早川和伸・加藤雅俊（2007）.「ミクロデータによる生産性分析の研究動向」. PDP *RIETI Policy Discussion Paper Series.* 8(7).

[21] 宮川努・滝沢美帆・金栄愨（2006）.「無形資産の経済学」『日本銀行ワーキングペーパーシリーズ』. 10(8).

[22] 内閣府（2005）.『平成 17 年度版　地域の経済 2005』.

[23] 内閣府（2016）.『文化に関する世論調査』.

[24] 根木昭・枝川明敬・垣内恵美子・笹井宏益（1997）.『文化会館通論』. 晃洋書房.

[25] 日本イベント産業振興協会（2019）.『イベント消費規模推計報告書』.

[26] National Arts Council. (2006). *National Arts Council Annual Report. FY2005/06.*

[27] 大森徹・中島隆信（1999）.「日本の銀行業における全要素生産性と仲介・決済サービス」『日本銀行金融研究所 Discussion Paper Series』.

[28] 大阪府（2007）.『大阪府自然災害総合防災対策検討（地震被害想定）報告書』.

[29] Penrose, E. (1959). *The Theory of the Growth of the Firm* (3rd ed.). Oxford: Oxford University. Press.

[30] 清水裕之（1999）.『21 世紀の地域劇場――パブリックシアターの理念，空間，組織，運営への提案』. 鹿島出版.

[31] 周防節雄・若松美黄（2003）.『文部科学省科学研究費報告　芸術・文化政策立案のための統計指標の開発と体系化に関する研究』.

[32] Throsby, D. (2001). *Economic and Culture*, Cambridge: Cambridge University. Press.

[33] 通商産業省（1957）.『昭和 32 年版中小企業白書』. 大蔵省印刷局.

[34] 宇沢弘文（1986）.『経済動学の理論』. 東京大学出版会.

第 6 章
文化芸術をめぐる新たな変化

本書執筆時（2021 年 9 月）の喫緊の課題は，コロナ感染症蔓延による文化芸術への多大な被害に対する保障措置とコロナ感染がある程度抑制された際の文化芸術活動のあり方である．文化芸術への支援措置は文化芸術団体・芸術家への直接支援と被害を受けた芸術家個人の生活を維持するための支援に分けられる．欧米諸国の事例をみるとヨーロッパは前者の救済措置に重きが置かれ，アメリカは後者の趣である．第 3 章で述べたとおり，アメリカは私的領域での文化芸術支援の規模が大きく，政府も個人への給付が主体である．その政策はアメリカ国家の成り立ちの歴史に負っている．ヨーロッパの国々は単一主権国家か連邦国家かによらず国家（中央政府，地方政府）の文化芸術団体・芸術家への給付である．アメリカは消費者サイドへの支援によって，個人の生活を維持し結果として文化芸術活動を消費の立場から再興しようとする．ヨーロッパは，文化芸術団体・芸術家への給付措置で，供給者サイドに立った支援である．日本は，供給者サイドの支援措置が文化庁・経済産業省で行われているが，消費者サイドに立った文化芸術団体・芸術家個人への支援措置はほとんどない．

以上，見るとおり今回の文化芸術へのコロナ被害の対策で日頃の日欧米の文化政策の特徴が浮彫りになった．政策行為自体は一定の行政制度を前提とした国民への介入の最適値を求めることに主要な目標があり，コロナのような従来の行政制度では対応が難しい事態に対して，行為自体が無力化する．欧米では前提事態の変更を認めた上で，文化芸術への新たな枠組みを構築して支援を行っている．以上の状況を検討しながら，本章の最後で日本の文化政策に欠けている点，その改善点，あり方について敷衍する．

6.1 コロナ下での芸術活動

6.1.1 文化芸術構造からみるコロナ蔓延ダメージ

コロナによる損失

2020年当初から蔓延し始めたコロナウイルスは，世界に多大な影響を与えることになったが，文化芸術の分野では人との接触が不可欠な舞台芸術に特に大きなものがあった．文化芸術でも比較的人との接触を避けられる美術は，インターネット活用による売買や展覧会も企画され，舞台芸術ほど影響は大きくなかった．**図6-1**は経済産業省が調査しているサービス業の活動指数の四半期年次別推移を示している．これをみれば2020年の第1四半期以降「劇場・興業団」「音楽・芸術等興業」は，2021年第1次四半期に最低の指数を記録しその後若干持ち直している．最低指数のときは4分の1から5分の1程度まで活動が低下している．一方でゲームソフト業・インターネット関連サービス業は活動指数の伸びは大きく，特にゲームソフト業はコロナ感染症蔓延の影響はほとんどみられない．博物館（美術館）活動は不明であるが，「学習支援業」に含

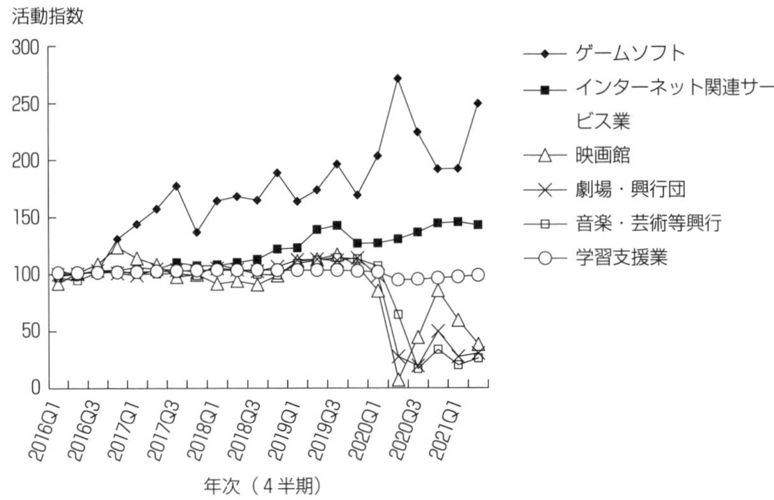

図6-1　サービス業活動指数の年次別推移

（出典）経済産業省（各期版）「第3次産業（サービス産業）活動指数調査」．

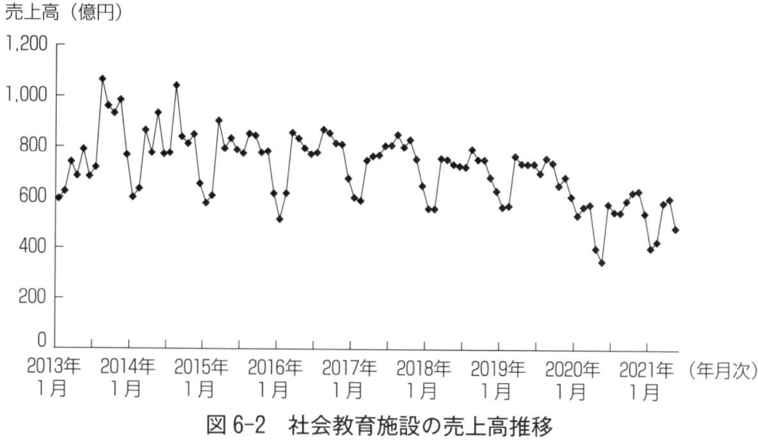

図6-2　社会教育施設の売上高推移

（出典）総務省（各年度）「サービス産業動向調査」.

まれているので，実演芸術活動ほどは余り低下していないとも考えられる．

そこで，総務省「サービス産業動向調査」によって最近の経済動向を見てみると，**図6-2**の通りである．産業分類「社会教育施設」には公民館，博物館（美術館），青年（少年）の家が含まれているが，博物館（美術館）の経済活動動向は大略知れる．売上高は季節動向の影響を受け振幅があるが，年間平均では次第に減少傾向であり2013年，14年には月平均800億円の売り上げが2018年，19年には700億円を下回っている．2020年当初からコロナの影響が出始め，2021年5月までで2018年，19年の平均と比較すると年間1,700億円程度売り上げが減少している．これは通常年の3カ月分の売上高に相当する一方で，雇用者数は一定でありアメリカのように従業員が，解雇されておらずほぼ維持されている．そのため，支出面での人件費など固定費が負担となり博物館（美術館）の経営が厳しい状況が見られる．

以下，コロナ被害の影響を博物館（美術館）の展覧会構造から検討する．

特異な美術展形式

展覧会の開催状況をみれば，海外からの作品借用による展覧会は中止が多い一方で，国内作品あるいは自ら所蔵する作品での展覧会はほぼ開催されている．つまり，企画展と称する作品借用型展覧会はコロナの影響が大きかったということである．自らの所蔵品で展覧会を開催する常設展はなぜ日本では少なかったのであろうか．これには日本特有の美術館・展覧会行政の歴史がある．国立美術館の設置運動は明治時代からあったが，日清・日露の戦争経費捻出や行政整理のため設置運動は実らず，北九州の石炭商・佐藤慶太郎の寄付によって1926年に東京市美術館が設立されたのが国公立博物館の嚆矢である．佐藤の希望もむなしく東京市美術館は所蔵品を持たないギャラリーとしての機能しかなく，美術団体の展示場として開館した．その後も国立美術館構想は提唱されるが，政府予算の流産などもあって国立美術館設置はなかった．このように，戦前は日本では所蔵品を展示させる常設展の開催可能な大型美術館は国公立にはなく，東京市美術館も展覧会場としての美術館であった．

戦後は，経済成長に伴い所得の向上や自由時間の増大によって，博物館（美術館）の利用者が急増，また西洋美術品への関心も高まった．戦前から美術界と繋がりのあったマスコミ（特に新聞社）は，海外の美術情報の入手・海外の博物館（美術館）との接触・外資の獲得などで通常の博物館（美術館）に比べ展覧会開催には有利で，自ら企画する美術展を百貨店の会場を借りて行った．百貨店は集客の点では立地が有利であること，百貨店も商品購入を美術展来訪者に期待したことからマスコミ企画・百貨店美術展が頻繁に開催された[1)]．

1960年代半ばになると公立の美術館が多く設置され，それまで百貨店が美術展示場であったのが，公立美術館もマスコミ（新聞社）企画の展覧会会場となる．このマスコミ（新聞社）主催の美術展は展示企画や展示作品の準備など美術展のロジスティックスはマスコミ（新聞社）が行うので，百貨店は開場のみ貸し出せばよい．しかも美術展関連商品販売・来訪者による百貨店の商品購入，百貨店が売り出す美術品購入者層の把握など百貨店側にとって魅力のあるものでもあった．その後，一部の百貨店は文化事業に乗り出し百貨店内に美術館を設置，積極的に美術展を開催した[2)]．戦後百貨店が展覧会を行う契機となったのは，明治後半から美術品販売を行う経緯があったからで，その先鞭としては高島屋・三越が「美術部」を設け作品販売を行っている．美術品を展示する商業画廊としての嚆矢は1910年に高村光太郎が開いた「琅玕堂」であるが，美術品を展示する場所であり美術品を広く販売するものではなかった．その後，ヴィーナス倶楽部（画家・木村榮一），田中屋美術店（美術評論家田中喜作），港屋（竹久夢二）など作家・美術関係者が店を開くが，多くは数年で閉店しそれらは営利的商売を行う画商ではなかった．

美術作家とコレクターと仲立ちをする画商は，ヨーロッパでは19世紀中頃以降制作依頼・作品売買・美術顧客把握などで重要な機能を持つようになった．日本では画商としての営利的美術品販売店の設立は遅れ，昭和初期になって銀座に特定の美術作家と独占販売契約で制作依頼と販売を行った画商が開店している．もちろん江戸時代から骨董商・道具屋はあったが画商とは区別されていた．画商が特定の作家の展覧会を開催し作家・コレクター・一般市民との接触・情報交換を行うといったヨーロッパのような画商の設立は遅れたため，百貨店がその機能を果たしたともいえよう．百貨店には美術品を販売する担当部署として「美術部」が通常置かれるが，高島屋が1909年に設けたのが日本では初めてである．美術部設置の目的は美術品販売にあったのでなく，高島屋が所有する当時の現代作家作品の回覧展示に狙いがあった．その後，百貨店美術部は美術作家と購買層との仲介を行いその作品の質を保障する商売を行ったが，そのビジネスモデルは美術作品に贋作が多いことを考え，作品の質を保障することで美術作品購入者層の評判を呼んだ（高島屋美術部80年史編纂委員会編（1992）『高島屋美術部80年史』などによる）．元来百貨店美術部は美術品を経済財として販売するための部署である一方で，美術品のもつもう1つの性質である芸術性（作家の芸術思想の表象）を損なわないよう展覧会を行いその場で美術品を売却するシステムを採用した．単なる商品ではないということを強調するため，価格を明確に表示しないといった工夫も行われた．恒常的な展覧会が開催可能な場所が百貨店内に設置されると百貨店美術館となる．

大衆を対象とする美術展は，1727年のフランス王立絵画彫刻アカデミーが会員の美術品を一般の大衆に無料で展覧させたのが美術展の始まりである．これが常設展示を行うルーブル美術館設立へと繋がっていくが，一方では美術展は美術作家と一般大衆との仲介役を果たす機能をもつ．美術展は美術作家として購入者・コレクターとなりそうな来訪者に対して自らの作品で技量をアピールする場ともなったのである．このような美術展は19世紀に入ると王侯貴族のパトロンを失った美術作家にとって貴重な売り込み機会として頻繁に開催されるようになったが，同時に画商も登場している．このように美術展の歴史からみれば美術館展覧会は基本的に所蔵する作品展示であったのだが，日本では常設展示が行える国立の美術館の設置が遅れたこと，百貨店での非常設美術展，戦後のマスコミ（新聞社）による海外美術品賃借型展覧会開催が歴史となり，作品借用型展覧会が美術展の形態として定着していた．百貨店を会場とするだけでなく，国公立の大型美術館が増加してくるとマスコミ（新聞社）が企画・

主催する展覧会が博物館（美術館）を会場に行われるようになった.

日本独特のマスコミ（新聞社）が美術展覧会を企画主催するようになった要因は，明治期の内国勧業博覧会への異常に熱心な報道合戦での新聞社の姿勢に求めることができる．それだけでなく，当時の文化人（森鴎外，高山樗牛，夏目漱石，戸山正一，長谷川天渓）が美術雑誌・総合雑誌のみならず新聞紙面上で批評を行い，美術記事が相当のスペースで報道され，美術界と新聞社とのつながりが密接となった事にもその要因があると考えられる．記者も美術記事を書き，大衆に対して美術を紹介した．新聞社は美術記事を通じて作品紹介と価値付け（作品の経済価値評価）を行い，新聞社自体が作家・批評家・美術記者を媒介する場として機能していたのである．戦後の高度経済成長による所得と自由時間の増大は大衆を美術展に呼び寄せたが，一方で受け皿となる公立美術館の絶対数が不足しかつ所蔵作品が貧弱であったので，その美術館の代替機能としてマスコミ（新聞社）・百貨店による展覧会が行われたといえる．百貨店としては購買層の拡大を目指すため，マスコミ（新聞社）による美術報道に期待したいところだが，マスコミ（新聞社）は戦前からの美術界との密接な繋がりから自ら展覧会を企画し百貨店に売り込みを行った．観客動員のためには海外からの有名な作品借り上げが必要なところだがその借り上げ経費・保険料捻出のため，大型展覧会を開催しチケット料収入を可能な限り多く獲得することが常態化した．展覧会は舞台芸術と同じで初期投資は大きいが可変費用は初期投資に比較して非常に小さく，費用逓減産業（装置産業：鉄道・電力・通信）と同じである．舞台芸術では大型劇場でリピート（ロングラン）を行い，初期投資を早めに回収する．たとえば商業演劇の宝塚歌劇では東洋一といわれた大型劇場を用い一度に多くの観劇客を入れ，劇団四季ではロングラン公演を行っている.

マスコミ（新聞社）は，戦前からの美術界とのつながりを伝として，戦後も百貨店・博物館（美術館）を会場に多くの美術展企画ものを提案・実施してきた．マスコミ（新聞社）自体は展示品を所有しているのではないので，他の所有者から借り受けることになる．1960 年代から大型の展覧会が多くなるが，「客寄せ」のため海外の有名美術品を貸借して展覧会が行われた．有名なのは「ミロのヴィーナス特別公開」（西洋美術館：1964）「ツタンカーメン展」（東京国立博物館：1965）でミロ展は 38 日間で 83 万 1,198 人入場し 1 日当たり 2 万 1,873 人，ツタンカーメン展は国立博物館以外の京都市美術館・福岡県文化会館も含めて 295 万人入場，1 日当たりは 2 万 5,200 人と相当の混雑であった．国立美術館（東京国立近代美術館，京都国立近代美術館，国立西洋美術館，国立国際美術館）の合計の入館者数は，**表6-1**の通りである．これはコロナ感染症蔓延以前の通常年の入場者数推移であるが，開催日数・開催回数・入場者数においても企画展の方が所蔵品展より多く，6から7割程度企画展が占めており，企画展無くして入場者数の増加が見込めないことを示している．2016年度から国立美術館は独立行政法人化が行われ，入場数が評価項目のトップとなり国からの交付金を増加させるためには企画展ははずせない状況である．開催日1日当たりの入場者数を見ても所蔵品展の1.7から2.2倍程度である（**図6-3**）．

国立西洋美術館は印象派など絵画・彫刻を中心とする松方コレクションが元になっているため所蔵品が多いこともあり，他の美術館と比べて常設展が充実している．しかし企画展では常設展以上の入場者数であり企画展では朝日・読売が主催者となっているケースが多い．1980年代後半のバブル時代になるとTV局が新聞社とともに共催するようになってくる．たとえば，2018年度の国立西洋美術館企画展は4回開催されているが，読売新聞が2回，朝日新聞社・東京新聞各1回，放送局として，NHK 2回，TBS・日本テレビ各1回となっている．所蔵品を所持しない国立新美術館では企画展が11回と非常に多

表6-1　企画展・所蔵品展の入場者数等の推移

	年度	2015	2016	2017	2018	2019
所蔵品展	開催日数	1,120	1,168	1,222	1,200	1,155
		39.9%	39.5%	43.7%	44.0%	43.4%
	開催回数	20	20	20	22	24
		36.4%	36.4%	39.2%	39.3%	45.3%
	入場者数	662,246	1,148,659	1,252,992	1,461,016	1,130,347
		24.9%	26.9%	26.0%	31.5%	31.3%
企画展	開催日数	1,689	1,792	1,576	1,529	1,507
		60.1%	60.5%	56.3%	56.0%	56.6%
	開催回数	35	35	31	34	29
		63.6%	63.6%	60.8%	60.7%	54.7%
	入場者数	2,000,181	3,126,783	3,560,396	3,182,003	2,477,730
		75.1%	73.1%	74.0%	68.5%	68.7%
合計	開催日数	2,809	2,960	2,798	2,729	2,662
	開催回数	55	55	51	56	53
	入場者数	2,662,427	4,275,442	4,813,388	4,643,019	3,608,077

（注）各欄の%は，合計を100%とした割合．
（出典）国立美術館機構各年度版『事業報告書』．

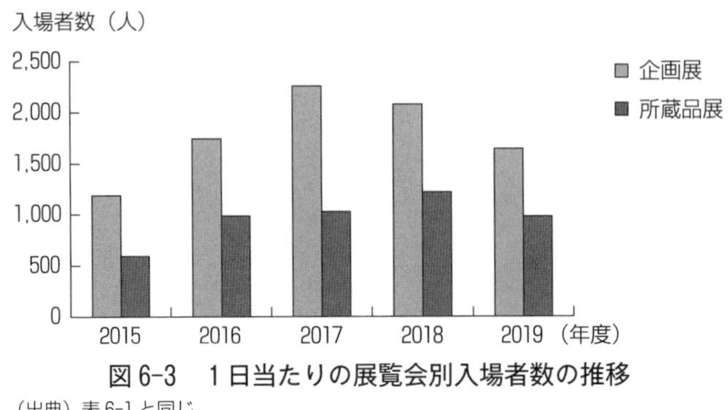

図 6-3　1 日当たりの展覧会別入場者数の推移

（出典）表 6-1 と同じ.

く，主催者として日本経済新聞が 3 回，読売新聞・東京新聞各 1 回，集英社 1 回，日本テレビ・東京テレビ・TBS 各 1 回となっており，西洋美術館に比べ企画主催の老舗である朝日新聞・読売新聞の関与が少ない.

美術へのコロナ被害を乗り越えるために

日本の博物館（美術館）は戦後マスコミによる大量動員型企画展によって経営基盤を築いてきた．美術展の企画主催は新聞社が先鞭をつけたが，バブル経済時代からはテレビ局が参加し始めた．TV は新聞以上即時的大量情報伝達手段をもちマスマーケティングに長けている．マーケティング的に大衆受けしやすい「教科書的」な作品を海外から持ち込み，大量動員を果たすことによって展覧会経費を賄った．そこでは，質の高い作品は少数でよく他の作品は同時代や弟子筋などの目玉作品より劣る作品が展示された．海外の著名な作品は貸し出しに相当な条件が課されるし輸送保険料も高くなる．マスコミ（新聞社・TV 局）主催の展覧会は，自社の文化芸術への理解を大衆に訴えるためにも，新聞社・TV 局主催も展覧会は有効であった．このようなマスコミ主催大量動員型展覧会のビジネスモデルが，コロナ感染症蔓延化では博物館（美術館）の経営を大きく損なうことになった．コロナ感染を防止するためには人の接触を避け，人的密度を下げる必要がある．大量動員型展覧会では博物館（美術館）内は高密集であり，コロナ感染防止の立場からは望ましくない．防止のためには野外展か，入場制限によって人的密度を下げる必要がある．

さらに，別の展覧会形式がコロナによる被害を被っている．元来インスタレーションは特定空間内におけるストーリーを作ることにある．インスタレーション製作にかかわる人たちは，単数でも多数でもプロ芸術家でも素人が参加してもよい．インスタレーションのような一般大衆が多数集合して空間内に作品を作り上げる過程は，アートプロジェクトとして2000年以降日本でも地域活性化策の1つとして行われている．多様な住民・来訪者が集合して作品を作り上げるのでアートプロジェクトによる参加者同士のコミュニケーション自体が1つの芸術的価値として取り上げられることもある．今回のコロナ感染症は人の集合と口頭でのコミュニケーションを避けることが重要で，その点からアートプロジェクトは危機的状況に直面している．

逆に人の接触を避け換気をよくするという視点をモチーフに2020年にはコロナ感染症蔓延下で換気をテーマした展覧会も開催された．国際芸術センター青森（ACAC）における「SIDE CORE」主催「EVERYDAY HOLIDAY SQUAD」展であるが，この展覧会は現在のコロナ感染症蔓延に対する風穴を開けるということも意味している．これはコロナ感染症予防に対しての美術界からの1つの回答であるが，実際的な博物館（美術館）の対応としては，経営的な観点から固定費の高い展覧会のチケット料を高めに設定することが行われている．実際に2021年度から国立博物館のチケット料が上げられている．東京国立博物館は2020年10月から11月にかけて開催された「桃山　天下人100年」展ではチケット料を2,400円としている．この金額は国公立博物館（美術館）としては異例の高額で，コロナ感染症予防のため入場制限を行う関係上チケット料を可能な限り高価格にしたのであろう．**表6-2**には東京国立博物館の特別展の目標入場者数・実績数およびその達成度を示した．2019年度まで達成度は順調で目標数が増加しているにもかかわらず実績数も目標以上に増加したため，達成度が200％程度で推移していた．しかし，2020年当初から蔓延し始めたコロナ感染症のため緊急事態宣言による入場者制限により特別展自体の開催が中止になったものも多く，100万人を超える目標に対して2020年は約6分の1の実績しかなかった．

表6-2　東京国立博物館特別展の目標値・実績値推移

	2016	2017	2018	2019	2020
目標	660,000	720,000	725,000	850,000	1,070,000
実績	1,145,938	1,539,405	1,153,452	1,557,980	174,638
達成度	173.6%	213.8%	159.1%	183.3%	16.3%

（出典）国立文化財機構各年度版『自己評価書』．

コロナによる社会経済の被害・影響が現時点では見通せないので，装置産業で費用低減型経済主体である博物館（美術館）は早晩チケット料値上げか，初期投資額の減少が必要となる．初期投資の削減策としてもっとも有効なのが海外美術館などからの作品を借りだしてくる引っ越し型の展覧会の中止である．海外の博物館では，任意の寄付チケット料であったアメリカ自然史博物館（American Museum of Natural History）は，2020 年 9 月からのチケット料を固定料金化し大人チケット料は 23 ドルとなった．東京国立博物館と同じく入場日時予約も WEB で行うほか，固定費削減のため職員 1,100 人の半数が解雇されたという．メトロポリタン博物館・グッゲンハイム美術館も職員解雇を考えている．日本では職員数はコロナ感染症蔓延以前と以降ではほぼ一定で解雇までは進んでいない．英国博物館協会（UK Museums Association）は 2021 年 3 月時点でコロナ被害により加盟博物館で約 4,000 人解雇されたと発表している．また博物館のリストラのため部門の統合廃止が行われつつあり，収蔵品研究・展示のため問題が生ずるだろうといわれている．さらに，メトロポリタン美術館のように収蔵品売却で経営危機を乗り越えようとしている美術館もアメリカでは見られる．

一般社団法人「芸術と創造」が行った世論調査（「新型コロナに関する公的支援」2020 年 6 月発表：対象 1 万人）によれば，コロナ感染症蔓延下での公的支援対象は「医療・福祉・介護」「防災減災」「子育て」が多く，「芸術支援」は非常に少ない（複数回答で，上位 3 位は 35%以上であるが，芸術支援は 5.5%）．海外においても第 3 章で述べたように「文化芸術支援」は人気のない支援先である．このような風潮を考えれば博物館（美術館）に対して優先的に公的支援を行うことは困難であろう．博物館として WEB 活用型の展示品情報の発信は，海外国内を問わず行われている．美術品と直接接する行為により芸術品を観賞する経験蓄積がある上に，従来の博物館所蔵品は WEB 技術による作品展示には向いていない．博物館（美術館）の所蔵品は，直接鑑賞向けに創造された作品ばかりである．一部の作品のみが WEB 技術に親和性をもつ．WEB によるヴァーチャル的鑑賞スタイルは作品と物理的空間を共有する特別な鑑賞空間を凌ぐだけの優位性を持たず，WEB 鑑賞は限定的あるいは広報的理由しか機能しない．WEB を通じたヴァーチャル鑑賞は，現時点ではスマホ・PC の小さい画面を通じての鑑賞であってどうしても平面的に作品を鑑賞する．博物館（美術館）の鑑賞空間をヴァーチャル的に構築する環境 3D 化アプリケーションがないと博物館（美術館）外での博物館（美術館）と同等の鑑賞経験はできない．もし，ヴァーチャル空間上に博物館（美術館）が開館できれば，その空間に鑑賞者自らが参加することにより 1 つのアートプロジェクトになり得る．ヴァーチャル博物館（美術館）は WEB 上の仮の空間であるが．その空間に現実社会の博物館（美術館）をリンクさせることによってヴァーチャル・リアルの両作品に接し鑑賞機会の量的質的確保が可能となる．ヴァーチャル・リアル双方の作品が融合し従来にない美的経験を喚起させる可能性は高い．

1997 年に NTT 東日本が東京オペラシティタワー内にメディア・アート作品を展示したヴァーチャル美術館（NTT Inter Communication Center：ICC）を設置している．それから WEB 環境・IT・AI 技術は相当進展したが，その後にヴァーチャル美術館が増加しなかったのは従来のリアル展覧会による鑑賞経験を超えることができなかったからであろう．現在世界レベルで構想されているスマートシティ構想は，都市 OS で都市機能を WEB で結び機能の最適化を図ろうとするものであるが，その都市 OS 上に博物館（美術館）をリンクさせれば，従来にない芸術作品の鑑賞機会の充実と鑑賞による美的経験の質的展開が図られることは大いに予想される．

6.1.2　人流抑止による舞台芸術活動の氷結

舞台芸術への大きい影響

舞台芸術，特に音楽（クラシック）は数年前から演奏会の予定を組むため，今回のようなコロナ感染症蔓延による演奏会の延期・中止は主催者にとって事後処理が難しい．チケットの前売り自体が演奏会の 1 年から 6 カ月前から売り出されるため．すでに売り出されたチケットの払い戻し資金が活動経費として使用されている．そのような事態を避けるため，2021 年開催の演奏会用前売りチケット券が売り出されていない事例が多い．演奏会主催者と国・地方自治体とのコミュニケーション不足も目立った．開催数カ月前に演奏内容を決め始める東京丸の内の「ラ・フォル・ジュルネ・オ・ジャポン」では 2021 年は開催する予定であった．ところが突然の都からの要請で中止せざるを得なくなった．スポーツの試合ではオリンピック・パラリンピックを始め高校野球も無観客観戦で開催されたが，それとの比較で政府から舞台芸術も無観客で可能ではないかとの提言もあったようである．実際，2021 年 5 月に 4 都府県に出された緊急事態宣言では舞台芸術の無観客開催が要請されていた．無観客での開催を考え，WEB 活用のライブストーリーミングが増加した．ライブストーリーミングは 2000 年に入ってから音楽鑑賞の新しい方式として日本以外では相当定着している一方で，日本ではノンライブの音楽鑑賞は伝統的に CD 鑑賞である．ライブストーリーミング中心のアメリカでは 2020 年にストリーミング売り上げが 101 億ドルにものぼり 10 年間で 20 倍以上に伸びている．2020 年ではサブスクリプション型ストリーミングは 70 億ドル（録音済み），ライブ配信は 7 億 2,400 万ドルと非常に大きかった．そのため，コロナ感染症蔓延下においても音楽業界は売り上げ利益とも最高であった．その影響からか，CD などの録音版による売り上げ・利益は前年と比べほとんど変化せず 11 億 3,900 万ドル程度である．日本でのライブ配信での唯一の成長はポップス関係のリピート配信であった．ピア総研によれば日本のライブ芸術市場は 2011 年から順調に伸びてきたが，2020 年は 1,106 億円（内音楽は 589 億円）と 2019 年の約 6 分の 1 に低下している．また CD などの録音盤の売り上げは 2012 年を頂点に毎年減少し 2020 年は約 1,300 億円となった．

文化芸術団体・劇場の売り上げを俯瞰的にみると，毎年 9,000 億円程度あったのだが，経済産業省「第 3 次産業活動指数調査（2021 年 8 月発表）」「2020 年経済構造実態調査」等から推定すれば，2020 年当初から 2021 年 6 月までで約 1 兆円程度（年間売り上げ相当）減少した．博物館（美術館）に比べると文化芸術団体・劇場・興業団は営利企業が多くコロナによる経営損失も大きくスタッフなどの解雇も目立った．アメリカではメトロポリタン歌劇場が所属する楽団員やコーラス歌手・舞台スタッフらを一時解雇したため，2020 年には，2019 年と比べて，舞台俳優では 5 万 2,620 人から 4 万 4,460 人へと 16%減少，同じくダンサーは 9,690 人から 7,370 人へと 24%の減少，ミュージシャンも 4 万 1,130 人から 3 万 4,470 人へと 15%減少しているなど，実演芸術家の就業環境が悪化した（U.S. DOL（2021）. Occupational Employment and Wage Statistics）.

イギリスのデジタル・文化・メディア・スポーツ省に提出された舞台芸術関係団体（SOLT, UK Theatre）によるコロナ感染症による舞台芸術被害状況は[3]，経済的損失として 12 週間ではチケット料収入：1,488 万ポンド，興業収入：55 億 6,600 万ポンド，それに加えて 2 次被害（劇場賃貸料収入，劇場の保守点検，レストラン・バー・カフェの売り上げ，劇場関連イベントチケット料の払い戻し事務費など）が挙げられている．それ以外に演劇の急な中止のために再開までの稽古・脚本の保存・俳優の生活・熟練舞台技術者の他産業へ流出・見習い俳優のための練習・稽古への負担・寄付金の減少（コロナ治療のため，従来に増して医療への寄付が増大し文化芸術は減少），劇場が呼び込む観光客の消費経済活動の減少による損失が上げられている．このような被害は日本も含めどの国でも同じである．劇場は経営損失による経営危機回避のため従業員に給与の減俸を求めており，従前の80％程度の所得を得られた従業員は少なく，大半は80％以下の所得となった．チケット料の払い戻しは劇場経営にとって負担でありチケット料の寄付金扱いの要望もあり，これは財務省がただちに "Gift Aid" とし所得控除可能となった．日本では，公私を問わずに結成された「緊急事態舞台芸術ネットワーク」が劇場での鑑賞マナーの自主的取り決めを行い，劇場経営危機に対しての政府給付金の陳情や舞台芸術関係者への生活保護などの提言を行っていたが，チケット料寄付については一定額まで所得控除可能な指定寄付金扱いになった．

舞台芸術活動へのコロナ対策の検討

OECDは2020年9月に加盟国の文化産業（印刷，レコード，出版，ソフトウエア製作，動画，TV・ラジオ，芸術，娯楽・興業，博物館（美術館），その他文化活動）および観光業に対するコロナ感染症蔓延による被害について報告（Culture shock: CVID-19 and the cultural and creative sectors）を出している．それによれば，文化産業は範囲の特定が困難なため狭く解釈されることがあるので，コロナ被害も低く見積もられるという．韓国・フランス・ノルウエーの首都は文化産業割合が高いので直接被害だけでなく波及効果も大きかった．特にソウルでは文化産業の60％がソフトウエア関連産業なので都市経済への影響が大きかったが，ロンドン・ニューヨークは文化産業の集中度が高く，雇用者への影響が大きかったといわれる[4),5)]．文化産業の特徴としては大規模産業と密接に関連する零細企業・個人とで業界が成り立っていることであり，サプライチェーンが通常の産業とは異なっていることである．特にフリーランスの起業家・製作者・芸術家・クリエーターが多く，彼ら同士も相互依存型ネットワークで結びつけられている．OECD報告によれば，自営業の割合が他産業に比べ多いことで，たとえばオランダ・イタリアでは全文化産業の約半数を個人自営業の生産が占めている．ニューヨークでは演奏家・俳優・ダンサーは半数以上が自営業であり，健康保険・失業保険・福利厚生を受けられないという．さらに，彼らはスキルが仕事の核であるため，人的能力投資が必要であるがそれらは人的ネットワークで磨かれることが多い．政府支援は雇用者向け支援が多く個人として得られる支援は少ない．今回の被害は文化産業への投資を減少させることになるという[6)]．

以上のOECD報告やフロリダのコメント（Lost art: Measuring COVID-19's devastating impact on America's creative economy）などを参考にして，日本のコロナ対策を検討してみよう．コロナ感染症蔓延による国民への支援は，生産者ベースと消費者ベースに分けられる．劇団・興業団，博物館（美術館），芸術家への支援は生産者ベースであり，鑑賞者のチケット代寄付控除は消費者ベースの支援である．

OECD報告にもあるように文化芸術に携わる人たちは，大規模産業に雇用されている人は非常に少なく経営規模も小さく個人事業主が多い．経済産業省「特定サービス産業調査」によれば，OECD定義の文化産業（印刷，レコード，出版，ソフトウエア製作，動画，TV・ラジオ，芸術，娯楽・興業，博物館（美術館），その他文化活動）のうち「博物館（美術館）」を除く産業全体で事業所規模別では4人以下の事業所数では49%であるが，雇用者数では4.6%，年間売上高では3.0%と個人事業・零細企業が多い．そのため1事業所当たりの売り上げも産業全体平均では約7億円であるのだが，4人以下の事業所は4,200万円に対して100人以上では100億円を超えている．特にソフトウエア・新聞関連は大規模事業所が多い．劇場・興業団・文化芸術団体では6割が4人以下の事業所である．売り上げも他の文化産業より1桁小さく4人以下の事業所では9,500万円，平均売上高も5億円と文化産業全体より小さい．第5章で既述したように，大規模事業所と小規模事業所の1事業所当たりの売上高乖離が大きく100人以上の事業所は4人以下の事業所の132倍もあるように，経済の二重構造が存在しているのが特徴である．このような産業構造を見ながら，コロナ対策を立てねばならないが日本の救済策は，以下の通りである．

文化芸術団体（供給者）支援は，コロナ感染症蔓延による公演・展覧会などのイベント被害への支援措置，コロナ対策としての施設整備補助，文化芸術鑑賞機会確保のための助成である．消費者への支援として，チケット代金寄付による寄付税制適用措置である．そのほか，一般的な経済危機対策（雇用確保・中小零細企業経営支援），個人向け融資である．このうち，団体向けイベント保障は支援額も大きく申請数も多くなっている．文化芸術に従事する者は中小零細個人事業主が多いのが特徴だが，それに限った支援措置はない．一般の経営主体と同じ並びである．

OECD 報告・イギリス下院報告（Covid-19: Impact on the UK cultural sector）では，文化産業の成長率は他の産業より大きくその他産業への波及があるものの従事者は個人・零細企業が多くかつ雇用契約上不安定な立場にあるケースが多いのでそれに見合った文化産業対策が必要と述べている．日本の文化産業規模・他産業波及度については明確な統計データが存在しないが，一部第5章で既述したとおり他国のように波及度は大きいものがあった．日本の文化芸術に対する支援制度は文化芸術に特定した特質に沿った支援でなく，一般的な支援枠組みの中での支援である．一方で，経済産業省も認める生産性の低い飲食業観光業[7]に対しては一律の休業補償が行われている．文化芸術団体が行う支援も団体への経営支援でなく中止・延期・縮小されたイベントなどへの保障に近い支援であり，文化産業の二重構造に着目した弱者救済ではない．

また，消費者への支援措置として中止となったチケット代金の還付を受けず当該主催団体へ寄付すれば，寄付金扱いとなる租税特別措置は，コロナ被害のためイベントが中止された際のイギリスの Gift-Aid に一見類似している．イギリスでは元来イベント中止による代金を主催者（多くは自演団体）寄付することは Gift-Aid の適用がなかった．今回の非常事態によって中止されるイベントが多く主催団体がその代金請求によって経営が困難となる事態が多発したことから，2021 年 4 月に財務省が Gift-Aid 適用としたものである．日本のチケット代金寄付による寄付制度では，チケット代金の放棄期間は 2021 年 2 月から 2022 年 12 月までであり，対象とされるイベントは政府からの要請により中止を行ったもので文部科学大臣指定のイベントに限定される．代金還付を受けない場合合計 20 万円まで寄付金控除（所得控除または税額控除の対象）になるが，寄付金控除は所得控除か税額控除の選択制で所得控除の場合は寄付金額×税率，税額控除の場合は寄付金額×40％分（それぞれの額から 2,000 円を除外）である．Gift-Aid は寄付金額とその寄付金額相当税額を慈善団体が受領できる制度である．寄付額の限度が寄付年度の税額の 4 倍までに限られる．慈善団体は寄付額と寄付額課税相当分を合わせた額が寄付金収入である．法人が同様にチケット代金を放棄した際は，主催者が取引先であること，コロナ被害の復旧の目的があることなどがあれば，寄付金以外として損金参入可能でありそれ以外のときは寄付金として損金算入される．個人と法人では所得控除額，法人所得額への寄付金参入額が異なっている[8]．所得税・法人税で同じ寄付について控除枠が相違していることについて，法人・個人間の公平性の観点から問題視する向きもあろうが，「教育，文化，スポーツ，科学技術・学術等の振興を図る」ために寄付金税制が行われてきた経緯からみれば，今回のコロナ被害による寄付金制度の創設（というより，寄付金扱い）はなじみやすい制度であり，イギリスの Gift-Aid 対象の下院での議論も同じであった．

6.2 これからの文化政策
――欠けているものと今後の方向――

6.2.1 経済視点で考える文化政策

政策とは，個人・団体・公私を問わない主体が，自らの欲するところを求めるための計画とあるいは幅広くその一連の実行過程を意味する．第2章で詳述したように政策指向は，行政の政治との関連国家対国民の関係を忘れさせ，与件として政策遂行させる．現在政府で実施されている政策は input-output モデルという物理学的な手法を取り入れているので，社会現象の連続性とその一連の現象の連鎖に経験的あるいは理論的法則性を見出し，その法則性を使用して未来を予測し因果関係（関連性）を見出そうとする．その事象の把握には多くは数量的計測を用い，その法則性に従って投入物質で作用させる対象物を変化させ，その結果と当初の目標との比較考量の上試行錯誤で目標に接近するまで資源を変化させて投入する．このとき，対象物の把握と資源投入後の変化の度合いについて，定量的観測を行うが，これは内容の変化をある実数に変換しているわけである．その変換の方法が適切でないと測定し対象物を把握できない．対象物をどのように範囲に捉えるか，作用対象としての認識の範囲が重要である．

近年，国・地方をとわず行政の「透明性」が唱えられるようになり，「透明性」を通じて input と output の測定基準・測定値とその評価が公表され，そのことが「説明責任」とされている．自らの行為に責任をもつという態度が input-output 指標と評価で代替され，これが行政の透明性ということになっている．そこには社会事象を実数で示せるという仮定があり，文化芸術活動では価値観を含むため形而上のことが多く，形而下での数値把握は文化芸術の把握が難しい．

文化庁のHPでは種々の委託調査が掲載されている．この掲示欄は文化政策という項目に「ぶら下がっている」ので政策予算が使用されているであろう．政策についての評価は多岐・多方面・多様化価値によって評価されるべきであるが，委託政策調査は委託された団体の専門性・失費者の能力に限定されるので，可能な限り元データを付するべきである．基本的な行政資料である文化庁各予算費目・地方自治体の文化芸術経費・博物館（美術館）もほとんどはPDFでの公開であり，デジタル情報ではない．特に時系列データ（パネルデータ）のセットがなく，外部の研究者が利用しにくい環境にあり，文化芸術活動を経済学的な視点から検討するためには非常に苦労する．経済関係資料のようにパネルデータ整備が必要で，現時点のデータをデジタル化するのは委託調査にかける経費よりかなり少ない経費で可能であるし，文化政策検証に十分貢献する．他省の委託調査・研究会資料に比べて第三者が再度追跡評価可能な委託調査になっておらず，本書の第4章でも指摘したが文化予算の国際比較は国際的には（EU，イギリス，アメリカ，ドイツ）では，GDP比較が当たり前であって委託調査のような政府予算比較はほとんど見当らない．これは当然で1年間を通じて生産された付加価値の文化芸術への配分割合が政府文化芸術への優先度を決定づける指標にほかならないからである．文化芸術への配分割合を知ることが文化政策の第一歩である．

文化芸術を経済活動と関連づけて文化芸術で経済活性化を図ろうとする政策は，日本では21世紀に入ってから観光産業と連携づけることから始まったが，イギリス・フランスでは1980年代から意図的に行われている政策である．それはイギリス・フランスの観光産業の生産性が日本のように低いわけでなく，観光産業が地域の活性化・地域再生にとって重要な再生因子産業になっているからである．たびたび繰り返しているが，経済産業省も認めるように日本の観光産業・飲食業は競争が激しく（参入障壁が低い），中小零細企業が多く投資が少ないので今回のようなコロナ被害が大きいとただちに経営危機に陥るほど脆弱な産業である．イギリスでは文化芸術の包含するデザイン産業，メディア産業，IT産業と結びつけ，成長性の高い文化産業化を図っている．フロリダは"Our creative economy of arts, culture, design and entertainment is no mere luxury. It is one of the three key sectors that power innovation and economic growth. More than gross domestic product or economic power, the true measure of a nation's vitality and resilience is its cultural and technological creativity”（芸術，文化，デザイン，エンターテインメントの創造的な経済は単なる贅沢産業ではない．これは，イノベーションや経済成長を促す3つの主要な産業部門の1つである．国内総生産や経済力以上に，国の文化的および技術的な創造性の活力と回復力をはかるまさに尺度といえよう．（USA Today, 2020, 9, 10））といっている（筆者訳）．

日本でも文化芸術を文化産業として発展させるなら，経済産業省・総務省の関連部局やデジタル庁と合併した新省で対応すべきであろう．

6.2.2　美術市場・音楽市場の活性化は何が必要か

音楽市場は，日本は世界的に見て市場規模では2位であるが，2021年ではアジアで唯一市場規模が減少した．音楽市場はライブと記録媒体による2種類の伝達方式があるが，CDのような物的記録媒体（パッケージ）による伝達より，ネット環境・音源の高品質デジタル化の技術進歩によって非物的伝達（ダウンストリーミング・ダウンロードなどの音楽配信）が拡大している．日本では世界的潮流と異なり，音楽配信は市場として極めて少なく，音楽市場全体は年々縮小しているが，2020年の世界における音楽配信の占める割合は62%，CDなど物的な記録媒体市場が20%となっている．一方，日本は2,727億円（世界市場：2兆3,063億円で約11.8%のシェア）だが，音楽配信は22%，CD等は71%と世界の市場動向とは逆となっている．やはりCDは減少しているが音楽配信は増加しており，暫時世界的動向に近づいていくと考えられる．日本では音楽配信に見られる多売廉価ビジネスモデルより，レコード・CDによる高価格少数販売モデルであった．この現象はレコード・CDが世界的に見て売れやすい環境であったことも幸いしてレコード会社にとって利益が大きかったからに他ならない．日本は国内音楽市場として一定程度の規模があるため，一部の商品と同じく海外市場への展開が遅れ購買層・オーディエンス向けの類似の楽曲が作られてきたことも海外動向から外れた市場となった．

同じことは美術市場でも見受けられる．美術市場は音楽市場と異なり，市場規模は世界的に見ても小さい．現在音楽でも美術でも世界規模で売れる商品は「新規」（従来の芸術とは違った作品）がキーワードである．伝統芸能を重要視する国民性からか音楽美術でも伝統的保守的な作品が一定程度売れる市場があり，作家も市場に合わせて作品を作るので海外市場での動向から外れるようになる．

リオタールは近代化を支えた進歩・啓蒙が示す「大きな物語」が失墜したた

め，ポストモダン状況（マルチカルチャリズムはその前提）になったといったのだが，文化芸術でも芸術作品の価値も多様化し結果として作品価値を横並びで比較評価できる基準は経済価値しかなくなった．しかし，芸術作品と一般の商品とは違う．芸術作品を消費することはできない．一般の商品を消費するとは原価償却することであり，価値が次第に失われていく．芸術作品を消費するとはその事物自体は変化せず鑑賞することによって商品価値が減ずることもない．そのため，博物館（美術館）はアドルノが「墓場としての美術館」といったように，過去の芸術作品を保存・展示してその時々の鑑賞者に美的価値・作家の主張を繰り返し訴えることができた．劇場も過去の作品を俳優が演じオーディエンスに鑑賞させることができる点では博物館（美術館）と同じである．一般の商品と同じように芸術作品を扱うと芸術作品を手段として用いて目的として用いなかったとして批判される[9)]．

文化庁が2018年には「リーディングミュージアム」構想を提唱し，また2020年には河野太郎行政改革担当大臣が美術品等の海外からのオークション規模拡大を目的に，関税を留保したまま輸入した貨物を留め置ける「保税地域」でのオークション開催を発表した．2021年には「保税地域」の見直しが関税・外国為替等審議会において報告され，2021年には文化審議会において美術市場拡大の議論が始まっている．2021年3月には東京国際フォーラムの一部が「保税地域展示場」として国税庁の許可を受けてアートフェア東京が開催された．「保税地域」は外国貨物についての蔵置や展示ができる場所で，関税・内国消費税・地方消費税が免除される．「保税地域」でのオークションでは落札・アートフェア・ギャラリーでの販売美術品等はただちに海外に輸出されれば関税等の納付は必要ないメリットがある．いわゆる海外貨物の一時留保地域である「保税地域」を使用して美術品のオークションを開催しオークションの規模を拡大しようとする．

音楽市場は日本特有の音楽商慣習・音楽聴取態度の国民性もあり，海外市場から取り残されている面もあるが，市場としては世界2位である．一方，美術市場はアメリカ・中国が2大市場となっている．世界の美術市場は2009年には395億ドルであったが，その後毎年ほぼ500億ドルを超えており2019年は史上最高の644億ドルにもなった．2020年はコロナ感染症蔓延の影響もあって23％減の501億ドルとなった．市場占有率はアメリカがトップで市場も毎年拡大，2009年の29％から2015年に40％を超え2020年では42％とほぼ市場の4割を占めている．2位は中国で2010年から2011年にかけて急速に拡大したが，次第に市場規模が減少に転じ2014年からは世界市場のほぼ20%程度である．中国と同じ市場規模の3位のイギリスは非常に安定した市場規模を保っている．オークションの売り上げは176億ドルで市場の約3分の1を占めるが，コロナのためライブのオークションが減少したが，ネットオークションが拡大，特にネット売買が盛んな中国がネットオークション市場では1位となった．しかし，100万ドルを超える美術品の売買はネットでの売買は少ない．コロナのためアートフェアは60%が中止され売り上げも減少したが，富裕者層はアートフェアで購入した者が45%もいて，そのうち41%がオンライン・ビューイング・ルーム（OVR）を通じて購入している．2020年には画商画廊の売り上げよりは，ネット販売が上回り2019年の2倍の売り上げであった．オークションの派手さが目立つが，実際は購入者の80%は画商画廊から購入していた．今後はネットを通じたオークションの伸びる余地があり，いっそうネット売買が進展することが予想される．

美術品の二面性（芸術性・商品性）のうち商品性に注目すれば，日本の市場は2,580億円と世界市場の30分の1程度でほとんど取るに足りない規模である．1,000万ドルを超える高額美術品購入者層は，超富裕者層（3,000万ドルの資産を恒常的にもつ階層）に限られるが，世界的にみても日本の超富裕者層は世界の2%であり100万ドルの資産をもつ富裕者層でも6%である．超富裕者層と富裕者層の世界的分布と美術市場規模を比べると日本は富裕者層の割合に比べ美術市場が小さいことがわかる．文化庁も文化審議会において討議しており，富裕者層への美術品購入を働きかける手段を考えていると思える．

マクアンドリュー（Clare McAndrew）が“The Art Market 2021”で分析しているように，美術品の購入はその購入習慣や美術品への投資意識が必要で，日本にはそのような意識は少なかった．コロナ感染症蔓延からネットによる売買・オークションが増加しているがその中でも中国は非常に伸びそのおかげで世界第2の市場規模となっている．中国はIT，IoTなど国を挙げてのデジタル化を進めており，企業・個人での商品売買がネットを通じて行う習慣がすでに確立している．日本がネットを通じた美術市場の拡大を目論んでも世界市場からは取り残される懸念が強い．さらに，文化庁は現代アートが海外市場で注目を集めていることから日本の現代アートを海外へ売り込む「日本現代美術サミット」「現代美術振興支援機構」を企画したいようである．美術作品売買は国民性や慣習，さらには画廊画商を通じた美術売買制度によっているところが大きく，日本のそれが海外の美術売買制度と違ったビジネスモデルとなっていることは音楽市場と同じである．中国では「世界の美術品あさり」と2010年ころいわれたように，拡大した富裕者層が投資目的の1つとして美術品を購入した．不動産・株と同じく投資・資産運用の目的もあった．それは根底に21世紀になってからの急激な経済成長があり富裕者層の増加があったからである．日本の経済成長はほとんど鈍化しており，新たな富裕者層の拡大は少ない．先のアートフェア東京では売り上げが2019年の29.7億円から約1億円拡大し30.8億円と若干拡大した．コロナのため海外オークションに渡航できなかった日本の富裕者層がアートフェア東京で購入したと考えられる．転売目的・投資商品として美術品を購入するのも世界的潮流であるから，世界的レベルで美術品価値が上がる作品を生み出す工夫を考えることが必要ではないか．また，美術品は保存がその後の価値に大いに響く．美術品を低廉な費用で預かる倉庫業のような収蔵施設も必要である．文化庁の美術市場の拡大政策は現代美術作品の創作過程や美術学校のカリキュラム制度を修正しないで，美術市場の周りの環境整備のみに目が行っている．

現代アートはその表象によって作家の発想・アイデアを伝えるメディアといわれて久しいが，そのため一見理解不能な作品が予期しない新発想につながることが多いため欧米ではクリエイティブ産業の核となっている．これはアートが狭い美術界を離れ経済・社会に広がるきっかけを作っている．現代アートを展示・保全する博物館（美術館）も現代アートのメディアへの親密性を活かしてインターネットを通じた情報発信基地といわれるようになっている．現代アート作品では作品のもつ新規性・アイデアが重要視されるため，美的基準からの価値判断が困難で結果として市場価値で評価される傾向が強い．美術市場での高評価を狙い，作家も作品展示では創作情報の積極的発信や博物館（美術館），ギャラリーで入場者とコミュニケーションなどを行う「ドキュメンテーション」創作を作品創作以上に力をいれている．それは展示を企画するキューレータへのプレゼンテーションでもあり，マーケティング的な売り込みが盛んに行われている．一般市民もネット環境が整備されたため，従来のような会場設営を省略したネットを通じた趣味的な芸術作品を発表する機会が充実してきた．このような状況下ではプロの芸術家は一般市民との作品面での相違を際立たせ，作品価値を高めなくてはならない．1960年代に早々とワーツが指摘したように，芸術作品の価値創造は博物館（美術館），批評家，オークションハウス，有料コレクターが加わって行われる．本来個別の取引であった美術作品売買が大規模資本を擁するオークションハウスに取ってかわり，公開市場での取引となる．美術市場を世界規模にするためには，このような美術市場を拡大する要因が日本に存在するかどうかを見極める必要があろう．特に美術品購入の主要な目的に転売動機・投資動機があるが，投資先の対象の選択は，経済行動によるのであって資産配分の問題ともいえる．日本では美術品・宝飾品に対して資産を分散してきた歴史がない．また，1980 年代からのバブル経済で購入した美術品を，その後の経済低迷から企業経営が破綻・縮小し手放した経緯やリーマンショック後のオークション価格の低迷が美術品への投資を足踏みさせている．世界的常識では，現代アートは美術品の美的価値より経済的価値で考え投資財として購入しているのだが，日本がそこまで到達していないのは，ある意味健全な考えで現代アートへのリスペクトがあるのかも知れない．

注

1）終戦直後の 1945 年 10 月には毎日新聞社企画・日本橋三越会場の「在京美術家油絵・彫刻展」が開催されている．

2）西武美術館は 1975 年に開館し，1989 年には規模を拡大して「セゾン美術館」となったが，1999 年に閉館．新宿・伊勢丹美術館（1979-2014），横浜・そごう美術館（1985-），渋谷・東急 Bunkamura ザ・ミュージアム（1989-），東京・大丸ミュージアム（1990-），新宿・三越美術館（1991-1999），池袋・東武美術館（1992-2001），新宿・小田急美術館（1992-2001），千葉・そごう美術館（1993-2001），奈良そごう美術館（1989-2000）．

3）Written evidence submitted by UK Theatre and Society of London Theatre/Federation of Scottish Theatres/Creu Cymru/Theatre and Dance Northern Ireland.

4）2019 年ではロンドンの経済活動のうち 520 億ポンドを文化産業が占め，26 万 7,500 人を直接雇用しそのほかの文化関連産業（400 億ポンド）で 20 万 3,200 人が雇用されていた．2017 年にはニューヨークでは文化産業として 1 万 5,000 社（全労働者 23 万 1,000 人うち 6 万 2,000 人が自営業）ほどあり，民間労働者の約 5.4％を占め 1,100 億ドルの経済規模であった．

5）フロリダは 2020 年 4 月から 7 月までの 4 カ月で文化産業労働者 270 万人の雇用と産業規模 1,500 億ドルのうち，140 万人の雇用と 425 億ドルの経済活動が失われたと推定している．

6）映画・音楽などの中止・延期によって，著作権等の知的所有権使用対価が得られず，新しい作品を制作への資金が不足し事業継続が困難となる．イベント中止による作品販売ができなかった芸術家も同様である．

7）１人当たりの付加価値額（生産性）では，「宿泊・飲食サービス業」は「医療介護」と並んでサービス業の中ではもっとも低く，生産性のもっとも高い「情報通信業」の約３分の１，「卸売り・小売業」の約２分の１である．

8）法人税法による寄付金額の総額損金算入と個人の寄付金総額の限定枠所得控除の相違は，歴史的経緯によっている．法人税法では第二次世界大戦中に制度設計が行われ，戦争遂行のための寄付を促進する政府の意図があった．それまでは寄付金はすべて損金算入されていたが，戦争遂行のため企業所得への課税が強まり課税逃れで寄付が多用されたので，寄付金制度を設け一定額を損金限度額とした．所得税法の寄付金控除制度は1962年度税制改正で行われたもので，欧米の寄付金控除制度には限度枠が追いついていないものの逐次限度枠が拡大している．

9）1990年に大昭和製紙（現日本製紙）の名誉会長だった斉藤了英名誉会長はゴッホ《医師ガシェの肖像》(8,250万ドル）とルノワール《ムーラン・ド・ラ・ギャレット》(7,810万ドル）を落札したが，同会長が「死んだら絵を棺桶に入れてくれ」といい批判を浴びたケースを見ても，美術品が一般商品と異なることを示す．

参考文献

［1］浅野敞一郎（1997）．『戦後美術展略史』．求龍堂．

［2］Bourlès, L., & Nicolas, Y. (2021). *Analyse conjoncturelle du chiffre d'affaires de la culture au 1er trimester*. France: Ministere de la Culture.

［3］Colson, N. (2020). Arts industry assesses Covid damage. *NH Business Review*.

［4］CROW, T. E. (1985). *Painters and Public Life in Eighteenth-Century 132 Paris*, New Haven: Yale University Press.

［5］Danto, A. (2009). Andy Warhol. New Haven: Yale University Press.

［6］Gibson, D., V., Kozmetsky, G., & Smilor, R. W. (Eds.) (1992). *The Technopolis Phenomenon: Smart Cities, Fast Systems, Global Networks*. Lanham: Rowman & Littlefield Pub Inc.

［7］Guibert, G., & Hyde, I. (January 2021). COVID-19's Impacts on Arts and Culture COVID-19 *Weekly Outlook*.

［8］Gutmann, A. (1992). *Multiculturalism and The Politics of Recognition* Princeton, N. J.: Princeton University Press.

［10］初田亨（1999）．『百貨店の誕生　都市文化の近代』．筑摩書房．

［11］International Federation of Phonogram and Videogram Producers. (2021). *GLOVAL MUSIC REPORT*.

［12］Kinsella, E. (2020, October 5). It's Been Just Over a Year Since the Pandemic Swept the World. Here Are the Most Vital Stories We Published as It Unfolded. *artnet news*.

[13] McAndrew, C. (2021). *The Art Market 2021—An Art Basel & UBS Report.* from Art Basel Web site: https://www.artbasel.com/about/initiatives/the-art-market.

[14] Ministere de la Culture, France. (2021). *Covid-19: l'impact de la situation sanitaire sur le monde de la culture.*

[15] 並木誠士・吉中充代・米屋優編 (1998).『現代美術館学』. 昭和堂.

[16] The Recording Industry Association of America. (2021). *Mid-Year Music Industry Revenue Report.*

[16] World Economic Forum. (2021). *Digital Culture: The Driving Force of Digital Transformation.*

人名索引

〈ア　行〉

〈カ　行〉

〈サ　行〉

〈タ　行〉

〈ナ　行〉

〈ハ　行〉

〈マ　行〉

〈ヤ・ラ行〉

〈ワ　行〉

事項索引

〈サ　行〉

〈タ　行〉

〈ナ　行〉

〈ハ　行〉

〈マ　行〉

〈ヤ・ラ・ワ行〉

《著者紹介》

枝 川 明 敬（えだがわ　あきとし）

1955 年　香川県生まれ

1977 年　名古屋大学工学部応用化学科卒業

1977 年　旧文部省入省後，旧総務庁（現内閣府），旧科学技術庁（現文部科学省），文化庁にて勤務．埼玉大学大学院・政策研究大学院大学・国立情報学研究所の助教授，名古屋大学教授を経て，

現　在　東京芸術大学教授

経済学修士，博士（工学：建築学）

日本地域学会賞，日比科学技術振興財団研究奨励賞．文化功労者推薦委員，芸術選奨文部科学大臣賞などの選考委員を務めた．

主要著作

『文化芸術への支援の論理と実際』（東京芸術大学出版会，2015 年）．

『芸術文化の振興と文化財の保護』（共著，放送大学教育振興会，2007 年）．

『文化芸術の経営・政策論』（小学館スクエア，2004 年）．

Comparing Cultural Policy（共著，Altamila，2003 年）．

『新時代の文化振興論』（小学館スクエア，2001 年）．

『美術館政策論』（共著，晃洋書房，1998 年）．

『文化経済学』（共著，有斐閣，1998 年）．

『文化会館通論』（共著，晃洋書房，1997 年）．

『文化政策概論』（共著，晃洋書房，1996 年）など．

文化政策の論理と芸術支援の実際

2022 年 3 月 20 日　初版第 1 刷発行　　＊定価はカバーに表示してあります

著　者　枝　川　明　敬©

発行者　萩　原　淳　平

印刷者　田　中　雅　博

発行所　株式会社　晃　洋　書　房

〒615-0026　京都市右京区西院北矢掛町 7 番地

電話　075(312)0788番(代)

振替口座　01040-6-32280

装丁　野田和浩　　印刷・製本　創栄図書印刷㈱

ISBN978-4-7710-3591-1